21世纪计算机科学与技术实践型教程

丛书主编 陈明

杨　琴　季国华　主编
喻　晗　朱　建　副主编
单世铎　张俞玲　编著

计算机网络基础与实践

清华大学出版社
北京

内 容 简 介

本书根据应用型本科、高等职业教育的培养目标、特点和要求，较全面、系统地介绍计算机网络的基本知识、基本技术和实践知识，特别强调理论与实践相结合，注意培养学生理论联系实际的能力和网络应用实际技能。

全书共10章，内容丰富、由浅入深、概念清楚、图文并茂、重点突出、技术实用，连贯性强。每章除了介绍理论知识外，都配备了相应的实训环节。

本书不仅适合作为应用型本科、高职高专计算机专业的教材，也可作为自学参考书。

图书在版编目(CIP)数据

计算机网络基础与实践/杨琴，季国华主编. —北京：清华大学出版社，2016
21世纪计算机科学与技术实践型教程
ISBN 978-7-302-43804-5

Ⅰ. ①计…　Ⅱ. ①杨…　②季…　Ⅲ. ①计算机网络－高等学校－教材　Ⅳ. ①TP393

中国版本图书馆CIP数据核字(2016)第100177号

责任编辑：谢　琛　李　晔
封面设计：常雪影
责任校对：白　蕾
责任印制：李红英

出版发行：清华大学出版社
网　　址：http://www.tup.com.cn，http://www.wqbook.com
地　　址：北京清华大学学研大厦A座　　**邮　　编**：100084
社 总 机：010-62770175　　**邮　　购**：010-62786544
投稿与读者服务：010-62776969，c-service@tup.tsinghua.edu.cn
质量反馈：010-62772015，zhiliang@tup.tsinghua.edu.cn
课件下载：http://www.tup.com.cn，010-62795954
印 装 者：北京国马印刷厂
经　　销：全国新华书店
开　　本：185mm×260mm　　**印　　张**：15.25　　**字　　数**：347千字
版　　次：2016年8月第1版　　**印　　次**：2016年8月第1次印刷
印　　数：1～2000
定　　价：33.00元

产品编号：064109-01

《21世纪计算机科学与技术实践型教程》

编辑委员会

《21 世纪计算机科学与技术实践型教程》

序

21 世纪影响世界的三大关键技术是：以计算机和网络为代表的信息技术；以基因工程为代表的生命科学和生物技术；以纳米技术为代表的新型材料技术。信息技术居三大关键技术之首。国民经济的发展采取信息化带动现代化的方针，要求在所有领域中迅速推广信息技术，导致需要大量的计算机科学与技术领域的优秀人才。

计算机科学与技术的广泛应用是计算机学科发展的原动力，计算机科学是一门应用科学。因此，计算机学科的优秀人才不仅应具有坚实的科学理论基础，而且更重要的是能将理论与实践相结合，并具有解决实际问题的能力。培养计算机科学与技术的优秀人才是社会的需要、国民经济发展的需要。

制定科学的教学计划对于培养计算机科学与技术人才十分重要，而教材的选择是实施教学计划的一个重要组成部分，《21 世纪计算机科学与技术实践型教程》主要考虑了下述两方面。

一方面，高等学校的计算机科学与技术专业的学生，在学习了基本的必修课和部分选修课程之后，立刻进行计算机应用系统的软件和硬件开发与应用尚存在一些困难，而《21 世纪计算机科学与技术实践型教程》就是为了填补这部分鸿沟。将理论与实际联系起来，结合起来，使学生不仅学会了计算机科学理论，而且也学会应用这些理论解决实际问题。

另一方面，计算机科学与技术专业的课程内容需要经过实践练习，才能深刻理解和掌握。因此，本套教材增强了实践性、应用性和可理解性，并在体例上做了改进——使用案例说明。

实践型教学占有重要的位置，不仅体现了理论和实践紧密结合的学科特征，而且对于提高学生的综合素质，培养学生的创新精神与实践能力有特殊的作用。因此，研究和撰写实践型教材是必须的，也是十分重要的任务。优秀的教材是保证高水平教学的重要因素，选择水平高、内容新、实践性强的教材可以促进课堂教学质量的快速提升。在教学中，应用实践型教材可以增强学生的认知能力、创新能力、实践能力以及团队协作和交流表达能力。

实践型教材应由教学经验丰富、实际应用经验丰富的教师撰写。此系列教材的作者不但从事多年的计算机教学，而且参加并完成了多项计算机类的科研项目，把他们积累的经验、知识、智慧、素质融合于教材中，奉献给计算机科学与技术的教学。

我们在组织本系列教材过程中，虽然经过了详细地思考和讨论，但毕竟是初步的尝试，不完善甚至缺陷不可避免，敬请读者指正。

本系列教材主编　陈明

2005 年 1 月于北京

前　言

随着经济和计算机网络技术的发展，计算机网络逐渐走进人们的生活。现在，许多家庭和单位都组建了计算机网络，例如，校园网络、办公室网络和家庭网络，还有许多商业性质的网吧等。目前网络计算机已成为计算机网络技术人员、计算机通信专业人员必须掌握的技术，同时也成为计算机及通信专业和相关专业学生，以及广大从事计算机应用和信息管理人员应该掌握的基本知识。作者编写本书的目的是为了使读者能够自己组建和管理计算机网络，掌握计算机网络技术的基本知识，了解组建网络所需要的硬件设备和软件，掌握连接和使用 Internet、物联网及智能家居等方法。同时，为适应应用型本科、高职高专院校培养创业型、复合型人才的发展需要，提高学生的职业能力、职业素质和团体合作精神，编写了本教材。

全书共分 10 章，由浅入深、循序渐进地介绍计算机网络的基础知识和原理、局域网的组建以及 Internet 的连接与使用。第 1 章介绍计算机网络的产生发展和网络的分类以及数据通信的基本概念；第 2 章详细介绍计算机网络的体系结构；第 3 章详细介绍局域网组建技术；第 4 章全面讲解网络互联设备；第 5 章介绍广域网互联技术等；第 6 章简述 Internet 技术与应用；第 7 章介绍目前日常生活中常用网络设备及选型；第 8 章介绍目前先进的物联网及智能家居；第 9 章介绍校园网络规划建设方案；第 10 章介绍网络管理常用命令。

本教材的编写重点突出、主辅分明，以突出培养创业型、复合型人才为目标，以企业对人才的需要为导向，以“理论够用、实用性强”为原则，与培养学生学、思、练相结合。本教材是江苏省苏州市硅湖职业技术学院校企合作教材，由杨琴、季国华担任主编，其中第 1～4 章由杨琴编写，第 7～10 章由季国华编写，第 5～6 章由喻晗编写。全书由杨琴、季国华统稿、定稿。

本教材在编写过程中参考、引用了国内外先进职业教育的培养模式、教学手段和教学方法，吸收消化了优秀教材的编写经验和成果，在此特说明并对有关作者致以诚挚的感谢！在本教材的编写过程中得到了昆山市希洛尔计算机有限公司的通力协作，同时，也得到了硅湖职业技术学院和清华大学出版社的大力支持与帮助，在此一并表示衷心感谢！此外，还要感谢编者的领导、同事和家人，因为有他们的支持和鼓励，才使得本教材能够按时完成。

由于计算机信息技术发展非常迅速，限于编者水平，加之时间仓促，书中难免存在不足之处，敬请读者批评指正。

编　者
2016 年 4 月

目　　录

第 1 章　计算机网络基础概述

学习场景

计算机(俗称“电脑”)是20世纪最伟大的科学技术发明之一。计算机对人类的生产生活和社会活动产生了极其重要的影响,并以强大的生命力飞速发展。它的应用领域从最初的军事科研应用扩展到目前社会的各个领域,已形成规模巨大的计算机产业,带动了全球范围的技术进步,由此引发了深刻的社会变革。网络已经成为社会生活中不可缺少的一部分,它也是人类进入信息时代的重要标志之一。

学习目标

- 了解计算机网络的产生和发展过程。
- 了解计算机网络的分类方法。
- 掌握计算机网络的通信子网类型和拓扑结构。
- 了解数据通信的基本概念和主要性能指标。
- 掌握数字和模拟数据的编码和调制方法。
- 掌握FDM、TDM和WDM三种多路复用技术及适用场合。
- 了解有线传输介质和无线传输技术。

1.1　了解计算机网络

21世纪的特征就是数字化、网络化和信息化,世界经济也从工业经济转向知识经济,知识经济的重要特点就是信息化和全球化,而这些都需要计算机网络作为支撑环境。

1.1.1　计算机网络的形成与发展

1. 面向终端的计算机网络

1946年,在美国的宾西法尼亚大学诞生了第一台计算机ENIAC,当时的计算机技术与通信技术没有直接联系。直到20世纪50年代初,美国建立了半自动化地面防空(SAGE)系统,将计算机技术与通信技术相结合来完成远距离的数据通信,才有了所谓的计算机网络,但是这个阶段并没有真正形成“网”,只是以单个计算机为中心的远程连接系统,在系统中主要存在的是终端和中心计算机间的通信,系统中有专门的通信处理模块。如图1-1所示为面向终端的计算机网络。

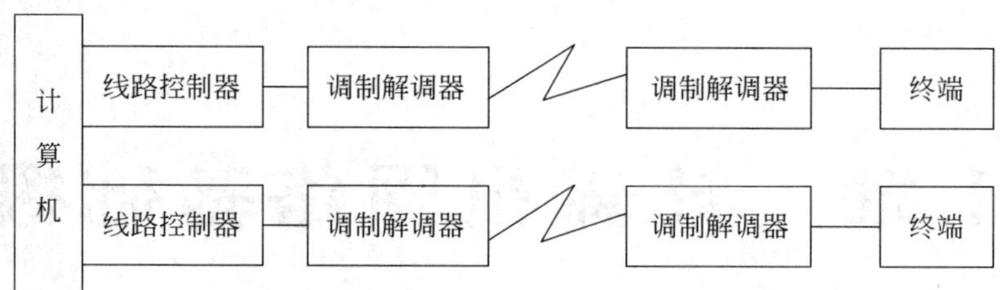

图 1-1 面向终端的计算机网络

2. ARPANET

第二代计算机网络是将多个主计算机通过通信线路互连起来。这些主计算机都具有自主处理能力，它们之间不存在主从关系。第二代计算机网络的典型代表是 ARPANET（由美国国防部高级研究计划局组建），由 4 个主要节点组成，它是 Internet 发展的雏形。ARPANET 中有专门的通信处理机——接口报文处理机（IMP），负责线路的互连。当主机要发信息时，只要把信息发往与之相联的 IMP 就行了，然后由 IMP 负责找到对方的 IMP，把信息发出去。IMP 采用存储-转发的方式，当线路有空闲时再发。这样，ARPANET 就形成了两级子网的结构，即通信子网和资源子网。图 1-2 所示为通信子网和资源子网。

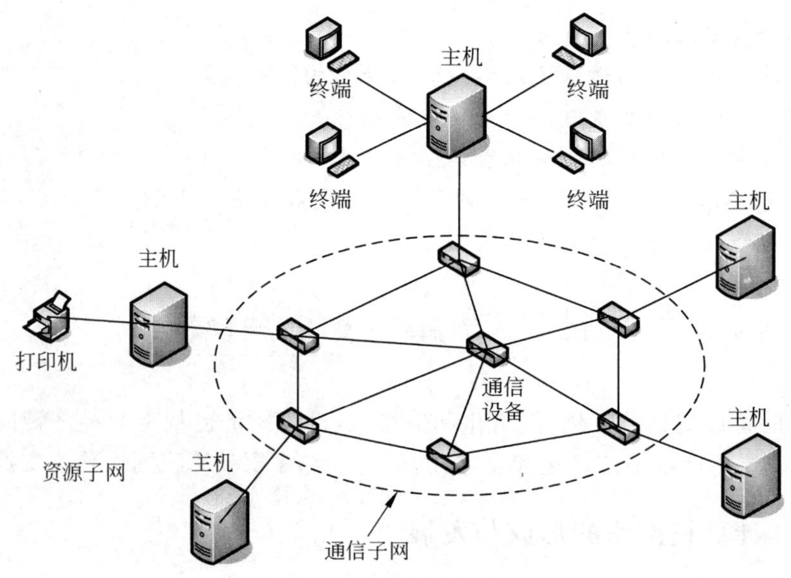

图 1-2 通信子网和资源子网

资源子网负责全网数据的处理，以及向网络用户提供资源和网络服务，包括网络的数据处理资源和数据存储资源。

通信子网是指网络中实现网络通信功能的设备及其软件的集合，通信设备、网络通信协议、通信控制软件等都属于通信子网。通信子网是网络的内层，主要为用户提供数据的传输、转接、加工、变换等。

3. 国际标准化网络

在 ARPANET 时代，虽然网络分成了通信子网和资源子网，但网络之间的体系结构与协议标准的不统一限制了计算机网络的发展。于是，国际标准化组织(ISO)颁布了“开放式系统互联参考模型(OSI 参考模型)”，为网络之间的互联提供了可能。所有的通信设备、软件、协议都遵循 OSI 参考模型。

4. Internet 与高速网络

20 世纪 90 年代初至现在是计算机网络飞速发展的阶段，其主要特征是计算机网络化、协同计算能力飞速发展，全球互联网络(如 Internet)盛行，向着互联、高速、宽带方向发展。互联网上的各种应用也丰富起来，如虚拟大学、虚拟社区、电子商务、VOD 系统等，对我们的生活已经产生了重要影响。

1.1.2 计算机网络的定义

计算机网络是将分布在不同地理区域的计算机与专门的外部设备用通信线路互联成一个规模大、功能强的系统，从而使众多的计算机可以方便地互相传递信息，共享硬件、软件、数据信息等资源。简单来说，计算机网络就是由通信线路互相连接的许多自主工作的计算机构成的集合体。

1.1.3 计算机网络的功能

计算机网络主要有以下四个功能：

1. 数据通信功能

计算机网络主要提供传真、电子邮件、电子数据交换(EDI)、电子公告牌(BBS)、远程登录和浏览等数据通信服务。

2. 资源共享功能

接入网络的用户均能享受网络中各个计算机系统的全部或部分软件、硬件和数据资源，这是最本质的功能。

3. 均衡负荷功能

网络中的每台计算机都可通过网络相互成为后备机。一旦某台计算机出现故障，它的任务就可由其他的计算机代为完成，这样可以避免在单机情况下，一台计算机发生故障引起整个系统瘫痪的现象，从而提高系统的可靠性。而当网络中的某台计算机负担过重时，网络又可以将新的任务交给较空闲的计算机完成，均衡负载，从而提高了每台计算机的可用性。

4. 分布式处理功能

分布式处理功能即通过算法将大型的综合性问题交给不同的计算机同时进行处理。用户可以根据需要合理选择网络资源，就近快速地进行处理。

1.1.4 计算机网络的分类

计算机网络的分类方法有很多，按照不同标准，可以从不同的角度对计算机网络进行分类。

1. 按覆盖的地理范围分类

根据计算机网络所覆盖的地理范围、信息的传递速率及应用的目的，计算机网络通常被分为局域网、城域网、广域网。

1）局域网(Local Area Network，LAN)

局域网是指在有限的地理区域内构成的规模相对较小的计算机网络，其覆盖范围一般不超过几十千米。有限的地理区域通常指同一办公室、同一建筑物、同一公司或同一学校，方圆几千米以内的，由于传输距离较近，因而数据传输速率较快。

局域网的特点为：

(1) 数据传输率高，通常在 0.1～100Mbps 之间。

(2) 传输距离比较短，一般直径小于 2.5km。

(3) 传送误码率低，一般在 10^{-6}～10^{-10}之间。

(4) 网络结构比较规范。

(5) 网络为单元组织所完全拥有。

2）城域网(Metropolitan Area Network，MAN)

城域网的覆盖范围在局域网和广域网之间，一般来说是将一个城市范围内的计算机互联，范围在几十千米到几百千米。城域网的速度比广域网快，符合宽带趋势，因此现在发展很快。与局域网相比，城域网具有分布地理范围广的特点，一般来说，城域网的覆盖范围介于 10～100km 之间。

城域网的特点为：

(1) 地理覆盖范围可达 100km。

(2) 数据传输率在 50Mbps 左右。

(3) 传输距离可达 10km。

(4) 传送误码率小于 10^{-9}。

(5) 既可用作专用网，又可用作公用网。

主要用于：高速上网、互动游戏、VOD 视频点播、网络电视、远程医疗、远程教育、远程监控、家庭证券交易系统等。

3）广域网(Wide Area Network，WAN)

广域网的作用范围通常为几十千米到几千千米，它一般是将不同城市或不同国家之间的局域网互联起来。通信线路大多借用公用通信网络(如 PSTN、DDN、ISDN 等)，传输速率比较低，这类网络的作用是实现远距离计算机之间的数据传输和信息共享。广域网可以覆盖一个城市、一个国家甚至于全球(如 Internet)。

广域网是网络的公共部分，在我国广域网一般为电信部门所有。像 ISDN、ADSL 接入互联网，实际上就是接入广域网。

广域网的特点为：

(1) 传输距离长，可从几十千米到几千千米。

(2) 传送传输率低，一般在100kbps左右。

(3) 网络结构不规范，可以根据用户需要随意组网。

(4) 传送误码率比较低，一般在10^{-3}～10^{-5}之间。

主要用于：高速上网。

2. 根据通信介质分类

1) 有线网

有线网采用如同轴电缆、双绞线、光纤等物理介质来传输数据的网络。

2) 无线网

无线网采用卫星、微波等无线形式来传输数据的网络。

3. 按网络的拓扑结构分类

网络拓扑结构表示网络的整体结构和外貌，反映了网络中节点与链路之间相互连接的不同物理形态。它影响着整个网络的设计、功能、可靠性和通信费用等问题。图1-3所示为各种拓扑结构图。

1) 总线型拓扑结构

总线拓扑是最简单的拓扑结构，其特点是将所有的节点都连在一根公共总线上，增加或删除节点都很方便，网络中任何节点的故障都不会造成全网的瘫痪，可靠性高。但是，任何两个节点之间传送数据都要经过总线，总线成为整个网络的瓶颈，当节点数目增多时，易发生信息拥塞，如图1-3(a)所示。

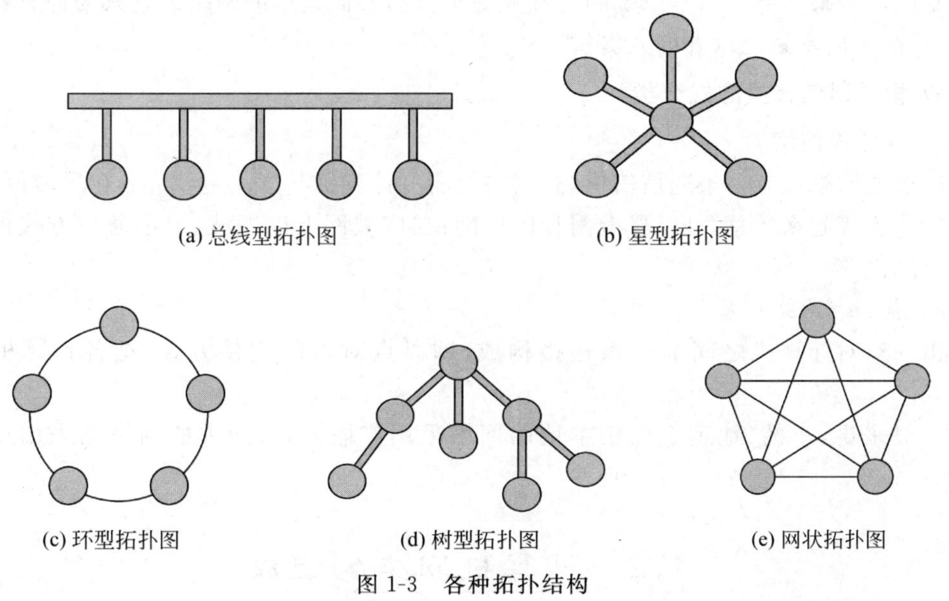

(a) 总线型拓扑图　(b) 星型拓扑图

(c) 环型拓扑图　(d) 树型拓扑图　(e) 网状拓扑图

图1-3 各种拓扑结构

2) 星型拓扑结构

星型拓扑由一个中央节点和若干个从节点组成。中央节点可以与任意一个从节点直接通信,但其中的一个从节点与另一个从节点通信必须经过中央节点转发,如图 1-3(b)所示。

3) 环型拓扑结构

在环型拓扑中所有设备连接成环,信息是沿着环方向,采用广播方式传送的。在这种拓扑中,每台设备只能和相邻节点直接通信,与其他节点通信时必须依次经过两者间的每一个节点,如图 1-3(c)所示。

4) 树型拓扑结构

树型拓扑是星型拓扑的一种扩展,各节点层次进行连接,信息交换主要在上、下节点间进行。树型拓扑适用于汇集信息的应用系统中,如图 1-3(d)所示。

5) 网状拓扑结构

网状拓扑又称无规则型拓扑。网状拓扑的容错能力强,如果网络中的一个节点或一段链路发生故障,信息可通过其他链路到达目的节点,故系统可靠性高。但是这种结构比较复杂,必须采用路由选择算法与流量控制方法。目前,大多数远程计算机网络和 Internet 的拓扑结构是网状拓扑结构,如图 1-3(e)所示。

4. 网络的使用范围分类

1) 公用网

公用网也称公众网,是指由国家的电信公司出资建造的大型网络,一般都由国家政府电信部门管理和控制,网络内的传输和转接装置可提供给任何部门和单位使用(需交纳相应费用)。公用网属于国家基础设施。

2) 专用网

专用网是某个部门为本系统的特殊业务工作需要而建造的网络。它只为拥有者提供服务,一般不向本系统以外的人提供服务。

5. 根据通信传播方式分类

1) 广播式网络

广播式网络仅有一条通信信道,有网络上所有计算机共享。主要有:在局域网上,以同轴电缆连接起来的总线网、星型网和树型网;在广域网上以微波、卫星通信方式传播的广播型网。

2) 点到点网络

由一对对计算机之间的多条连接构成,即以点对点的连接方式,把各计算机连接起来。

一般来讲,小的、地理上处于本地的网络采用广播方式,而大的网络则采用点到点方式。

1.2 计算机网络的组成

一个完整的计算机网络系统是由网络硬件和网络软件所组成的。网络硬件是计算机网络系统的物理实现,如计算机、通信处理机、通信线路等构成。计算机软件有网络操作系统软件和应用软件，软件是网络系统中的技术支持，两者相互作用，共同完成网络功能。计算机网络的组成包括：计算机、网络操作系统、传输介质以及相应的应用软件等。图 1-4 所示为计算机网络组成图，作用如下：

1. 计算机

计算机负责数据的处理和计算，又分为服务器和工作站两种，其中，服务器用来为网络提供各种服务，并控制着网络的运行，而工作站享用网络中的各种服务，运行客户端程序，完成网络应用、数据通信等。

2. 通信处理机

通信处理机既可作为资源子网的主机、终端连接的接口，将主机和终端连入网内；另一方面又作为通信子网中分组存储转发节点，完成分组的接收、校验、存储和转发等功能。

3. 通信线路

通信线路是网络中传输的媒介，负责计算机之间的通信，如同轴电缆、双绞线、无线信号等。

4. 网络操作系统

网络操作系统是控制计算机运行的系统软件，也是其他应用软件运行所需的平台，如 Windows Server 2008，Linux 等。

5. 应用软件

应用软件可以完成数据的处理、传输等，如 Word、QQ 等。

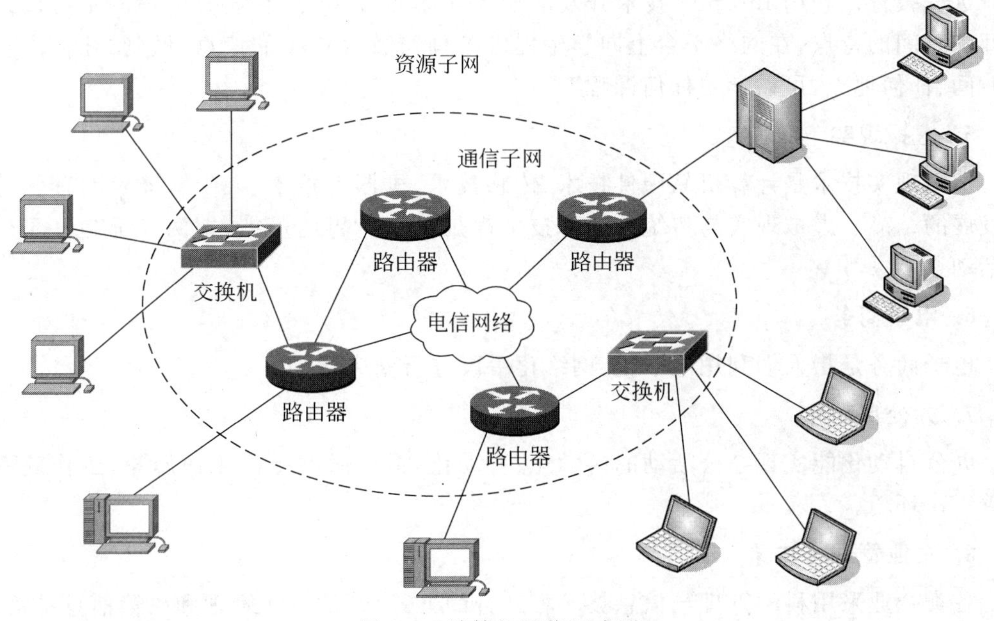

图 1-4　计算机网络组成图

1.3 计算机网络的应用

计算机网络技术的发展给传统的信息处理工作带来了革命性的变化，同时也给传统的管理带来了很大的冲击。目前，计算机网络的应用主要体现在以下几个方面：

1. 数字通信

数字通信是现代社会通信的主流，包括网络电话、可视图文系统、视频会议系统和电子邮件服务。

2. 分布式计算

分布式计算包括两个方面：一是将若干台计算机通过网络连接起来，将一个程序分散到各计算机上同时运行，然后把每一台计算机计算的结果搜集汇总，整体得出结果；另一种是通过计算机将需要大量计算的题目送到网络上的大型计算机中进行计算并返回结果。

3. 信息查询

信息查询是计算机网络提供资源共享的最好工具，通过“搜索引擎”，用少量的“关键”词，来概括归纳出这些信息内容，很快地把你感兴趣的内容所在的网络地址一一罗列出来。

4. 远程教育

远程教育是利用 Internet 技术开发的现代在线服务系统，它充分发挥网络可以跨越空间和时间的特点，在网络平台上向学生提供各种与教育相关的信息，做到“任何人在任何时间、任何地点，可以学习任何课程”。

5. 虚拟现实

虚拟现实技术是计算机软硬件技术、传感技术、机器人技术、人工智能及心理学等高速发展的结晶。虚拟现实与传统的仿真技术都是现实世界的模拟，即两者都是基于模型的活动。

6. 电子商务

电子商务是指人们利用电子化、网络化手段进行商务活动。

7. 办公自动化

办公自动化能实现办公活动的科学化、自动化，最大限度提高工作质量、工作效率和改善工作环境。

8. 企业管理与决策

各类企业采用科学管理与信息技术相结合的方式，开发企业管理和决策信息系统，为企业管理和决策提供服务。

1.4 数据通信技术

数据通信是通信技术和计算机技术相结合而产生的一种新的通信方式。要在两地间传输信息就必须有传输信道，根据传输媒体的不同，分为有线数据通信和无线数据通信。但它们都是通过传输信道将数据终端与计算机连接起来的，而使不同地点的数据终端实现软、硬件和信息资源的共享。

通信的基本任务是传递信息，因而至少由三要素组成，即信息的发送者（信源）和信息的接受者（信宿）、携带了信息的电（或光）信号以及信息的传输通道（信道）。图 1-5 所示为通信系统模型图。

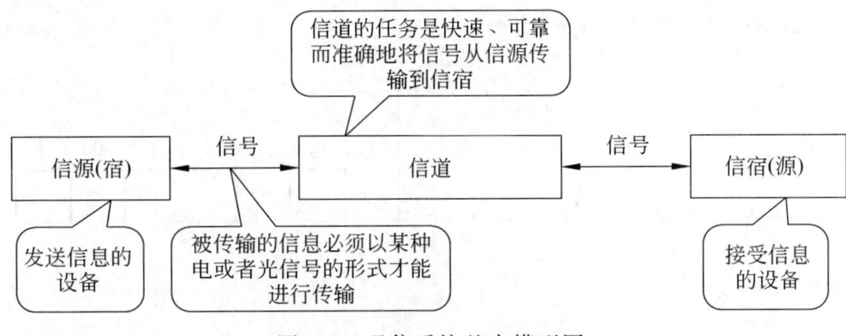

图 1-5 通信系统基本模型图

不同信息传输系统中通信系统的各个组成部分如表 1-1 所示。

表 1-1 通信系统各个组成部分

	有线电话	移动电话	计算机通信
信源/信宿	电话座机	手机	计算机
信号	话音经电话机转换成为变化的电流信号	话音经电话机转换成为压缩编码后的数字信号	编码并打包后的数字信号
信道构成	电话线和中断器等传输设备	无线电波、基站等	双绞线、集线器、路由器、光纤等

在计算机网络中，信息是用数据表示并转换成信号进行传送的，信号有模拟信号和数字信号两种形式。模拟信号是指在时间和空间上连续变化的信号，例如，人们打电话时声音经话筒转换得到的信号就是模拟信号。数字信号是指一系列在时间上离散的信号，用电平的高低或电流大小等有限个状态（一般为两个状态）来表示，例如计算机、手机、传真机等设备发出信号都是数字信号。

1.4.1 数据通信术语

1. 数据

数据是指尚未定义的各种数字、字符、符号等组成的集合，可以是数值、文字、图形、声音、动画、图像,数据本身没有实际意义。

2. 信息

信息是指经过加工处理后得到的具有一定意义的数据,是对人们有用的数据。

3. 信号

信号是数据在传输过程的物理表现形式,如光信号、电信号、电磁波等。在通信系统中,这些物理信号可以是模拟信号或数字信号。图 1-6 所示为模拟信号与数字信号图。

1) 模拟信号

模拟信号是指信息参数在给定范围内表现为连续的信号,或在一段连续的时间间隔内,其代表信息的特征量可以在任意瞬间呈现为任意数值的信号。

2) 数字信号

数字信号是随时间离散变化的信号。

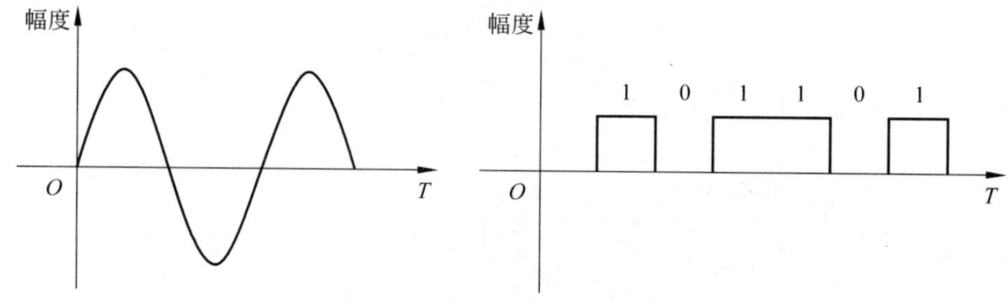

图 1-6 模拟信号与数字信号

模拟信号在传输过程中容易受噪声信号的干扰,传输质量不够稳定。随着数字技术的发展,越来越多的模拟信号转换成数字信号后再进行传输,或者本身信源发出的就是数字信号,这种通信传输技术称为数字通信。数字通信的可靠性和安全性较模拟通信更高,并且传输的由于是数字信号,计算机更容易进行信息的存储、处理和管理,故数字通信会成为将来通信的主要方式。当前的手机通信、数字有线电视、固定电话中继通信都是将声音、图像、视频等模拟信号转换成数字信号进行传输的。

4. 信道

信道是传输信号的通道,即通信线路,包括通信设备和传输介质。

5. 数据通信的主要技术指标

1) 数据传输速率

数据传输速率又称比特率或数据率,指单位时间内传输的二进制位数,单位为:比特/秒(bps)。

2) 信号传输速率

信号传输速率又称波特率,指单位时间内传输的信号(码元)的个数,单位为:波特(baud)。

3）误码率

误码率表示二进制数据位在传输中出错的概率，是衡量通信系统在正常工作情况下传输质量的指标。

4）信道容量

信道容量表示信道所能承受的最大数据传输速率即单位时间内传输的最大二进制位数或最大码元数，单位为：比特/秒(bps)或波特(baud)。

5）信道带宽

信道带宽表示信号频带范围，即信道所能传输的信号频率的最大值和最小值之差，单位为赫兹(Hz)。

1.4.2 数据传输

1. 通信线路的连接方式

1）点到点连接

在发送端和接收端之间采用一条线路连接称为点到点线路连接。

2）多点连接

各个站点共享一条公共通信线路称为多点线路连接。

2. 数据传输类型

数据的传输类型有串行传输和并行传输两种。图 1-7 所示为数据的并行传输和串行传输图。

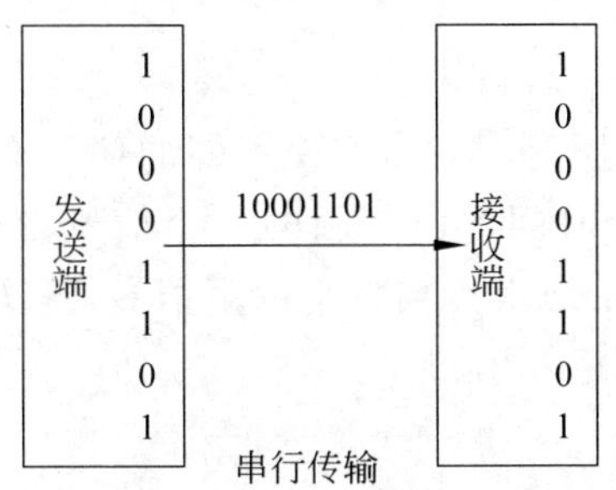

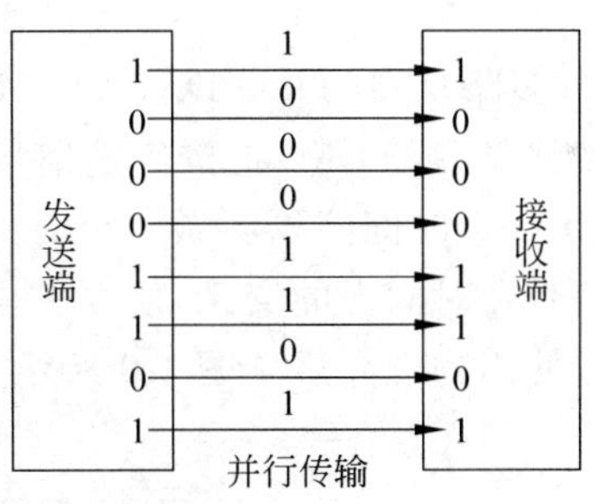

图 1-7 信号的串行传输和并行传输

1）串行传输

串行传输是指数据以串行方式在一条信道上传输，即同时只能传输一个比特位。

2）并行传输

并行传输是指数据以并行方式在多条信道上同时传输，如一次传输 8 位。

3）基带传输

基带传输是指在信道中直接传输数字信号。

4）频带传输

频带传输是指将数字信号调制成模拟信号后再发送，到接收端再把模拟信号解调为原来数字信号。这就要求收发双方都安装调制器和解调器。

3. 信道复用技术

计算机网络通信中用于通信线路架设的费用相当高，需要充分利用通信线路的容量，并且网络中传输介质的传输容量都会超过单一信道传输的通信量，为了充分利用传输介质的带宽，需要在一条物理线路上建立多条通信信道。这种为了提高传输线路的利用率，采用多个数据通信合用一条传输线的技术称为多路复用技术，它可以有效地提高数据链路的利用率，从而使得一条高速的主干链路同时为多条低速的接入链路提供服务，使得网络干线可以同时运载大量的语音和数据传输。

多用复用技术主要有频分多路复用、时分多路复用、波分多路复用和码分多路复用。

1）频分多路复用(Frequency Division Multiplexing，FDM)

把信道的可用频带划分成多个互不交叠的子频带(又称为逻辑信道)，每一路信号占用一个子频带。图 1-8 所示为频分多路复用图。

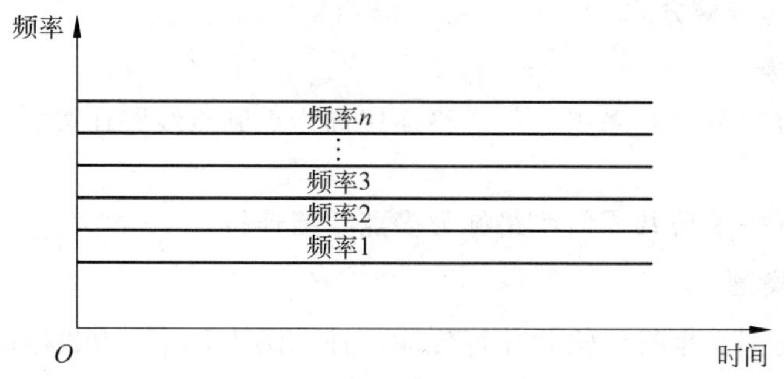

图 1-8　频分多路复用

2）时分多路复用(Time Division Multiplexing，TDM)

时分多路复用(TDM)是按传输信号的时间进行分割的，它使不同的信号在不同的时间内传送，每一个时间间隔叫做一个时间片，每个时间片由复用的一个信号占用。这样，利用每个信号在时间上的交叉，便可在同一物理信道上传输多个数字信号，这实际上是多个信号轮流使用物理介质。图 1-9 所示为时分多路复用图。

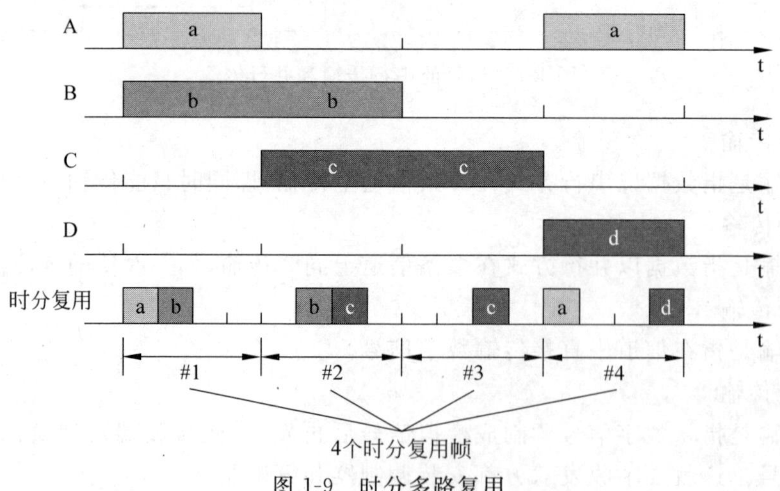

图 1-9　时分多路复用

3）波分多路复用（Wavelength Divisio Multiplexing，WDM）

波分多路复用（WDM）是将两种或多种不同波长的光波信号（携带各种信息）在发送端经复用器（亦称合波器）汇合在一起，并耦合到光线路的同一根光纤中进行传输的技术；在接收端，经解复用器（亦称分波器或称去复用器）将各种波长的光载波分离，然后由光接收机作进一步处理以恢复原信号。这种在同一根光纤中同时传输两个或众多不同波长光信号的技术，称为波分多路复用。图 1-10 所示为波分多路复用图。

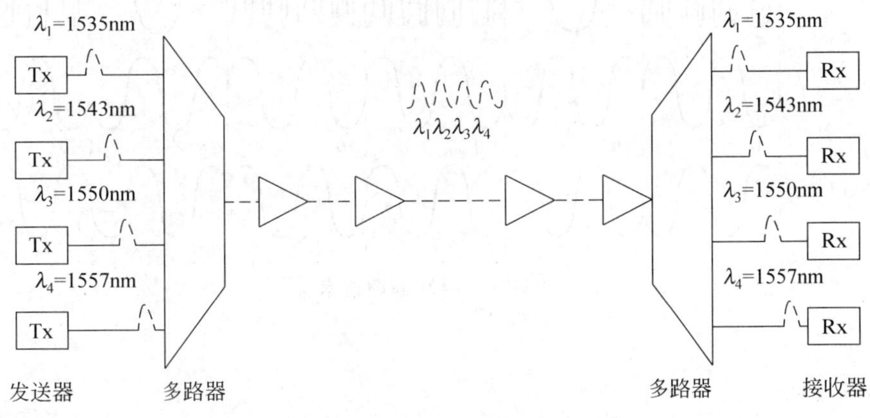

图 1-10 波分多路复用

4）码分多路复用（Code Division Multiplexing，CDM）

码分多路复用也称码分多址（Code Division Multiplexing Access，CDMA）。各个用户分配一个地址码，各个码型互不重叠，CDMA 技术主要应用于无线网络和移动通信系统。

4. 调制解调技术

计算机内的信息是由 0 和 1 组成的数字信号，而在电话线上传递的却只能是模拟信号。于是，当两台计算机要通过电话线进行数据传输时，就需要一个设备负责数模的转换。这个数模转换器就是 Modem（调制解调器）。计算机在发送数据时，先由 Modem 把数字信号转换为相应的模拟信号，这个过程称为“调制”。经过调制的信号通过电话载波传送到另一台计算机之前，也要经由接收方的 Modem 负责把模拟信号还原为计算机能识别的数字信号，这个过程称为“解调”。正是通过这样一个“调制”与“解调”的数模转换过程，从而实现了两台计算机之间的远程通信。

因为高频震荡的正炫波信号在长距离通信中能够比其他信号传送得更远，因此可以把这种高频正炫波作为携带信息的“载波”，故载波信号一般就选用频率比被传输信号高得多的正炫波。载波信号的调制方法主要有三种：幅度调制、频率调制和相位调制。在调制过程中，振幅、角频率、相位是载波信号的三个可变参量。当通过改变这三个参量实现对数字信号的调制，相对应的调制方式分别为幅度调制（ASK）、频率调制（FSK）、相位调制（PSK），图 1-11 所示为三种调制解调技术图。

5. 信道的通信方式

信道的通信方式按信号传输方向与时间的关系，可分为单工通信、半双工通信和全双

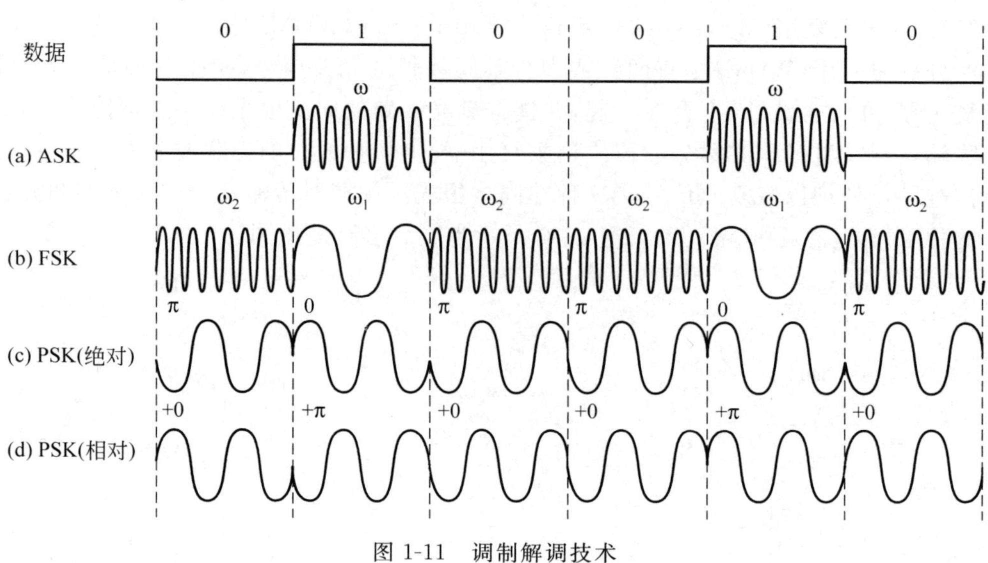

图 1-11 调制解调技术

工通信三种。

1）单工通信

单工通信是指信号只能沿一个方向传输，发送端只能发送，接收端只能接收，如图 1-12 所示。电视、无线电广播等都属于单工通信。

2）半双工通信

半双工通信是指信号可以沿两个方向传输，但在某一个时刻只能单向传输，当要改变传输方向时，要通过开关装置切换，如图 1-13 所示。对讲机、步话机等都属于半双工通信。

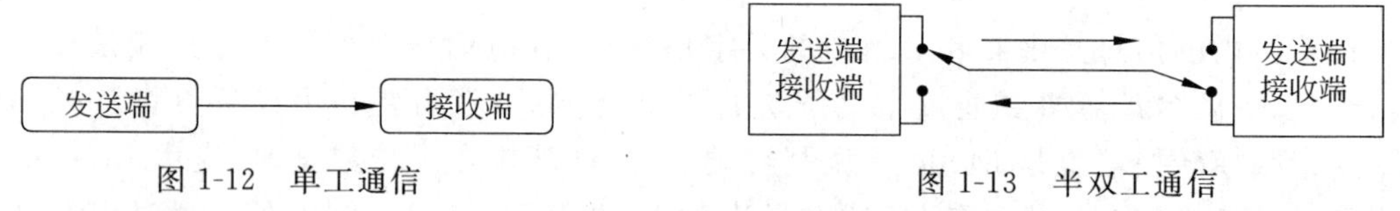

图 1-12 单工通信

图 1-13 半双工通信

3）全双工通信

全双工通信是指信号同时可以沿两个相反方向传输，通信的双方可同时发送与接收信号，如图 1-14 所示。电话属于全双工通信。

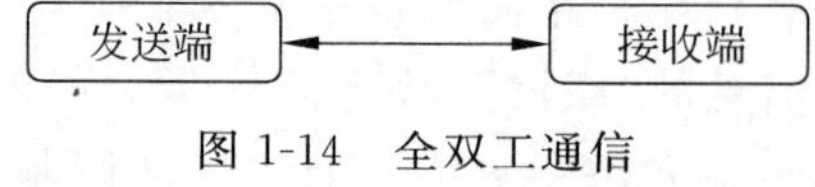

图 1-14 全双工通信

1.4.3 数据交换技术

计算机网络系统中，通信双方要经过多个节点组成的中间网络，这个中间网络称为交换网络，组成交换网络的节点称为交换节点。

数据交换是在多节点网络中利用交换机等设备完成通信的一种技术。交换技术按其原理可分为电路交换和存储转发交换两大类。

1)电路交换

电路交换也称线路交换,是一种直接的交换方式,也是数据通信领域最早使用的交换方式。在通信过程中,收发双方之间一直保持一条专用的物理通路,通路中间可能经过了若干交换节点的转接。

最典型的电路交换是电话通信系统。电路交换的通信过程包括三个阶段,分别是建立连接、数据传输和断开连接。

(1) 建立连接。在进行任何信号传送之前,参与通信的两个站点间必须建立连接。其过程为:由主叫用户发出线路呼叫请求,在交换节点建立一条物理线路,然后接收方发出应答信号,这样就建立一条通信线路的连接。

(2) 数据传输。建立好通信线路后,数据通信的双方便可以沿着已经建立好的线路传输数据了。

(3) 断开连接。在经过一段时间的数据传送后,通常由通信双方中的一方来发出拆线的请求,另外一方同意后,原来的线路就可以被释放了。

2) 存储转发交换

存储转发交换中,发送的数据和源地址、目的地址、控制信息等按照一定格式组成一个数据单元,称为报文或分组进入通信子网。

存储转发交换根据转发的信息单位不同,可分为报文交换和分组交换两类。

(1) 报文交换。

报文交换方式所传输的信息单位是报文。在发送数据时,不管发送数据的长度是多少都把它当成一个逻辑单元,再加上源地址、目的地址和控制信息组成一个报文。报文交换方式中收发节点之间无须建立专用的通路,多个用户可共用一个信道,提高了信道的利用率。但不适合实时传输,只适用于高信息容量的通信。

(2) 分组交换。

分组交换方式所传输的信息单位是分组,由于分组长度小于报文,因此降低了对交换节点的存储容量的要求,而且检错容易、重传分组花费的时间少,缩短了网络延迟,因此分组交换已成为当今数据交换网中主要的交换技术。但由于收发双方需对报文进行拆卸和装配,增加了网络软硬件的复杂性和报文处理时间。分组交换技术在实际应用中又可分为虚电路方式和数据报方式两类。

① 虚电路方式。虚电路方式类似线路交换,包括虚电路建立、数据传输和虚电路拆除三个阶段。所谓"虚"是指不是一条专用的物理线路,而只是逻辑连接。在传输数据前收发双方之间需要建立逻辑连接,所有待发的数据分组都按序通过事先建立的虚电路传输,分组所经过的所有节点都对这些分组进行存储转发。因此当分组沿一条虚电路传输时,分组不需要携带源地址、目的地址,只需携带虚电路标识号即逻辑信道编号。

② 数据报方式。在数据报方式中,分组可以按不同的路径到达目的节点。每个分组都携带完整的源地址、目的地址信息,独立传输。每经过一个中间节点,都要按一定路由选择算法选择一条最佳路径直至到目的节点。

1.4.4 计算机网络的工作模式

硬件、软件、数据都是计算机的资源。网络中的计算机可以扮演两种不同的角色，即客户机和服务器。客户机（Client）是指需要使用其他计算机资源的计算机；服务器（Server）是指提供资源（如数据文件、磁盘空间、打印机、处理器等）给其他计算机使用的计算机。每一台联网的计算机，其"身份"或者是客户机，或者是服务器，或者两种身份兼而有之。

计算机网络有两种基本的工作模式：对等模式和客户机/服务器模式。

1. 对等模式（Peer to Peer，P2P）

在对等网络中，所有计算机地位平等，没有从属关系，也没有专用的服务器和客户机。网络中的资源是分散在每台计算机上的，每一台计算机都有可能成为服务器也有可能成为客户机，一般对等网络中的计算机在几十台以内。对等网络能够提供灵活的共享模式，组网简单、方便，不需要专门的硬件服务器，也不需要网络管理员，但难以管理，安全性能较差。它可满足一般数据传输的需要，所以一些小型单位在计算机数量较少时可选用"对等网"结构。如 Windows 操作系统中的"网上邻居"，网络传输中的 BitTorrent（BT 下载）、eMule（电驴）、迅雷，以及即时通信工具，如 QQ 等采用的都是对等工作模式。

2. 客户机/服务器模式（Client/Server，C/S）

客户/服务器的特点是网络中的每一台计算机都扮演着固定的角色，要么是服务器，要么是客户机。服务器大多是一些专门设计的性能较高的计算机，并发处理能力强，存储容量大，网络数据传输速率高。其工作模式如下：客户机向服务器发出请求，服务器响应请求完成相应的处理，并将结果返回给客户机，如图 1-15 所示。C/S 模式的典型应用如 WWW 服务、FTP 文件服务、打印服务、电子邮件、数据库服务等。

图 1-15 客户/服务器工作模式

1.5 传输介质

要使网络中的计算机能正常通信，必须提供一条正常的物理通道，在这条通道上，信息可以通过某种形式从一台计算机传递到另一台计算机，这条通道在网络中称为传输介质。传输介质决定了网络的传输速率、网络段的最大长度、传输的可靠性及网卡的复杂性。

通常意义上的网络传输介质及其特点、应用如表 1-2 所示。

表 1-2 通信传输介质的类型、特点和应用

<table>
<tr><th colspan="2">介 质</th><th>优 缺 点</th><th>应用领域</th></tr>
<tr><td rowspan="3">有线</td><td>双绞线</td><td>优点：成本低
缺点：易受外部高频电磁波干扰，误码率较高；传输距离有限</td><td>固定电话本地回路、计算机局域网</td></tr>
<tr><td>同轴电缆</td><td>优点：传输特性和屏蔽特性良好，可作为传输干线长距离传输载波信号
缺点：成本较高</td><td>固定电话中继线路、有线电视接入</td></tr>
<tr><td>光缆</td><td>优点：无中继通信距离长；数据速率高，通信容量大；抗辐射能力强；屏蔽性好，抗干扰能力强，低误码率和低延迟；不易被窃听，安全性和保密性好；重量轻，便于运输和铺设
缺点：精确连接两根光纤很困难</td><td>光缆是当今各种信息网（如电话、电视等通信系统的远程干线，计算机网络的干线）的主要传输介质</td></tr>
<tr><td>无线</td><td>微波、红外线、激光等</td><td>优点：建设费用低，抗灾能力强，容量大，无线接入使得通信更加方便
缺点：易被窃听、易受干扰</td><td>广播，电视，移动通信系统，计算机无线局域网</td></tr>
</table>

1. 双绞线

双绞线是局域网中最常用的一种传输介质，由两根具有绝缘保护层的铜导线组成，把它们互相拧在一起可以降低信号干扰的程度。一根双绞线电缆中可包含多对双绞线，连接计算机终端的双绞线电缆通常包含 4 对双绞线（8 根铜导线）。双绞线既可以传输模拟信号也可以传输数字信号。

双绞线可分为屏蔽双绞线，如图 1-16(a)所示和非屏蔽双绞线，如图 1-16(b)所示两种。屏蔽双绞线的内部信号线外面包裹着一层金属网，在屏蔽层外面是绝缘外皮，屏蔽层能够有效地隔离外界电磁信号的干扰。与非屏蔽双绞线相比，屏蔽双绞线具有较低的辐射，且其传输速率较高。

(a) 非屏蔽双绞线

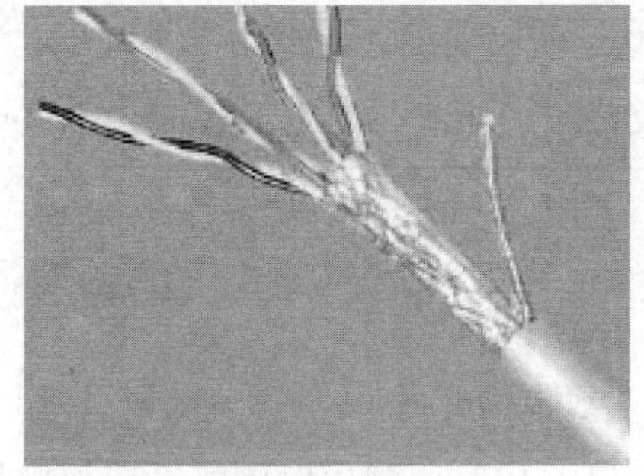

(b) 屏蔽双绞线

图 1-16 非屏蔽双绞线和屏蔽双绞线

2. 同轴电缆

同轴电缆也是局域网中被广泛使用的一种传输介质，如图 1-17 所示。同轴电缆由内部导体和外部导体组成，内部导体可以是单股的实心导线，也可以是多股的绞合线。外部导体可以是单股线，也可以是网状线。同轴电缆可以用于长距离的电话网络、有线电视信号的传输信道以及计算机局域网络。

3. 光纤

目前，在大型网络系统中，几乎都采用光导纤维即光纤(Fiber Optic Cable)作为主干网络传输介质。相对于其他传输介质，光纤具有高带宽、低损耗、抗电磁干扰性强、安全性高等优点，也正因为如此，在光纤中传输的信号不易被窃听，因而利于保密。在网络传输介质中，光纤是发展最为迅速的，也是最有前途的一种网络传输介质。

光纤通常由极透明的石英玻璃拉成细丝作为纤芯，外面分别有包层、吸收外壳和防护层等构成，如图 1-18 所示是一根光纤剖面的示意图。包层较纤芯有较低的折射率，当光线从高折射率的媒体射向低折射率的媒体时，其折射角将大于入射角，如图 1-19(a)所示。因此，如果入射角足够大，就会出现全反射，即光线碰到包层时就会折射回纤芯。这个过程不断重复，光也就沿着光纤向前传输。图 1-19(b)所示为光波在纤芯中传输的示意图。

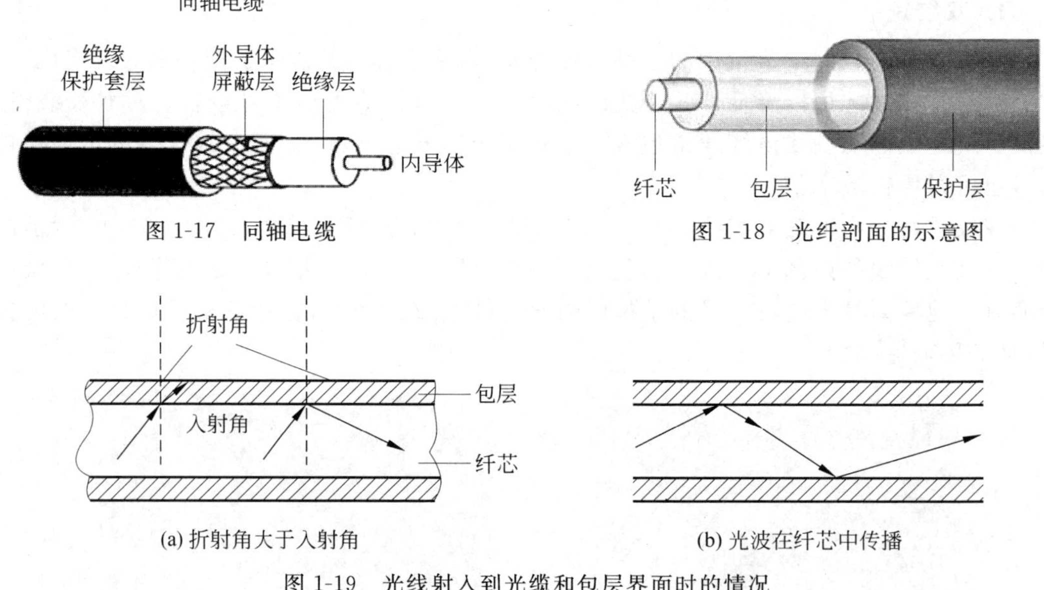

图 1-17 同轴电缆

图 1-18 光纤剖面的示意图

(a) 折射角大于入射角

(b) 光波在纤芯中传播

图 1-19 光线射入到光缆和包层界面时的情况

4. 无线传输介质

通过在自由空间利用电磁波发送和接收信号进行通信就是无线传输。地球上的大气层为大部分无线传输提供了物理通道，就是常说的无线传输介质。无线传输所使用的频段很广，人们现在已经利用了好几个波段进行通信。紫外线和更高的波段目前还不能用于通信。无线通信的方法有无线电波、微波、蓝牙和红外线。无线电波通过自由空间时能量比较分散，传输效率没有有线通信高，同时，无线通信存在着易被窃听、易受干扰等特点。

1）微波通信

微波的频率范围为300MHz～300GHz，既可传输模拟信号又可传输数字信号。微波通信是把微波信号作为载波信号，用被传输的模拟信号或数字信号来调制它，故微波通信是模拟传输。由于微波的频率很高，故可同时传输大量信息。又由于微波能穿透电离层而不反射到地面，故只能使微波沿地球表面由源向目标直接发射。微波在空间是直线传播，而地球表面是个曲面，因此其传播距离受到限制，一般只有50km左右。为了传输得更远，每隔几十千米都要设置一个微波收发站，负责将微波传输至下一个微波接力站，这种方式称为微波地面接力通信。总之，微波具有直线传播、通信容量大、可靠性高、建设费用低、抗灾能力强等特点。

微波通信不需要固体介质，当两点间直线距离内无障碍时就可以使用微波传送。利用微波进行通信具有容量大、质量好并可传至很远的距离，因此是国家通信网的一种重要通信手段，也普遍适用于各种专用通信网。

2）移动通信

移动通信属于微波通信的一种，它是指移动体之间的通信。移动通信系统由移动台、基站、移动交换中心组成。若要同某移动台通信，移动交换中心通过各基站向全网发出呼叫，被叫台收到后发出应答信号，移动交换中心收到应答后分配一个信道给该移动台并从此话路信道中传送一信令使其振铃，并完成通信。移动通信系统中的每个基站覆盖的有效区域既相互分割，又彼此有所重叠，整个移动通信网络就像是“蜂窝”，所以也叫“蜂窝式移动通信”，如图1-20所示。

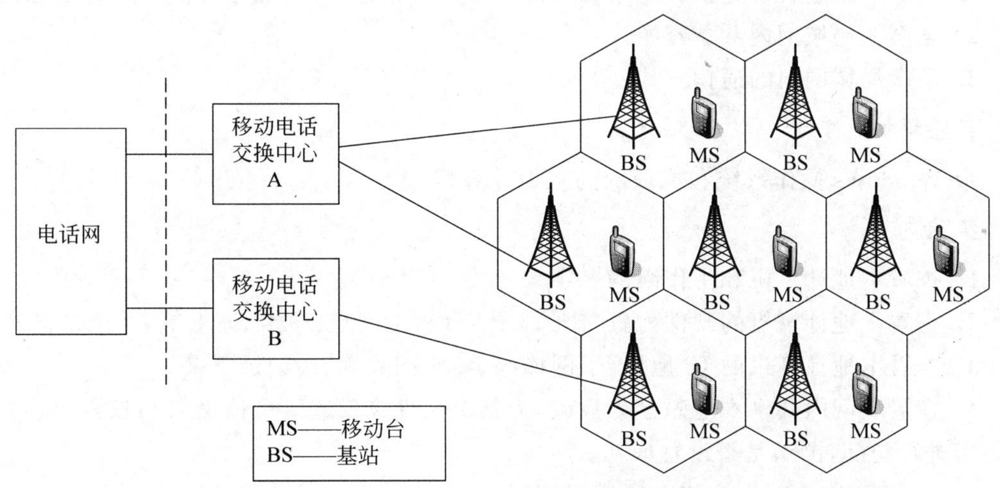

图1-20　蜂窝式移动通信

第一代移动通信技术(1G)采用的是模拟传输技术、仅限语音的蜂窝电话标准，制定于20世纪80年代。

第二代无线通信技术(2G)，即在移动通信中采用数字技术的一种方式。2G技术可分为基于GSM标准和基于CDMA标准，这取决于使用的复用技术类型。此外，2G也支持相对较慢的数据通信(GPRS),但主要的功能还是语音和文字通信。

第三代移动通信(即 3G)是指支持高速数据传输的蜂窝移动通信技术。3G 服务能够同时传送声音及数据信息,速率一般在几百 kbps 以上,它能够处理图像、音乐、视频流等多种媒体形式,提供包括网页浏览、电话会议、电子商务等多种信息服务。目前国内支持三个无线接口标准,分别是中国电信的 CDMA2000、中国联通的 WCDMA、中国移动的 TD-SCDMA。三种不同标准的网络是互通的,但通信终端设备(手机)互不兼容,故选择手机时需了解使用的是何种 3G 技术。

第四代移动电话通信标准,指的是第四代移动通信技术,简称 4G。4G 是集 3G 与 WLAN 于一体,并能够传输高质量视频图像,它的图像传输质量与高清晰度电视不相上下。4G 系统能够以 10MB 的速度下载,比目前的拨号上网快 200 倍,上传的速度也能达到 5Mbps,并能够满足几乎所有用户对于无线服务的要求。2013 年 12 月 4 日下午,工业和信息化部向中国联通、中国电信、中国移动正式发放了第四代移动通信业务牌照(即 4G 牌照),此举标志着中国电信产业正式进入 4G 时代。

1.6 上机实践

实验一 查看计算机的基本配置

实验目的

1. 熟练掌握查看计算机和网络相关的基本配置信息,并且能进行修改配置信息。
2. 学会在局域网内共享资源。
3. 了解局域网内的通信方式。

实验环境

带 Windows 操作系统和局域网的本地计算机。

实验内容

1. 查看本地计算机和工作组的名字。
2. 查看本地计算机的硬件配置,比如 CPU、内存、硬盘、声卡、显卡等,并记录下来。
3. 查看本地计算机的 IP 地址、子网掩码、默认网关等,并记录下来。
4. 在局域网内共享本地磁盘为只读,为某个文件夹设置既可读又可写权限。通过网上邻居进行访问,测试是否设置成功。
5. 共享本地打印机,小组之间进行测试。
6. 为本地计算机建一个来宾账户,并且设置可以进行远程登录。

实验二 使用 Visio 2007 软件绘制网络拓扑图

实验目的

1. 熟练掌握 Visio 2007 软件的使用。

2. 掌握使用 Visio 2007 标准图库绘制物理拓扑图。

3. 掌握将 Visio 图嵌入 Office 文档中,并能存储为其他图形格式。

Visio 是一个图表绘制软件,能够非常方便地把数据转换成图形。使用 Visio 绘制的图形可以整合到其他成员组件中,例如,与 Micorsoft Word 整合制作各专业的商务海报;与 Micorsoft Powerpoint 整合制作各专业的展示简报等。

Visio 自带的形状库涉及多个领域,根据分类可以自行选择相应形状,IT 行业中有数据库、网络、软件等领域,应用广泛。另外,Visio 的形状库容易扩充,用户可以免费下载。用户搜集的形状(扩展库)可存放在模具中,在 Visio 中单击"文件"→"形状"→"打开模具"按钮可以打开保存的模具文件。另外,也可以将搜集的形状保存到"我的形状"文件夹中,下次单击"文件"→"形状"→"我的形状"按钮可直接使用。

实验环境

计算机一台、Visio 2007 软件。

实验内容

使用 Visio 2007 软件绘制四种不同的网络拓扑结构图。

实验三 双绞线的制作

实验目的

1. 熟悉 T568A 和 T568B 标准线序的排列线序。

在 10Mbps、100Mbps 及 1000Mbps 网络中,最常使用的布线标准有两个,即 EIA/TIA568A 标准和 EIA/TIA568B 标准(简称 T568A 标准和 T568B 标准)。两种标准的线序从左到右如图 1-21 所示。

引脚 标准	1	2	3	4	5	6	7	8
T568A	白绿	绿	白橙	蓝	白蓝	橙	白棕	棕
T568B	白橙	橙	白绿	蓝	白蓝	绿	白棕	棕

图 1-21 T568A 和 T568B 标准线序的排列线序

2. 掌握非屏蔽双绞线直通线与交叉线的制作方法。

3. 掌握线缆连通性测试的基本方法。

实验环境

RJ-45 水晶头若干个、5 类或更高类别双绞线一根、压线钳一把、网线测试仪一个,如图 1-22 所示。

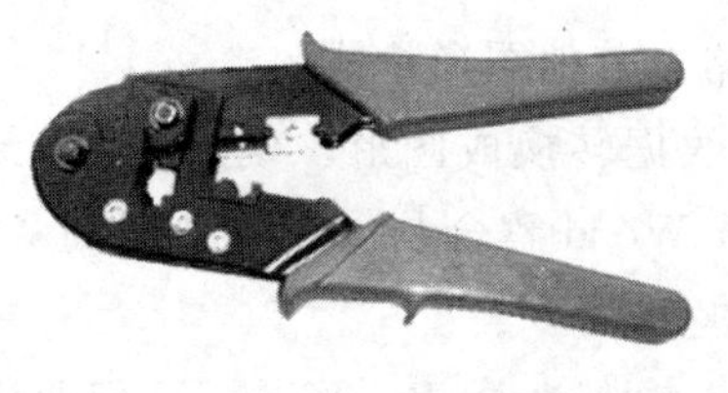
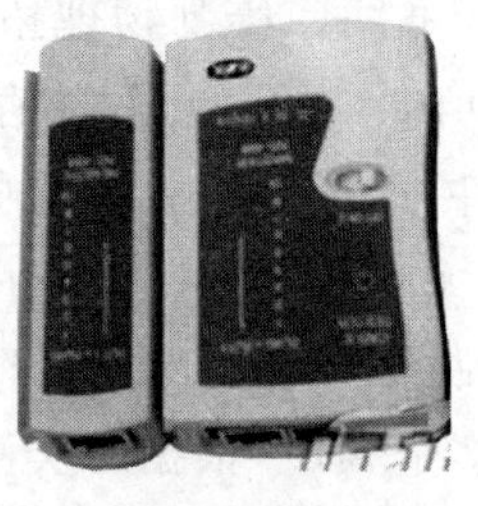
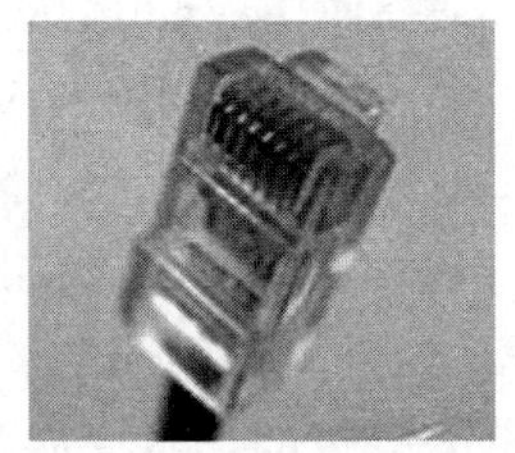

图 1-22 压线钳、网线测试仪和双绞线

实验内容

1. 制作直通线。
2. 制作交叉线。
3. 线缆测试。

1.7 习 题

一、填空题

1. 计算机网络的拓扑结构有总线型、________、________、树型和网状五种。
2. 计算机网络的硬件设备有__________、__________、__________、__________、________、________和________。
3. 计算机网络按网络的覆盖范围可分为________、城域网和________。
4. 计算机网络由资源子网和________子网组成。
5. 计算机网络中，通信分为基带和________传输两种。
6. 数据串行传输时，传输方向有单工、________和________三种方式。
7. 数据通信中多路复用技术主要有________、________、________和________等。
8. 数据传输方式分为串行传输和________两种。

二、选择题

1. 下列属于资源子网的是(　　)。
   A. 打印机　B. 集线器　C. 交换机　D. 路由器
2. 具有中央节点的网络拓扑属于(　　)。
   A. 总线拓扑　B. 星型拓扑　C. 环型拓扑　D. 网状拓扑
3. 无线传输媒体通常是指(　　)。
   A. 金属导线　B. 非金属导线　C. 大气　D. 以上都不是
4. (　　)技术可以传输模拟信号。
   A. FDM　B. TDM　C. WDM　D. STDM
5. 一个从400～3400Hz信号的带宽是(　　)。
   A. 3400Hz　B. 3800Hz　C. 3000Hz　D. 3700Hz

6 关于信道容量，正确的叙述是(　　)。

A. 物理信道所能达到的最大传输能力
B. 物理信道所能提供的同时通话的路数
C. 以兆赫为单位的信道带宽
D. 物理信道所允许的最大误码率

7. 信号可以分为(　　)两种信号。
A. 比特和波特　B. 数字和模拟　C. 数据和信息　D. 码元和码字

8. 下列是全双工方式传输的是(　　)。
A. 收音机　B. 对讲机　C. 电视机　D. 电话机

9. 基带传输系统是使用(　　)进行传输的。
A. 模拟信号　B. 数字信号
C. 多路模拟信号　D. 模拟和数字信号

10. 在(　　)连接中,两个以上的设备可共享一条链路。
A. 点到点　B. 多点共享　C. 主站　D. 从站

11. 拓扑结构是(　　)的具有点到点配置的特点。
A. 总线　B. 星型　C. 环型　D. 都不对

12. 树型拓扑是(　　)的一种变体。
A. 总线拓扑　B. 星型拓扑　C. 环型拓扑　D. 网状拓扑

13. (　　)连接提供了两台设备之间的专用链路。
A. 点到点　B. 多点共享　C. 主站　D. 从站

14. 在(　　)拓扑中,一个电缆故障会终止所有的传输。
A. 总线　B. 星型　C. 主站　D. 网状

三、问答题

1. 计算机网络的发展经过了哪几个阶段?
2. 计算机网络可从哪几个方面进行分类?
3. 叙述网络拓扑结构的概念,典型的网络拓扑结构有哪几种?简要总结其特点。
4. 局域网、城域网和广域网有什么不同?
5. 点到点网络和广播式网络有什么区别?
6. 模拟信号和数字信号各有什么特点?通信时它们有哪些区别?
7. 什么是数据?什么是信号?在数据通信系统中有几种信号形式?
8. 什么是单工、半双工和全双工通信?试举例说明。
9. 什么是多路复用?有哪几种常用的多路复用技术?计算机网络中通常采用什么复用技术?
10. 举例说明 TDM 复用过程。
11. 网络中常用的传输介质包括哪两大类?UTP 表示什么?分为哪几类?每一类的带宽和最高数据传输速率是多少?
12. 双绞线是否表示只有两根线?无线传输是否是指没有传输介质?

第2章　计算机网络的体系结构

学习场景

计算机的网络结构可以从网络组织、网络配置和网络体系结构三个方面来描述，网络组织是从网络的物理结构和网络的实现两方面来描述计算机网络；网络配置是从网络应用方面来描述计算机网络的布局，硬件、软件和通信线路来描述计算机网络；网络体系结构是从功能上来描述计算机网络结构。

网络协议是计算机网络必不可少的，一个完整的计算机网络需要有一套复杂的协议集合，组织复杂的计算机网络协议最好方式就是层次模型。而将计算机网络层次模型和各层协议的集合定义为计算机网络体系结构(Network Architecture)。

计算机网络由多个互连的节点组成，节点之间要不断地交换数据和控制信息，要做到有条不紊地交换数据，每个节点就必须遵守一整套合理而严谨的结构化管理体系，计算机网络就是按照高度结构化设计方法采用功能分层原理来实现的，即计算机网络体系结构的内容。

学习目标

- 了解计算机网络体系结构的基本概念。
- 掌握 OSI/RM 和 TCP/IP 网络参考模型的划分方法。
- 了解 OSI/RM 和 TCP/I 参考模型各层的功能。
- 了解 OSI/RM 和 TCP/IP 参考模型的区别。

2.1　计算机网络体系结构的概念

计算机网络系统是一个非常复杂的系统，网络通信控制也涉及许多复杂的技术问题。计算机网络系统的设计采用结构化方法，它把一个较为复杂的系统分解为若干个容易处理的子系统，然后逐个加以解决。现代计算机网络都采用了层次化体系机构。分层及其协议的集合称为计算机网络体系结构，它是关于计算机网络系统应设置多少层，每个层能提供哪些功能的精确定义，各层之间的关系以及各层是如何联系在一起的。

2.1.1　划分层次的必要性

之所以需要分层，是因为计算机网络是一个非常复杂的系统，其复杂程度远远超过人们的想象。为了应对这种复杂的局面，早在ARPANET设计的时候就提出了分层的概念。实践表明，对复杂的网络系统进行分层，使得庞杂的网络信息交换条理明晰，并转化为若干个小的局部问题，这些局部问题易于处理。

1. 分层结构的优点

(1) 由于系统被分成相对简单的若干层，因此易于实现和维护。

(2) 各层功能明确，相对独立，下层为上层提供服务，上层通过接口调用下层功能。不关心下层具体实现细节，各层都可以选择最合适的实现技术。

(3) 当某一层的功能需要更新或被替代时，只要它和上下层的接口服务关系不变，则相邻层都不受影响。

(4) 分层结构易于交流、理解和标准化。

2. 分层原则

网络体系结构分层原则：层数要适中，过多则结构过于复杂，各层组装困难，而过少则层间功能划分不明确，多种功能在同一层中，造成每层协议复杂；层间接口要清晰，跨越接口的信息量尽可能要少。

3. 常见的网络体系结构

20世纪70年代以来，一些计算机公司纷纷研究各自的网络，并提出各自的网络体系结构。IBM公司在1974年公布的分布式网络体系结构SNA，美国DEC公司在1975年公布的网络体系结构DNA等，这些按照不同概念设计的网络，有力地推动了计算机网络的发展和广泛的应用。但不同体系结构划分的层次都不相同，互相不兼容，不能实现开放互联。以下两个标准得到了公认和应用：

(1) OSI模型即开放式通信系统互联参考模型(Open Systems Interconnection Reference Model，OSI/RM)，是国际标准化组织(ISO)提出的一个试图使各种计算机在世界范围内互联为网络的标准框架，简称OSI。

(2) TCP/IP参考模型是计算机网络的祖父ARPANET及其后继的因特网使用的参考模型。ARPANET是由美国国防部(U. S. Department of Defense，DoD)赞助的研究网络。逐渐地，它通过租用的电话线联结了数百所大学和政府部门。当无线网络和卫星出现以后，现有的协议在和它们相连的时候出现了问题，所以需要一种新的参考体系结构。这个体系结构在它的两个主要协议出现以后，被称为TCP/IP参考模型(TCP/IP reference model)。

2.1.2 网络协议

计算机网络协议，是计算机网络中的计算机为了进行数据交换而建立的规则、标准或约定。这些规则、标准或约定主要规定了所交换数据的格式以及有关同步与时序的问题。计算机网络做任何的事情都需要协议，网络协议主要由以下三个要素组成：

(1) 语法。规定通信双方"如何讲"，即规定数据与控制信息的结构或格式。

(2) 语义。规定通信双方"讲什么"，即规定传输数据的类型以及通信双方要发出什么样的控制信息，执行的动作以及作出何种响应。

(3) 时序。规定了信息交流的顺序,即事件实现顺序的详细说明。

2.2 OSI 参考模型

2.2.1 OSI 参考模型的基本概念

开放系统互联参考模型(Open System Interconnection Reference Model,OSI/RM)于 1977 年由国际标准化组织(International Standards Organization,ISO)的一个专门分委员会所制定。这是一个定义连接异种计算机(也就是至少采用不同操作系统的计算机,当然其内部的硬件和软件可能都不同)的参考标准(或者是参考模型)。提出这样一个参考模型就是为了制订一个大家都能遵守和采用的网间标准以替代各个厂家自行制定的网间标准。

此标准称为“开放”的含义:

第一,这个标准是一个公开的标准,所有的内容细节都向所有希望知道的人们公开。

第二,表示这是一个“外部”标准,不需要每个使用这个标准的系统改变自己内部的数据表示和处理过程,只要遵守了这个标准就可以和其他任何遵守该标准的网络进行通信。

“参考”模型是指这不是一个强制性的标准,可以遵照执行,也可以不予理会。只要遵照同一标准的系统之间能够达到互联与互通的目的即可。

由于这个协议相当完美(不是完全完美),所以实现这样一个协议是一个相当庞杂的任务。迄今为止,在世界上还没有任何一个厂商或者组织真正实现了这个参考模型。所以这个参考模型具有双重意义。其一是为人们研究相关协议提供了一个很好的参考,人们提到网络体系结构时都要说到七层模型;其二是从另外一个意义上讲,过分关注这个模型可能使人们的研究走入困境。

2.2.2 OSI/RM 参考模型的层次结构

开放系统互联参考模型 OSI/RM 是抽象的概念,不是一个具体的网络。它将整个网络的功能划分成七个层次,由下到上分别为物理层、数据链路层、网络层、传输层、会话层、表示层和应用层。每层各自完成一定的功能。两个终端通信实体之间的通信必须遵循这七层结构。图 2-1 所示为 OSI 七层参考模型。

网络中不同节点上的相同层次的实体称为同等层实体,具有相同的功能。在功能上认为同等层实体相互通信。

每一层完成协议为其所定义的功能,修改某一层次的功能仅仅影响该层次对于任务完成的质量,并不影响其他层次(即层的独立性)。

每一层次使用下层为它提供的服务,并向上层提供服务,且仅限于向它的上层提供服务,层次之间通过相邻层次之间的接口进行通信,除此之外没有其他的途径。

1. 物理层(Physical Layer)

物理层是整个 OSI 参考模型的最底层,它为数据链路层提供透明传输比特流的

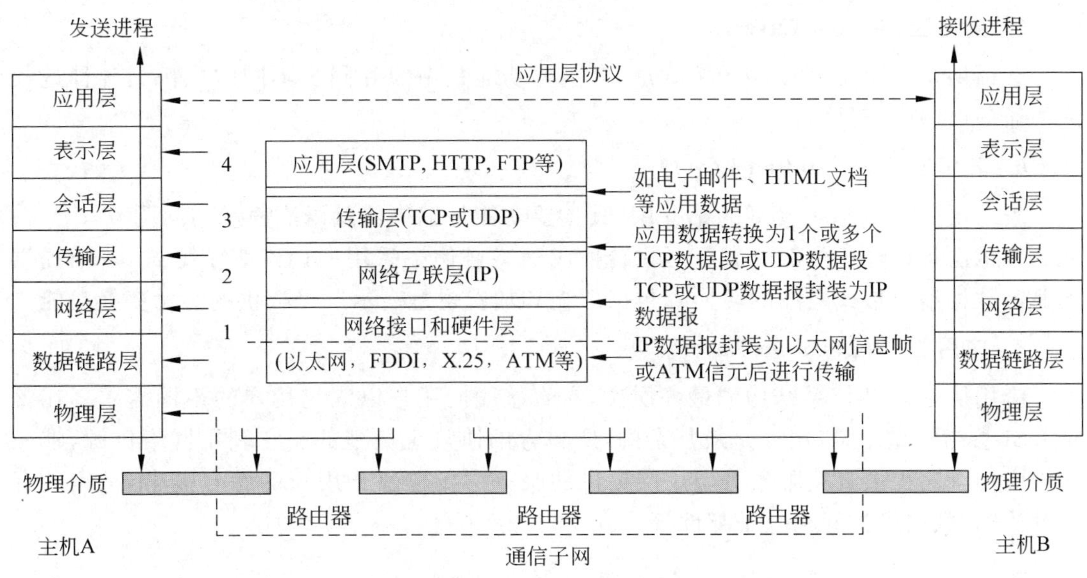

图 2-1 OSI 七层参考模型

服务。

具体地说，它涉及用什么物理信号代表 1 和 0；一个比特持续多少时间；传输是双向的、还是单向的；一次通信中发送方和接收方如何应答；设备之间连接件的尺寸和接头数以及每根连线的用途等。物理层传送信息的基本单位是比特，也称为位。

2. 数据链路层(Data Link Layer)

数据链路层是 OSI 参考模型的第 2 层，它的主要功能是实现无差错的传输服务。

数据链路层传送信息的基本单位是帧。常见的数据链路层协议有点对点协议(Point-to-Point Protocol,PPP)、高级数据链路控制规程(High-level Data Link Control，HDLC)。

3. 网络层(Network Layer)

网络层是 OSI 参考模型的第 3 层，它解决的是网络与网络之间，即网际的通信问题。

网络层关心的是通信子网的运行控制，主要解决如何使数据分组跨越通信子网从源主机传送到目的主机的问题，这就需要在通信子网中进行路由选择。此外，网络层还要具备地址转换(将逻辑地址转换为物理地址)、报告有关数据包的传送错误等功能。网络层传送信息的基本单位是分组(或称为数据包)。

4. 传输层(Transport Layer)

传输层是 OSI 参考模型的第 4 层，它的主要功能是完成网络中不同主机上的用户或进程之间可靠的数据传输。

传输层提供端到端的透明数据传输服务，使高层用户不必关心通信子网的存在。由此，使用统一的传输协议编写的高层软件便可运行于任何通信子网上。传输层还要处理端到端的差错控制、流量控制和拥塞控制问题。传输层传送信息的基本单位是报文段。

5. 会话层(Session Layer)

会话层是 OSI 参考模型的第 5 层,其主要功能是组织和同步不同的主机上各种进程间的通信(也称为对话)。

6. 表示层(Presentation Layer)

表示层是 OSI 参考模型的第 6 层,其主要功能是解决信息语法表示的问题。

表示层将计算机内部的表示形式转换成网络通信中采用的标准表示形式,从而提供不兼容数据编码格式之间的转换。数据压缩和加密也是表示层可提供的表示变换功能。

7. 应用层(Application Layer)

应用层是 OSI 体系结构的最高层次,它直接面向用户以满足用户的不同需求。在整个 OSI 参考模型中,应用层是最复杂的,所包含的协议也最多的。它利用网络资源,唯一的向应用程序提供直接服务。应用层提供的服务主要取决于用户的各自需求,常用的有文件传输、数据库访问和电子邮件等。

2.2.3 OSI/RM 数据封装过程

数据要通过网络进行传输,就要从高层一层一层向下传输。在发送方,如图 2-2 所示,从上到下逐层传递的过程中,每经过一层都对数据附加一个具有各种控制信息的信息头部,即封装,图 2-2 中 H7、H6、H5、……、H1 统称为报头。各层的功能正是通过相应层的信息头部来实现的,所以,发送的数据会越来越大,直到物理层构成由 0 或 1 组成的二进制数据流,然后再将其转换为电或光信号在物理媒体上传输至接收方。数据在 OSI/RM 每层的封装被称为协议数据单元(Protocol Data Unit,PDU)。

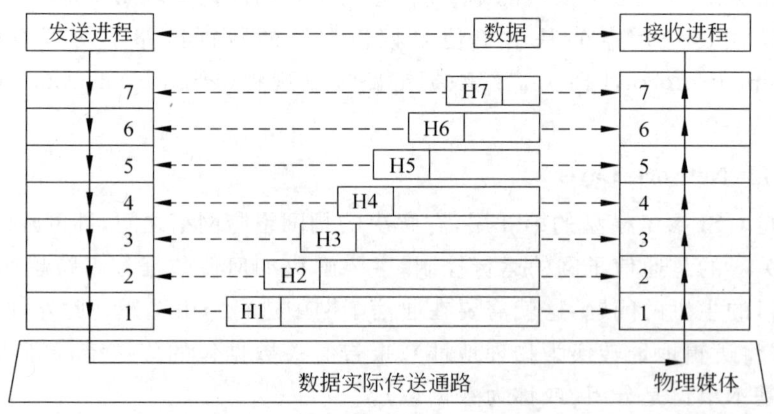

图 2-2 OSI/RM 数据封装过程

接收方在向上传递时过程是相反的,各层要去除发送方在相应层加上的控制信息,并进行相应的协议操作。发送方和接收方的对等实体看到的信息是相同的,就好像这些信息通过虚通道直接传输到了对方一样,同层节点之间通过协议实现对等层之间的通信。

2.3　TCP/IP体系结构

2.3.1　TCP/IP体系结构的产生

TCP/IP协议最早起源于1969年美国国防部赞助研究的网络ARPANET——世界上第一个采用分组交换技术的计算机通信网，它是Internet采用的协议标准。Internet的迅速发展和普及，使得TCP/IP协议成为全世界计算机网络中使用最广泛、最成熟的网络协议，并成为事实上的工业标准。无论在局域网还是互联网中TCP/IP都有重要的用途。

TCP/IP协议是一个协议簇，它包括上百个具有不同功能且互为关联的协议，而TCP和IP是保证数据完整传输的两个基本的重要协议，所以也可称为TCP/IP协议簇。

2.3.2　TCP/IP的层次结构

TCP/IP协议模型从更实用的角度出发，形成了具有高效率的四层体系结构，分别是网络接口层、网际层、传输层和应用层。每一层都包含若干协议，整个TCP/IP一共包含100多个协议，并随着网络技术的发展，协议数在继续增加。在所有的协议中，传输控制协议(TCP)和网络互联协议(IP)是其中两个最基本、最重要的协议，因此通常用TCP/IP来代表整个协议系列。如图2-3所示，给出了每个层次的名称以及包含的主要协议和功能。

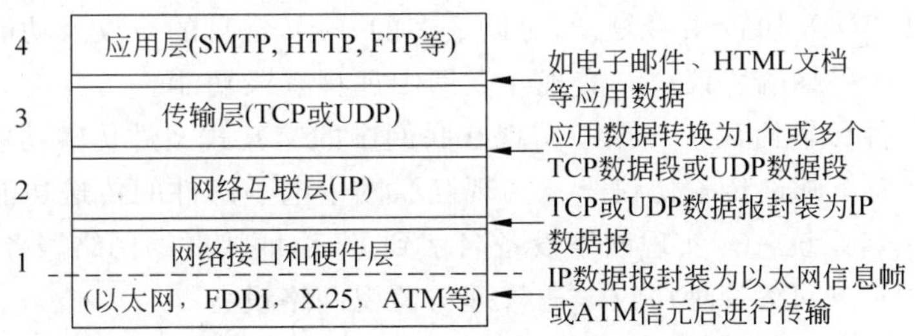

图2-3　OSI和TCP/IP参考模型的对应关系

1. 网络接口层(Network Interface)

网络接口层是模型中的最底层。负责将数据包透明传送到电缆上。

网络接口层协议定义了主机如何连接到网络，管理着特定的物理介质。在TCP/IP模型中可以使用任何网络接口，如以太网、令牌环网、FDDI、X.25、ATM、帧中继和其他接口等，网络接口层负责对上层屏蔽掉底层接口的不同。

2. 网络互联层(Network)

网络互联层是参考模型的第2层，决定数据如何传送到目的地，主要负责寻址和路由选择等工作。

网络互联层所使用的协议中最重要的协议是网际协议IP。它把传输层送来的消息组装成 IP 数据报文，并把 IP 数据报文传递给主机-网络层。IP 协议提供统一的 IP 数据报格式，以消除各通信子网的差异，从而为信息发送方和接收方提供透明的传输通道。

3. 传输层(Transport)

传输层是参考模型的第 3 层，它负责在应用进程之间的端-端通信。传输层主要有两个协议，即传输控制协议 TCP 和用户数据报协议 UDP。

TCP 协议是面向连接的，以建立高可靠性的消息传输连接为目的，它负责把输入的用户数据(字节流)按一定的格式和长度组成多个数据报进行发送，并在接收到数据报之后按分解顺序重新组装和恢复用户数据。

为了完成可靠的数据传输任务，TCP 协议具有数据报的顺序控制、差错检测、校验以及重发控制等功能。TCP 还要进行流量控制，以避免快速的发送方“淹没”低速的接收方而使接收方无法处理。

UDP 是一个不可靠的、无连接的协议，只是“尽最大努力交付”。主要用于不需要 TCP 的排序和流量控制能力、而是由自己完成这些功能的应用程序。

它被广泛地应用于端主机和网关以及 Internet 网络管理中心等的消息通信，以达到控制管理网络运行的目的，或者应用于快速递送比准确递送更重要的应用程序，例如，传输语音或视频图像。

4. 应用层(Application)

应用层位于 TCP/IP 协议中的最高层次，用于确定进程之间通信的性质以满足用户的要求。它直接面向用户，按照用户的需求定义应用程序如何提供服务，例如，浏览程序如何与 WWW 服务器沟通、邮件软件如何从邮件服务器下载邮件等。

应用层是 TCP/IP 协议中最复杂，协议最多的一层，常见的协议及功能如下：

(1) Telnet 远程终端协议——实现互联网中远程登录功能。

(2) FTP 文件传输协议——用于实现互联网中的交互式文件传输功能。

(3) SMTP 简单邮件传输协议——实现互联网中电子邮件的传送功能。

(4) DNS 域名系统——实现网络设备名字到 IP 地址映射的网络服务。

(5) SNMP 简单网络管理协议——管理与监视网络设备。

(6) HTTP 超文本传输协议——用于 WWW(万维网)服务。

2.3.3 OSI 与 TCP/IP 比较

虽然 OSI 参考模型和 TCP/IP 参考模型都采用了层次结构的概念，但是它们的差别却是很大的，不论在层次划分还是协议使用上，都有明显的不同。图 2-4 所示为 TCP/IP 体系结构与 OSI 参考模型的对应关系。

OSI 参考模型的抽象能力高，适合于描述各种网络，它采取的是自上而下的设计方式，先定义了参考模型，才逐步去定义各层的协议。由于定义模型的时候对某些情况预计不足，造成了协议和模型脱节的情况。TCP/IP 正好相反，它是先有了协议之后，人们为了对它进行研究分析，才制定了 TCP/IP 参考模型，当然这个模型与 TCP/IP 的各个协议吻合得很好，但不适合用于描述其他非 TCP/IP 网络。

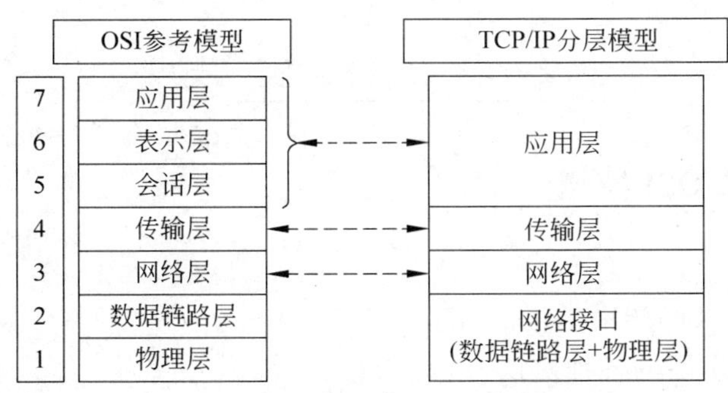

图 2-4 TCP/IP 体系结构与 OSI 参考模型的对应关系

OSI 参考模型的概念划分清晰，它详细地定义了服务、接口和协议的关系，优点是概念清晰，普遍适应性好；缺点是过于繁杂，实现起来很困难，效率低。TCP/IP 在服务、接口和协议的区别上不清楚，功能描述和实现细节混在一起，因此 TCP/IP 参考模型对采取新技术设计的网络指导意义不大，也就使它作为模型的意义逊色很多。

TCP/IP 的网络接口层并不是真正的一层，在数据链路层和物理层的划分上基本是空白，而这两个层次的划分是十分必要的；OSI 的缺点是层次过多，事实证明会话层和表示层的划分意义不大，反而增加了复杂性。

1. 相同点

它们都采用了层次模型；它们都要为广域网通信服务，所以都在传输层为用户提供了端到端的与具体网络无关的通信服务。

2. 不同点

(1) TCP/IP 协议是在网络发展的实践中不断发展完善起来的，依据这个协议簇的 TCP/IP 模型则建立在已有的协议基础之上，协议和模型相当吻合。OSI 模型的建立并不侧重于任何特定的协议。

(2) TCP/IP 协议是实际上的工业标准，而 OSI 模型尽管有巨大的指导意义但是在实现上具有较大的困难。

(3) TCP/IP 建立之初就遇到网络管理问题并要加以解决，所以 TCP/IP 协议具有较强的网络管理功能。OSI 模型在后来才考虑到这个问题。

(4) TCP/IP 协议模型支持无连接服务，这对网络通信非常重要，而 OSI 不支持无连接服务。

(5) OSI 模型定义并规范了服务、接口和协议的概念，使它们相互不混淆。TCP/IP 协议在这方面的区分不清。

总之，这两个模型各有优缺点。OSI 的出现推动了网络协议的研究，成为人们认识网络的重要工具。TCP/IP 协议的出现成功推动了 Internet 的发展，反过来 Internet 的发展也推动了 TCP/IP 协议簇的发展。它不仅应用于广域网而且进入了局域网，成为 Intranet(企业内部网，也称为内联网)和 Extranet(企业外部网，也称为外联网)的核心协议。它们的缺点在于 OSI 庞大复杂、难于实现，对一些新问题和需求考虑不周。TCP/IP 是先干起来再说，所以全局性较差，缺乏统一规划，显得有些混乱。

2.4 上机实践

实验一 了解 OSI 模型

实验目的

1. 掌握 OSI/RM 的层次结构。
2. 熟悉掌握应用层的各种协议。

实验环境

带 Windows 操作系统的计算机。

实验内容

1. 图 2-5 所示的 IE 地址栏中的网站,用的什么协议?中文名是什么?

图 2-5

2. 图 2-6 所示的地址栏中,用的什么协议?中文名是什么?

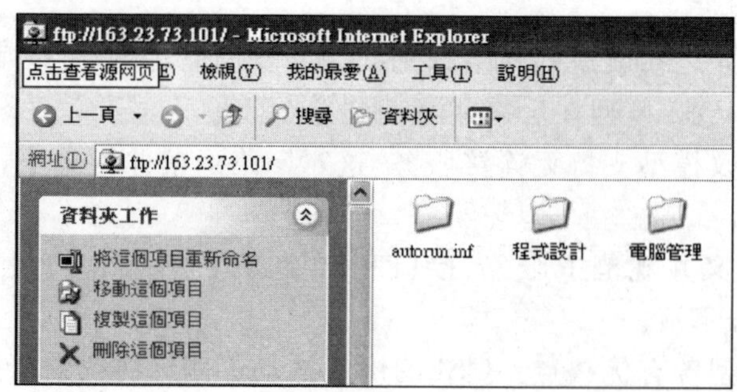

图 2-6

3. 图 2-7 所示的地址栏中,用的什么协议?中文名是什么?

图　2-7

实验二　认识 TCP/IP 协议

实验目的

1. 熟练掌握 TCP/IP 协议中的重要协议。

2. 理解网络协议在现实生活中的重要应用。

实验环境

带 Windows 操作系统的计算机,并且连接局域网和广域网。

实验内容

1. 配置 TCP/IP 协议

计算机硬件组装完成以后,接下来进行网络协议的配置。

通过右击网上邻居,属性,打开网络连接,然后双击本地连接(无线网络连接),打开网络连接属性,找到 Internet 协议(TCP/IP),双击,进入对 IP 地址的设置对话框进行配置。

2. 检查 TCP/IP 协议

网络地址设置好以后,要对网络地址进行全面查看。

运行"开始"→"运行"命令,在弹出的对话框中输入 cmd 并按回车键,在弹出的命令提示窗口中,输入 ipconfig/all 即可检查 IP 地址、子网掩码、默认网关、DNS 服务器地址等。

2.5　习　　题

一、填空题

1. OSI 参考模型分为 7 层,从下往上分别是________、________、________、________、________、________和________。

2. TCP/IP 参考模型分为 4 层,分别是________、________、________和________。

3. 在 TCP/IP 中,与 OSI/RM 对应的网络层是________。

4. 在 TCP/IP 参考模型的传输层上,________实现的是一种面向无连接的协议,它不能提供可靠的数据传输,并且没有差错检验,而________实现的是一种面向连接的协议。

5. 物理层的传输单位是________，数据链路层的传输单位是________，而网络层的传输单位是________，传输层的传输单位是________。

6. 在OSI/RM中，只有________层是实连接，而其他层都是虚连接。

7. 在OSI/RM中，________层位于通信子网最底层，________层位于通信子网最高层。在通信子网和资源之间起承上启下作用的是________。

二、选择题

1. TCP/IP中的TCP对应于OSI/RM的(　　)。

A. 数据链路层　B. 网络层　C. 传输层　D. 会话层

2. TCP/IP协议是(　　)。

A. 事实标准　B. 国际标准　C. 美国标准　D. 一般标准

3. OSI代表(　　)。

A. Organization for Standards Institute

B. Organization for Internet Standards

C. Open Standards Institute

D. Open Systems Interconnection

4. (　　)是控制通信过程的规则。

A. 协议　B. 介质　C. 网络拓扑　D. 以上都是

5. ISO提出OSI的关键是(　　)。

A. 系统互联　B. 提高网络速度

C. 经济利益　D. 为计算机制定标准

6. OSI参考模型按从上到下的顺序有(　　)。

A. 应用层、传输层、网络层、物理层

B. 应用层、表示层、会话层、网络层、传输层、数据链路层、物理层

C. 应用层、表示层、会话层、传输层、网络层、数据链路层、物理层

D. 应用层、会话层、传输层、物理层

7. OSI参考模型是由(　　)组织提出的。

A. IEEE　B. ANSI　C. EIA/TIA　D. ISO

8. 能正确描述数据封装过程的是(　　)。

A. 数据段→数据包→数据帧→数据流→数据

B. 数据流→数据段→数据包→数据帧→数据

C. 数据→数据包→数据段→数据帧→数据流

D. 数据→数据段→数据包→数据帧→数据流

9. OSI/RM模型中，可以完成加密功能的是(　　)。

A. 物理层　B. 传输层　C. 会话层　D. 表示层

10. 会话层的功能是(　　)。

A. 提供加密/解密　B. 提供数据转换及格式

C. 在不同主机间建立连接　D. 在网络两个端系统间建立连接

三、问答题

1. 什么叫“网络体系结构”？网络体系结构为什么要分层？分层原则是什么？层与层之间有什么关系？

2. TCP/IP 参考模型分为几层？各层包含的主要协议有哪些？

3. 描述 TCP/IP 协议的数据封装过程。

4. 试叙述网络协议的含义。

5. OSI/RM 从下到上分为哪几层？

6. 常用的应用层协议有哪些？

第3章 局域网组建技术

学习场景

局域网是最常见的计算机网络，校园网、企业网、办公室、网吧、机房等连起来的网络都是局域网。局域网作用范围小，容易组建，成本低廉，甚至可以用一根网线将两台计算机相连便形成一个最简单的小局域网。一般来说，较大的局域网会利用集线器、交换机等网络通信设备将所有的计算机相连。

学习目标

- 掌握常见的局域网拓扑结构和特点。
- 理解 IEEE 802 标准，理解两类介质访问控制的原理。
- 掌握主要的局域网组网设备的功能与选择。
- 掌握 WLAN 的组建和配置方法。
- 了解局域网的介质访问控制方法。
- 掌握虚拟局域网(VLAN)技术。
- 掌握虚拟局域网(VLAN)的划分方法和技术。

3.1 局域网概述

局域网(LAN)是当今网络技术发展与应用最活跃的一个领域，各公司、企业、政府、学校及住宅小区内的计算机都在通过 LAN 连接起来，以达到资源共享、信息传递和数据通信的目的。

局域网始于 20 世纪 70 年代，与此同时，随着国际上推出的个人计算机(PC)逐渐走入市场，PC 在计算机中所占比例越来越大，由此也推动了 LAN 的发展。早在 1972 年，美国加州大学研制了被称为分布计算机系统(Distributed Computer System)的 NWEHALL 环网。1974 年英国剑桥大学研制的剑桥环网和 1975 年美国 Xerox 公司推出的第一个总线争用结构的实验性以太网(Ethernet)则成为最初 LAN 的典型代表。1977 年，日本京都大学首度研制成功了以光纤为传输介质的局域网络。

20 世纪 80 年代以后，随着网络技术、通信技术和微型机的发展，LAN 技术得到了迅速的发展和完善，多种类型的局域网络纷纷出现，越来越多的制造商投入到局域网络的研制潮流中，一些标准化组织也致力于制定 LAN 的有关标准和协议。同时，包括传输介质和转接器件在内的网络组件的发展，连同高性能的计算机一起构成了局域网的基本硬件基础，并使局域网被赋予了更强的功能和生命力。到了 20 世纪 80 年代后期，LAN 的产品就已经进入专业化生产和商品化的成熟阶段。此期间 LAN 的典型产品有美国 DEC、Intel 和 Xerox 三家公司联合研制并推出的 3COM Ethernet 系列产品和 IBM 公司开发的令牌环，与此同时，NOVELL 公司设计并生产出了 Novell Netware 系列局域网网络操作系统产品。

到了 20 世纪 90 年代，LAN 更是在速度、带宽等指标方面又有了更大的进展，并且在 LAN 的访问、服务、管理、安全和保密等方面都有了进一步的改善。例如，Ethernet 产品从传输速率为 10Mbps 的 Ethernet 发展到 100Mbps 的高速以太网，并继续提高至千兆(1000Mbps)以太网。到 2002 年，IEEE 还颁布了关于万兆以太网的标准。

3.1.1　局域网的特点

局域网技术是当前计算机网络研究与应用的一个热点问题，也是目前技术发展最快的领域之一，局域网特点如下：

(1) 网络所覆盖的地理范围比较小，通常不超过几十千米，甚至只是在一幢建筑或房间内。

(2) 具有较高的数据传输速率，通常为 10～100Mbps，高速局域网可达 1000Mbps(千兆以太网)。

(3) 协议比较简单，网络拓扑结构灵活多变，容易进行扩展和管理。

(4) 具有较低的延迟和误码率，一般在 10^{-10}～10^{-8}。这是因为局域网通常采用基带传输技术，而且距离较短，传输介质质量较好，经过的网络设备较少，因此误码率很低。

(5) 局域网络的经营权和管理权为某个单位所有，与广域网通常由服务提供商提供形成鲜明对照。

(6) 一般采用分布式控制和广播式通信。

(7) 便于安装、维护和扩充，建网成本低、周期短。

尽管局域网地理覆盖范围小，并不意味着它们必定是小型的或简单的网络。局域网可以扩展得相当大或者非常复杂，配有成千上万用户的局域网也是很常见的。

局域网的应用范围广，可应用于办公自动化、生产自动化、企事业单位的管理、银行业务处理、军事指挥控制、商业管理等方面。局域网的主要功能是为了实现资源共享，其次是为了更好地实现数据通信与交换以及数据的分布处理。

通常来说，决定局域网特性的主要技术要素是网络拓扑结构、传输介质与介质访问控制方法。

3.1.2　局域网的组成

局域网由网络硬件(包括网络服务器、网络工作站、网络打印机、网络接口卡、网络互联设备等)、各种网络传输介质以及网络软件所组成。其中，网络接口卡(NIC)也称为网络适配器(简称网卡)。在网络中，每台计算机都需要安装 1 块网卡，每块网卡都有一个全球唯一的48位二进制编号,称为"介质访问地址"(简称MAC地址),也称为该计算机的物理地址。在局域网中,通过MAC地址可以实现数据通信,网卡的任务是负责发送和接收数据,CPU将它视同输入/输出设备。

局域网使用分组交换技术,数据在传输时,会被划分为很多个数据块(称为"帧",frame),并且每次只传输一帧。数据帧的具体格式如表3-1所示。

表3-1 数据帧格式

源计算机 MAC 地址	目的计算机 MAC 地址	控制信息	有效载荷(传输的数据)	校验信息

网卡从网络上每收到一个帧,就检查其中的MAC地址,如果是送往本机的帧,则收下进行处理;否则就将此帧丢弃,不做任何处理。

网卡的主要功能如下:

(1) 在计算机与网络之间建立一个通信链路(link),通过传输介质发送信息和接收信息。

(2) 将数据分成帧,以帧为单位发送和接收信息。

(3) 将计算机的输出信息转换为适合网络传输的信号。

目前,按传输速率可将网卡分为:10Mbps网卡(10Base-T)、100Mbps网卡(100 Base-T)、10/100Mbps自适应网卡、100/1000Mbps自适应网卡。按产品形态,网卡分为独立网卡(有线、无线网卡)、集成网卡(由主板芯片组实现网卡功能)。

3.1.3 局域网的拓扑结构

局域网与广域网的一个重要区别在于它们覆盖的地理范围。由于局域网设计的主要目标是覆盖一个公司、一所大学或一幢甚至几幢大楼的"有限的地理范围",因此它的基本通信机制上选择了"共享介质"方式和"交换"方式。因此,局域网在传输介质的物理连接方式、介质访问控制方法上形成了自己的特点,在网络拓扑上主要采用总线型、环型与星型结构。

1. 总线型拓扑结构

总线型拓扑结构是局域网最主要的拓扑结构之一,如图3-1所示。总线型拓扑结构的计算机都直接连接到一条作为公共传输介质的总线上,所有计算机都可以通过总线传输介质发送或接收数据,但同一个时间段,只允许一台计算机利用总线发送数据。当一台计算机利用总线传输介质以"广播"方式发送信号时,其他计算机都可以"收听"到所发送

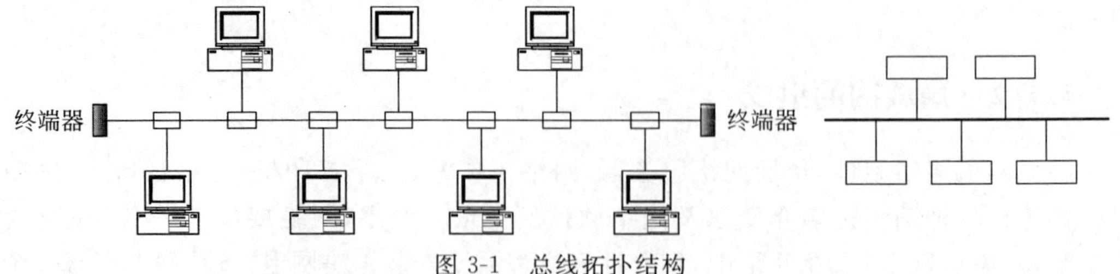

图3-1 总线拓扑结构

的信号。由于总线作为公共传输介质为多个节点所共享，所以在总线拓扑结构中就有可能出现同一时刻有两个或两个以上节点利用总线发送数据的情况，这种现象被称为“冲突”(Collision)。

(1) 总线拓扑结构的优点是信道利用率较高，结构简单，价格相对便宜。

(2) 总线拓扑结构的缺点是同一时刻只能有两个网络节点相互通信，网络延伸距离有限，网络容纳节点数有限。在总线上只要有一个点出现连接问题，会影响整个网络的正常运行。

2. 环型拓扑结构

在环型拓扑结构中，所有的节点通过通信线路连接成一个闭合的环。在环中，数据沿着一个方向绕环逐站传输，如图 3-2 所示。环型拓扑结构也是一种共享介质结构，多个节点共享一条环通路。

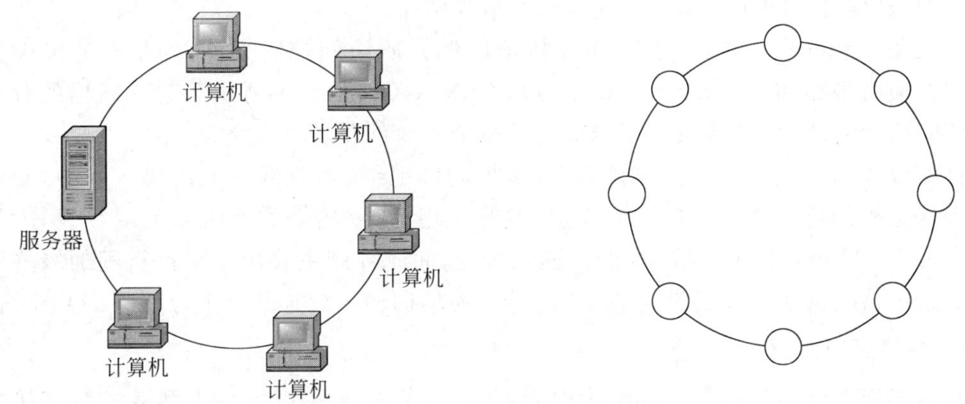

图 3-2　环型拓扑结构

(1) 环型拓扑结构的优点是有效地避免了冲突。

(2) 环型拓扑结构的缺点是网卡等通信部件比较昂贵且管理复杂得多。

3. 星型拓扑结构

星型拓扑结构是由中央节点和一系列通过点到点链路连接到中央节点的节点组成的，如图 3-3 所示。各节点以中央节点为中心相连接，各节点与中央节点以点对点方式连

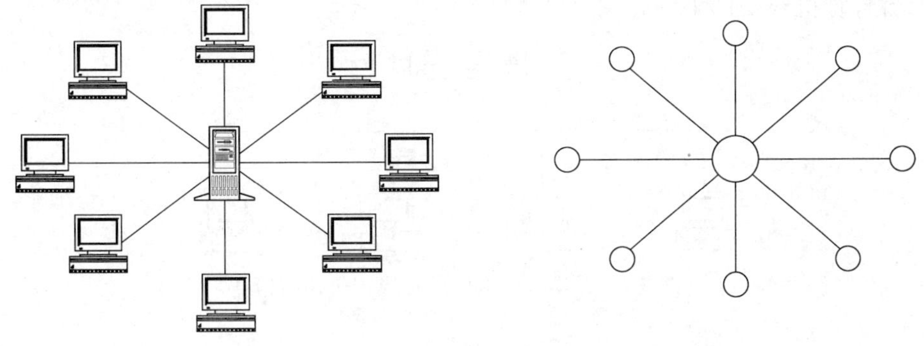

图 3-3　星型拓扑结构

接。任何两节点之间的数据通信都要通过中央节点,中央节点集中执行通信控制策略,主要完成节点间通信时物理连接的建立、维护和拆除。

星型拓扑结构简单,管理方便,可扩充性强,组网容易。利用中央节点可以方便地提供网络连接和重新配置;单个连接点的故障只影响一个设备,不会影响全网,容易检测和隔离故障,便于维护。

3.1.4 常用局域网

局域网有多种不同的类型。按照使用的传输介质可分为有线网和无线网;按照网络中各种设备互联的拓扑结构,可分为星型网、环型网、总线网、混合网等;按照传输介质所使用的访问控制方法,可分为以太网(Ethernet)、FDDI 网和令牌网等。不同类型的局域网采用不同的 MAC 地址格式和数据帧格式,使用不同的网卡和协议。现在广泛使用的是以太网,其他如 FDDI 网和令牌网等已经很少使用。

以太网(Ethernet)的核心技术是随机争用型介质访问控制方法,即带有冲突碰撞检测的载波侦听多路访问(CSMA/CD)方法。CSMA/CD 是一种适用于总线结构的分布式介质访问控制方法,用来解决多节点如何共享公用总线传输介质的问题。

目前以太网可以采用多种连接介质,包括同轴电缆、双绞线和光纤等。其中,双绞线多用于从主机到集线器或交换机的连接,主要采用 5 类、超 5 类或者 6 类双绞线,大量用于速率为 100Mbps 和 1000Mbps 的快速以太网;而光纤则主要用于交换机间的级联和交换机到路由器间的点到点链路上;同轴电缆作为早期的主要连接介质已经逐渐趋于淘汰。

1. 共享式以太网

共享式以太网以集线器(Hub)为中心,每台计算机通过以太网卡和双绞线连接到集线器的一个端口,通过集线器与其他节点相互通信。在共享式以太网中,如果一个节点要发送数据,它将以“广播”方式把数据通过作为公共传输介质的总线发送出去,连在总线上的所有节点都能“收听”到发送节点发送的数据信号。集线器的功能把一个端口接收到的帧以“广播”方式向所有端口分发出去,并对信号进行放大,以扩大网络的传输距离,起着中继器的作用。共享式以太网实质上采用的是总线式拓扑结构,如图 3-4 所示。每一时刻只允许 1 对计算机间进行数据帧传输,通信效率较差。由于它存在的固有缺陷,已经逐渐被以交换机为核心的交换式以太网所代替。如一台 100M 的集线器上连接了 4 台计算机,则每台计算机获得的平均带宽是 25M。

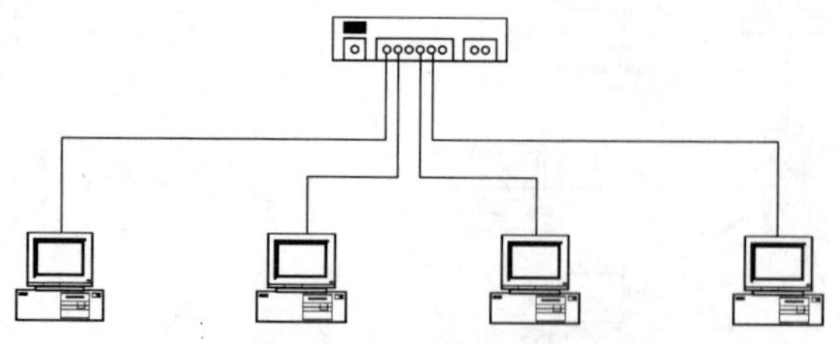

图 3-4 共享式以太网的总线式拓扑结构

2. 交换式以太网

对于传统的共享介质以太网来说，当连接在 Hub 中的一个节点发送数据时，它使用广播方式将数据传送到 Hub 的每个端口。因此，共享介质以太网的每个时间片内只允许有一个节点占用公用通信信道。传输效率较低，已经不适合有很多节点的局域网。

交换式以太网从根本上改变了“共享介质”的工作方式，它可以通过以太网交换机支持交换机端口之间的多个并发连接，实现多节点之间数据的并发传输。交换式以太网的核心设备是以太网交换机，它是一种高速电子交换器，连接在交换机上的所有计算机均可同时相互通信。以太网交换机可以有多个端口，有的端口可以连接计算机节点，有的端口用来连接另一台以太网交换机。典型的交换式以太网的结构如图 3-5 所示。

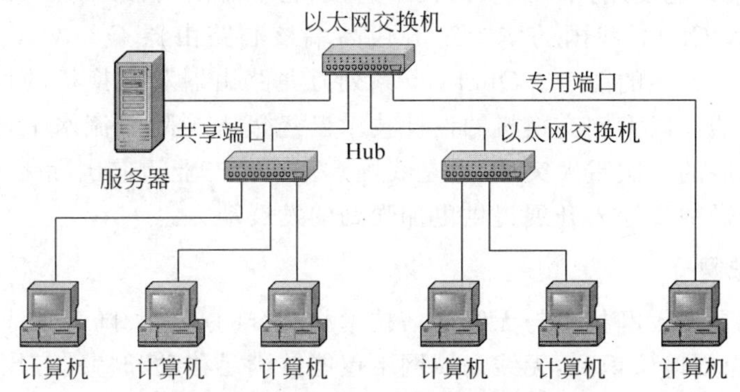

图 3-5 典型的交换式以太网结构

因此，交换式以太网可以增加网络带宽，改善局域网的性能与服务质量。共享式以太网和交换式以太网的对比，如表 3-2 所示。如一台 100M 的交换机连接了 4 台计算机，则每台自己获得大带宽 100M，即每台计算机独享 100M 带宽。

表 3-2 总线式以太网和交换式以太网异同

总线式以太网	交换式以太网
Hub 向所有计算机发送数据帧(广播)，由计算机选择接收	交换机按 MAC 地址将数据帧直接发送给指定的计算机
总线式拓扑结构	星型拓扑结构
1 次只允许 1 对计算机进行数据帧传输	允许多对计算机同时进行数据帧传输
所有计算机共享一定的带宽	每台计算机各自独享一定的带宽
共同点：数据帧和 MAC 地址格式相同，使用的网卡也相同	

3. 高速局域网

(1) 千兆以太网。

千兆以太网是建立在以太网标准基础之上的技术。千兆以太网和 100M 快速以太网完全兼容，并利用了原以太网标准所规定的全部技术规范，其中包括 CSMA/CD 协议、以太网帧、全双工、流量控制以及 IEEE 802.3 标准中所定义的管理对象。作为以太网的一个组成部分，千兆以太网也支持流量管理技术，它保证在以太网上的服务质量。千兆以太网已经发展成为主流网络技术，大到成千上万人的大型企业，小到几十人的中小型企业，在建设企业局域网时都会把千兆以太网技术作为首选的高速网络技术。千兆以太网技术甚至正在取代ATM技术，成为城域网建设的主力军。

(2) 万兆以太网。

万兆以太网是一种数据传输速率高达10Gbps、通信距离可延伸40km的以太网。它是在以太网的基础上发展起来的，因此，万兆以太网和千兆以太网一样，在本质上仍是以太网，只是在速度和距离方面有了显著的改善。万兆以太网继续使用IEEE 802.3以太网协议，以及IEEE 802.3的帧格式和帧大小。但由于万兆以太网是一种只适用于全双工通信方式，并且只能使用光纤介质的技术，所以它不需使用带冲突检测的载波监听多路访问协议(CSMA/CD)。我国的华为第五代高端核心路由器Quidway NetEngine80/40就具有平滑升级至万兆的能力。Quidway系列万兆路由器和交换机的推出，标志着我国大容量核心路由器和以太网交换机的设计技术已经迈入国际一流水平，这不仅是我国核心网通信技术发展的一次重大突破，也是我国数据通信产业迈向国际化的重大突破，并将为我国信息化的进一步深入开展提供更加强劲的发展动力。

4. 无线局域网

无线局域网是以太网技术与无线通信技术相结合的产物。随着无线局域网技术的发展，人们越来越深刻地认识到，无线局域网不仅能够满足移动和特殊应用领域对网络的要求，还能覆盖有线网络难以涉及的范围。无线局域网作为传统局域网的补充，目前已成为局域网应用的一个热点。

1990年，IEEE 802标准化委员会成立IEEE 802.11(俗称Wi-Fi)无线局域网(WLAN)标准工作组，专门从事无线局域网的研究。现在比较通行的标准是802.11b和802.11g。

无线网络由无线网卡、无线接入点等组成。其中，无线接入点(Wireless Access Point，WAP或AP)提供从无线节点对有线局域网和从有线局域网对无线节点的访问，实际上就是一个无线交换机，类似移动通信中的"基站"。WAP使用扩频方式通信，具有抗干扰、抗噪声能力。室外覆盖距离通常可达100～300m，室内一般为30m左右。目前，市场上大多数无线AP都可以支持30～100台计算机接入。当然，现在无线局域网还不能完全脱离有线网络，它只是有线网络的补充。

当前，移动智能设备(平板电脑、智能手机)的快速普及，对于无线局域网的需求越来越大，这些设备都内置无线网卡，只有接入无线局域网才能发挥它们更大的网络功能。在没有无线Wi-Fi信号的区域如果想让移动智能设备也能接入宽带，可以在3G或者4G手机中运行诸如Wi-Fi Tethe类的软件，临时将手机作为AP，提供其他设备的无线接入。

构建无线局域网的另一种技术是"蓝牙"(Bluetooch)，它是一种支持设备短距离通信(一般10m内)的无线电技术。能在包括移动电话、PDA、无线耳机、笔记本电脑、相关外设等众多设备之间进行无线信息交换。利用"蓝牙"技术，能够有效地简化移动通信终端设备之间的通信，也能够成功地简化设备与因特网Internet之间的通信，从而数据传输变得更加迅速高效，为无线通信拓宽道路。蓝牙采用点对点及点对多点通信，工作在全球通用的 2.4GHz ISM（即工业、科学、医学）频段，其数据速率为 1Mbps，采用时分双工传输方案实现全双工传输。当前，蓝牙 4.0 已经在最新的 iPad 和 iPhone 上使用，它具有更低功耗和更高速率的特点。

3.2 局域网协议和体系结构

局域网出现之后，发展迅速，类型繁多，为了促进产品的标准化以增加产品的互操作性，1980 年 2 月，美国电气和电子工程师学会（IEEE）成立了局域网标准化委员会，研究并制定了关于局域网的 IEEE 802 标准。在这些标准中根据局域网的多种类型，规定了各自的拓扑结构、媒体访问控制方法、帧的格式和操作等内容。

3.2.1 IEEE 802 标准概述

1985 年 IEEE 公布了 IEEE 802 标准的五项标准文本，同年被美国国家标准局（ANSI）采纳作为美国国家标准。后来，国际标准化组织（ISO）经过讨论，建议将 IEEE 802 标准定为局域网国际标准。

IEEE 802 为局域网制定了一系列标准，主要有如下 12 种，其中各个子标准之间的关系如图 3-6 所示。

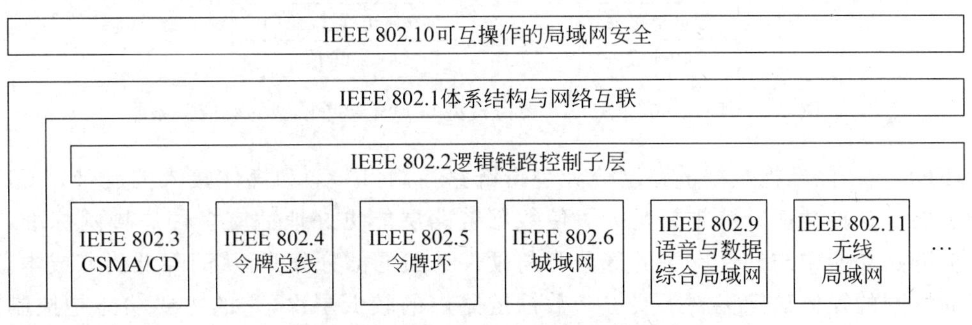

图 3-6 IEEE 802 协议的机构图

- IEEE 802.1 概述了局域网体系结构以及寻址、网络管理和网络互联。
- IEEE 802.2 定义了逻辑链路控制（LLC）子层的功能和服务。
- IEEE 802.3 描述了 CSMA/CD 总线式介质访问控制协议及相应物理层规范。
- IEEE 802.4 描述令牌总线式介质访问控制协议及相应物理层规范。
- IEEE 802.5 描述令牌环网式介质访问控制协议及相应物理层规范。
- IEEE 802.6 描述城域网的介质访问控制协议及相应物理层规范。
- IEEE 802.7 描述宽带时隙环介质访问控制方法及物理层技术规范。
- IEEE 802.8 描述光纤网介质访问控制方法及物理层技术规范。
- IEEE 802.9 描述语音和数据综合局域网技术。
- IEEE 802.10 描述局域网安全与解密问题。

- IEEE 802.11 描述无线局域网技术。
- IEEE 802.12 描述用于高速局域网的介质访问方法及相应的物理层规范。

IEEE 802 标准实际上是一个由一系列协议组成的标准体系。随着局域网技术的发展,该体系在不断地增加新的标准和协议,其中 IEEE 802.3 家族就随着以太网技术的发展出现了许多新的成员。

3.2.2 局域网的体系结构

局域网的体系结构与 OSI 模型有相当大的区别,如图 3-7 所示,局域网只涉及 OSI 的物理层和数据链路层。为什么没有网络层及网络层以上的各层呢?主要有两个方面的原因,一方面 LAN 是一个通信网,只涉及有关的通信功能;另一方面由于 LAN 基本上采用共享信道的技术,所以也可以不设立单独的网络层。也就是说,不同局域网技术的区别主要在物理层和数据链路层,当这些不同的 LAN 需要在网络层实现互联时,可以借助其他已有的通用网络层协议,例如,IP 协议。

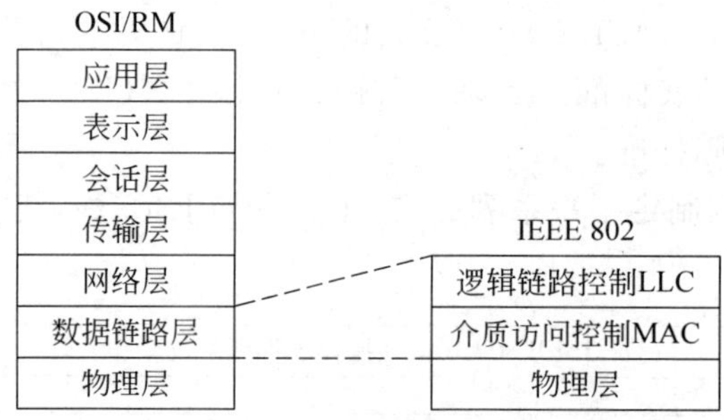

图 3-7 IEEE 802 的 LAN 参考模型与 OSI 参考模型的对应关系

IEEE 802 标准把数据链路层分为逻辑链路控制(LLC)和媒体接入控制(MAC)两个功能子层。这种功能分解主要是为了使数据链路层能更好地适应多种局域网标准,同时使数据链路功能中与硬件有关的部分和与硬件无关的部分分开,从而降低研究成本。

局域网的媒体访问控制子层位于数据链路层的较低层次,它的主要功能是控制对传输媒体的访问。

局域网的逻辑链路控制子层位于数据链路层的较高层次,它集中了与媒体访问无关的部分。逻辑链路控制子层的主要功能是建立和释放数据链路层的逻辑连接;提供与高层的接口;进行差错控制和给帧编号等。

3.2.3 IEEE 802.3 协议

IEEE 802 协议是一个使用 CSMA/CD 媒体访问控制方法的协议标准。最初大部分局域网都是将许多计算机都连接到一根总线上,即总线网。总线网的通信方式是广播通信,当一台计算机发送数据时,总线上所有计算机都能检测到这个数据,仅仅当数据帧中的目的地址与计算机的地址一致时,该计算机才接收这个数据帧。计算机对不是发给自己的数据帧,一律不接收,如图 3-8 所示。

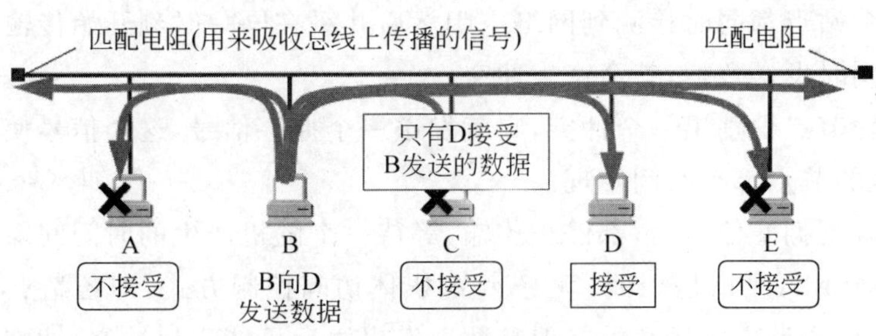

图 3-8 总线型局域网传输方式

在总线上，只要有一台计算机发送数据，总线的传输资源就被占用。因此，在同一时间只允许一台计算机发送信息，否则各计算机之间就会相互干扰，结果谁都无法正常发送数据。任何协调总线上各计算机的工作，总线网均采用了一种特殊的协议，即载波侦听多点接入/碰撞检测(Carrier Sense Multiple Access with Collision Detection，CSMA/CD)技术。

CSMA/CD 的工作原理可概括成四句话，即，先听后发；边发边听；冲突停止；随机延时后重发。如图 3-9 所示，具体过程如下。

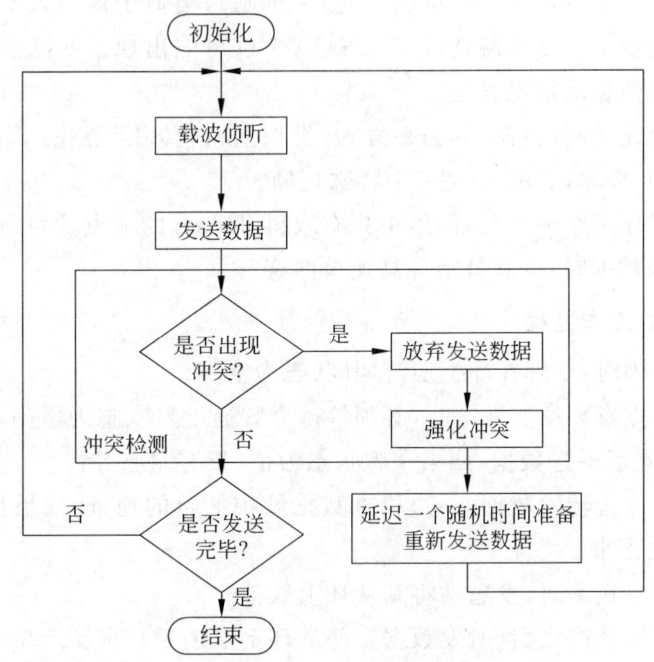

图 3-9 CSMA/CD 的工作原理

当一个站点想要发送数据的时候，它检测网络是否有其他站点正在传输，即侦听信道是否空闲。

如果信道忙，则等待，直到信道空闲。

如果信道闲，站点就传输数据。

在发送数据的同时，站点继续侦听网络确信没有其他站点在同时传输数据。因为有可能两个或多个站点都同时检测到网络空闲然后几乎在同一时刻开始传输数据。如果两个或多个站点同时发送数据，就会产生冲突。

当一个传输节点识别出一个冲突，它就发送一个拥塞信号，这个信号使得冲突的时间足够长，让其他的节点都有时间发现。

其他节点收到拥塞信号后，都停止传输，等待一个随机产生的时间间隙后重发。

可以看出 CSMA/CD 是一种"争用"型的媒体访问控制方式，即各站点争先抢用传输信道，谁先占有信道谁先发送数据。但是数据发出之后可能产生冲突，冲突后就必须推迟一段时间重新发送，因此它不能保证在某一时间之内能够将数据成功发送出去。CSMA/CD 的这一特点称为发送的不确定性。

由于 CSMA/CD 发生冲突的概率会随着网络中站点数量的增加而增加，因此以太网在组网时对网络中站点的数目有限制，它在网络数据负荷量不太大的场合下才能发挥出较好的性能。

3.2.4 IEEE 802.5 协议

CSMA/CD 采用竞争传输介质机制(不公平机制)，类似于众多人不排队在同一个窗口购买火车票时的情形。在极端情况下，CSMA/CD 可能出现某些站点总是竞争不到传输介质而不能发送数据的情况发生。

Token 采用轮流访问(排队)的公平方式，类似"击鼓传花"游戏。Token 技术最初用在环型拓扑结构中，令牌(Token)是一个特殊短帧。

可以把令牌当作一个通行证，网络中只有取得 Token 的节点才可以发送数据。当网络中没有站点发送数据时，令牌就沿环高速单向绕行。

1. 令牌环网的工作过程

(1) 当网络空闲时，令牌在环上巡游，其状态为空闲。

(2) 当一个站点有数据要发送时，必须等待令牌通过且状态为空闲，这时该站点将令牌状态翻转为忙，然后发送数据；如果令牌状态为忙，只有耐心等待。

(3) 每个站点一边转发数据，一边检查数据帧中的目的地址，如果自己是接收站点，则同时将数据接收下来。

(4) 数据回到发送站时，发送站将其从环上取消。

(5) 发送站发完数据之后(所发数据全部从环上取消后)，重新产生令牌，将其释放到环上。

2. 令牌访问介质方式的优点

(1) 不存在竞争，因此不会出现冲突，常用于高负荷通信量较大的网络。

(2) 令牌绕环一周的时间固定，实时性好，适用于控制性或实时性要求较高的场合。

(3) 令牌单向流动，因此可使用带宽高的光纤作为传输介质。

(4) 可以设置优先级，适用于集中管理。负荷较高时，有较好的响应方式。

3.3　架设局域网的硬件设备

要想把多台计算机连接成局域网，需要多种硬件设备，包括网卡、网线、集线器、交换机、路由器等。

3.3.1　网络适配器(网卡)

网卡(Network Interface Card，NIC)，也称为网络接口卡，是局域网中最基本的连接设备，计算机通过网卡接入网络。网卡的作用一方面是接收网络传来的数据；另一方面是将本机的数据打包后通过网络发送出去。网卡有多种不同的分类方法，下面从不同的角度对网卡进行分类。在宽带接入日渐普及的今天，网卡的使用越来越普及，已不仅仅局限于局域网。

按总线类型分类，将网卡分为3种，即，ISA网卡、PCI网卡、PCMCIA网卡。针对不同的传输介质，网卡提供了相应的接口。按照电缆接口类型划分，可以将网卡分为RJ-45接口网卡、BNC细缆接口网卡、AUI粗缆接口网卡、光纤接口网卡，还有将上述几种类型综合的二合一或三合一网卡。根据网卡所支持的传输速率，可以将网卡分为10Mbps、100Mbps、10/100Mbps自适应网卡以及1000Mbps网卡几种类型，如图3-10所示。

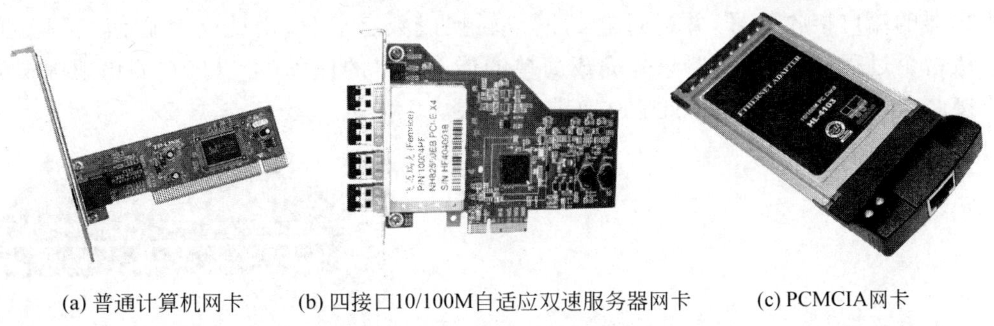

(a) 普通计算机网卡　(b) 四接口10/100M自适应双速服务器网卡　(c) PCMCIA网卡

图3-10　网卡类型

3.3.2　局域网的传输介质

在局域网中，要使网络中的计算机能正常通信，必须提供一条正常的物理通道。这条通道在网络中称为传输介质。传输介质决定了网络的传输速率、网络段的最大长度、传输的可靠性及网卡的复杂性。图3-11所示为传输介质的分类，具体见第1章传输介质的介绍。

3.3.3　集线器

集线器也称为Hub，用于连接双绞线介质或光纤介质的以太网系统。集线器在OSI七层模型中处于物理层，其实质是一个中继器。它的主要功能是对接收到的信号进行再

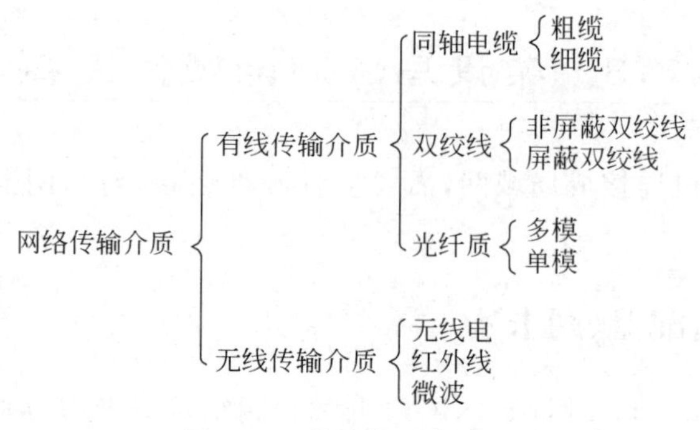

图 3-11 传输介质的分类

生放大，以扩大网络的传输距离。

由于集线器价格便宜，组网灵活，所以基于集线器的网络仍然存在。集线器采用星型布线，如果一个工作站出现问题，不会影响整个网络的正常运行，如图 3-12 所示。

按照集线器端口连接介质的不同，集线器可以连接同轴电缆、双绞线和光纤。很少见到使用光纤的集线器，目前市场上的大多数集线器都是以双绞线作为连接介质的。

组建网络可以用集线器、双绞线、计算机和计算机中的网卡，如图 3-13 所示，第一台计算机首先把需要传输的信息通过网卡转换成网线上传送的信号，并发至集线器，集线器将这些信号放大，而后不经过任何处理就直接广播到集线器的所有端口。计算机从它接入集线器的端口接收信号，并通过它的网卡转换成数字信息，由此这个通信过程就完成了。从这个过程可见，集线器只是完成简单的传送信号的任务，可以把它简单地虚拟成一根连接两台计算机的网线，因此它工作在物理层。

图 3-12 集线器

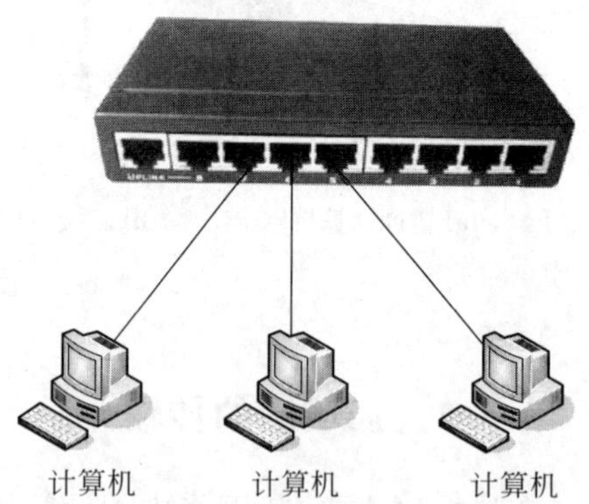

图 3-13 集线器连接

3.3.4 交换机

交换机(Switch)又称网桥，如图 3-14 所示。在外形上交换机和集线器很相似，而且都应用于局域网，但交换机是一个拥有智能和学习能力的设备。交换机接入网络后，可以在短时间内学习掌握此网络的结构以及与它连接计算机的信息，可以对接到的数据进行过滤，而后将数据包送至与主机相连的接口。因此交换机比集线器传输的速度更快，内部结构更加复杂。人们可用交换机组建局域网或者用它把两个网络连接起来。市场上最简单的交换机价格在100元左右，而用于一个结构的局域网的交换机需要上千甚至上万元。

图3-14　交换机

交换机通常具有如下功能和特性：

(1) 可以是星型以太网的中央节点，工作在数据链路层。

(2) 可以过滤接收到的信号，并把有效传输信息按照相关路径送至目的端口。

(3) 一般采用RJ-45标准接口。

(4) 参照每个计算机的接入位置，有目的地传送数据。

(5) 有过滤功能和路径检测功能。

(6) 不同类型的交换机和集线器可以相互级联。

(7) 所连接的客户端都在一个独自的冲突域中。

3.3.5　路由器

路由器是一种连接多个网络或网段的设备，它能够将使用相同或不同协议的网段或网络连接起来，实现相互之间的通信，扩大了网络的连接范围，如图3-15所示。

应该说路由器不属于局域网设备，而是属于局域网之间、局域网与广域网之间、广域网与广域网之间互联所采用的设备。

图3-15　路由器

路由器和交换机的区别主要表现在以下几个方面：

(1) 交换机工作在OSI七层模型的第2层，即数据链路层；而路由器则工作在OSI七层模型的第3层，即网络层。

(2) 交换机利用物理地址(MAC地址)来确定是否转发数据；而路由器则是利用IP地址。

(3) 传统的交换机只能分割冲突域，而无法分割广播域；而路由器可以分割广播域。

(4) 交换机主要是用来连接网络中的各个段；而路由器则可以通过端到端的路由选择来连接不同的网络，并可实现与Internet的连接。

3.4　局域网主要技术

目前常见的局域网技术包括以太网(Ethernet)、令牌环(Token Ring)、光纤分布式数据接口(FDDI)等，它们在拓扑结构、传输介质、传输速率、数据格式、控制机制等各方面有很多不同。

随着以太网带宽的不断提高和可靠性的不断提升，令牌环和 FDDI 的优势不复存在，渐渐退出了局域网领域。以太网具有开发简单、易于实现、易于部署的特性，已得到广泛应用，并迅速成为局域网中占统治地位的技术，并且无线局域网技术的发展也非常迅速，基本上已经普及。

3.4.1 以太网系列

1. 标准以太网

以太网是典型的局域网，以太是 Ether 的音译，源于“电磁辐射是可以通过发光的以太来传播”这一想法。后来由 Xerox、DEC 和 Intel 三家公司联合，开发局域网组网规范。

以太网结构简单，易于实现，技术相对成熟，网络连接设备的成本越来越低。以太网类型较多，但互相兼容，不同类型的以太网可以很好地集成在一个局域网中，它的扩展性也很好。因此，当前组建局域网、校园网和企业网的单位都把以太网作为首选。

IEEE 802.3 定义的以太网标准分为 10 兆以太网、快速（百兆）以太网、（Fast Ethernet）、千兆位以太网（Gigabit Ethernet）等。如 10Broad36、10Base5、10Base2、10Base-T、100Base-T、1000Base-T 等，其中第 1 个数字表示以 Mbps 为单位的传输速率，最后一个数字或字母为电缆最大长度或电缆的类别。其中，Base 为基带，Broad 为宽带。IEEE 802.3 的四种规范如图 3-16 所示。

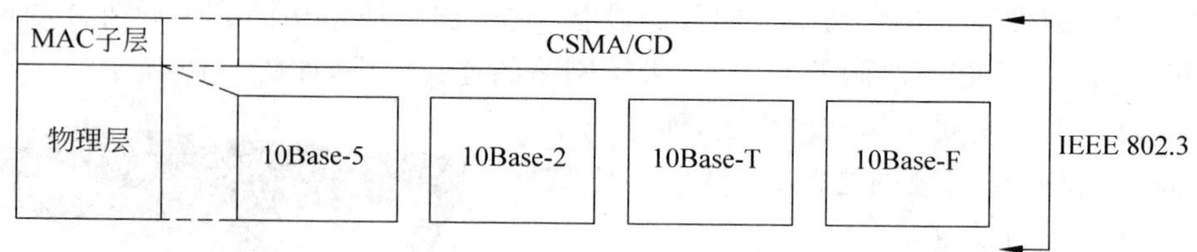

图 3-16 IEEE 802.3 规范

(1) 粗缆以太网 10Base-5。

10Base-5 通常称为粗缆以太网，是最先得到成功应用的以太网，每个网段的电缆长度最大为 500m，网络的连接图如图 3-17 所示。

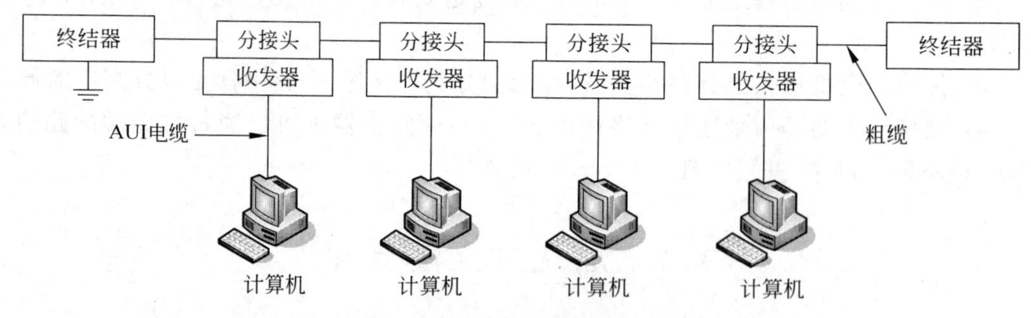

图 3-17 10Base-5 网络连接图

收发器：发送/接收、冲突检测、电气隔离、超长控制。

AUI：连接件单元接口、终接器。

10Base-5 网络的组网技术参数如下：

① 采用总线型拓扑结构(物理拓扑与逻辑拓扑相同)。

② 传输媒体为 RG-11 型 50Ω 粗同轴电缆。

③ 使用 CSMA/CD 媒体访问控制方式。

④ 网段最大长度为 500m,每段最多站点数为 100 个,站点间最短距离为 2.5m。

⑤ 可通过中继器扩展网段长度,但整个网络最多允许使用 4 个中继器连接 5 个网络段。

(2) 细缆以太网 10Base-2。

细缆以太网 10Base-2 称为廉价以太网,也称为细缆以太网,它和 10Base5 一样,都是采用曼彻斯特编码方式。传输速率 10Mbps,采用总线拓扑结构。网络组建起来更简单,性能价格也比 10Base5 要高。

10Base-2 网络的组网技术参数如下：

① 采用总线拓扑结构(物理拓扑与逻辑拓扑相同)。

② 传输媒体为 RG-58 型 50Ω 细同轴电缆。

③ 使用 CSMA/CD 媒体访问控制方式。

④ 网段最大长度为 185m,每段最多站点数为 30 个,站点间最短距离为 0.5m。

⑤ 可通过中继器扩展网段长度,但整个网络最多允许使用 4 个中继器连接 5 个网络。

(3) 双绞线以太网 10Base-T 网络。

10Base-T 称为双绞线以太网,它是典型的物理拓扑结构与逻辑拓扑结构不同的网络,其物理拓扑结构是星状结构,而逻辑拓扑结构是总线结构。10Base-T 网络是目前应用最为广泛的以太网。

10Base-T 网络的组网技术参数如下：

① 物理拓扑为星状结构,逻辑拓扑为总线结构。

② 传输媒体为 3 类以上非屏蔽双绞线或屏蔽双绞线。

③ 使用 CSMA/CD 媒体访问控制方式。

④ 网段最大长度为 100m,每网段最多站点数为 1。

⑤ 可通过集线器扩展网段长度,最大网段数目为 5 个,其中 3 个可以连接设备。

2. 快速以太网

标准以太网以 10Mbps 的速率传输数据,但随着以太网的广泛应用,10Mbps 速率已经不能适用于大规模网络的应用,因此能否提供更高速率的传输成为以太网技术研究的一个新课题,快速以太网应运而生。100Base-T 快速以太网可以看成是 10Base-T 的直线升级,保留了 10Base-T 的基本特征,采用相同的逻辑链路控制子层;媒体访问控制子层采用相同的 CSMA/CD 协议和相同的帧格式。由于传输速率提高到 100Mbps,因此快速以太网在物理层的工作频率、编码方式、物理媒体及接口等方面与 10Base-T 有较大差异。100Base-T 主要特点归纳如下：

(1) 采用与 100Base-T 相同 LLC 子层、帧格式及 CSMA/CD 媒体访问控制协议。

(2) MAC 子层与物理层之间采用媒体无关接口 MII,MII 接口的存在使得物理层的变化对其上层数据链路层的工作方式没有影响。

(3) 采用与10Base-T相同的星状拓扑结构，即所有快速以太网都是基于集线器的，不再使用带有插入式分接头或BNC接头的同轴电缆。

(4) 传输速率较10Base-T快10倍，即100Mbps。

(5) 可采用UTP和光缆媒体。

(6) 网络最大传输距离为205m。

3. 千兆以太网

网速为1Gbps的以太网称为千兆以太网，千兆以太网采用的标准是IEEE 802.3z，主要特点归纳如下：

(1) 与10Base-T和100Base-T技术向后兼容，使用IEEE 802.3协议规定的帧格式。

(2) 允许在1000Mbps下全双工和半双工两种方式工作，在半双工方式下使用CSMA/CD协议，而在全双工方式下不需要使用CSMA/CD协议。

(3) 传输媒体可采用光纤媒体和铜缆媒体。

(4) 采用星状网络结构，使用、管理、维护和升级都非常灵活。

(5) 保持了以太网的结构化布线系统、安装、维护和管理方法，网络具有很高的可靠性。

(6) 采用SNMP协议及传统以太网的故障查找和排除工具，因此具有可管理性和可维护性。

千兆以太网支持4种不同的物理层标准，它们分别是1000Base-SX、1000Base-LX、1000Base-CX和100Base-T。图3-18所示为千兆位以太网的组网示例。

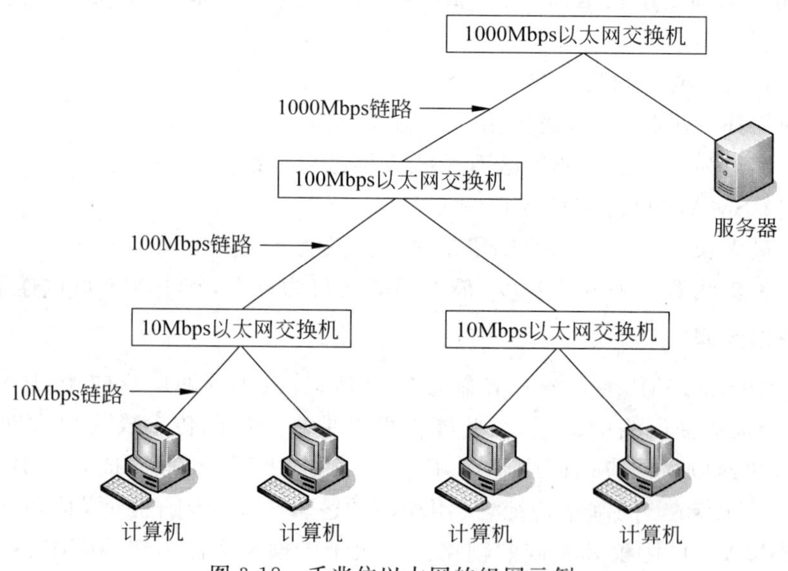

图3-18 千兆位以太网的组网示例

4. 万兆以太网

网速为10000Mbps的以太网称为万兆以太网，其标准是IEEE 802.3ae，主要特点如下：

(1) 与10Mbps、100Mbps、1Gbps以太网的帧格式完全相同。

(2) 只使用光纤作为传输媒体。

(3) 只工作在全双工方式下。

3.4.2 令牌环网

令牌环网最早起源于IBM于1985年推出的环型基带网络。IEEE 802.5标准定义了令牌环网的国际规范。

令牌环网在物理层提供4Mbps和16Mbps两种传输速率；支持STP/UTP双绞线和光纤作为传输介质，但较多的是采用STP，使用STP时计算机和集线器的最大距离可达100m，使用UTP时这个距离为45m。

令牌环上传输的小的数据（帧）叫做令牌，谁有令牌谁就有传输权限。如果环上的某个工作站收到令牌并且有信息发送，它就改变令牌中的一位（该操作将令牌变成一个帧开始序列），添加想传输的信息，然后将整个信息发往环中的下一个工作站。当这个信息帧在环上传输时，网络中没有令牌，这就意味着其他工作站想传输数据就必须等待。因此令牌环网络中不会发生传输冲突。

信息帧沿着环传输直到它到达目的地，目的地创建一个副本以便进一步处理。信息帧继续沿着环传输到达发送站时便可以被删除。发送站可以通过检验返回帧以查看帧是否被接收站收到并且复制。

与以太网不同，令牌环中的等待时间是有限的，而且是早已确定好的，这对于一些要求可靠性和需要保证响应时间的网络来说非常重要。

3.4.3 FDDI

光纤分布式数据接口（Fiber Distributed Data Interface，FDDI）是于20世纪80年代中期发展起来的一项局域网技术，它提供的高速数据通信能力要高于当时的以太网（10Mbps）和令牌网（4Mbps或16Mbps）的能力。FDDI标准由ANSI X3T9.5标准委员会制定，为繁忙网络上的高容量输入输出提供了一种访问方法。FDDI技术同IBM的Tokenring技术相似，并具有LAN和Tokenring所缺乏的管理、控制和可靠性措施，FDDI支持长达2km的多模光纤。FDDI网络的主要缺点是价格同前面所介绍的“快速以太网”相比贵许多，且因为它只支持光缆和5类电缆，所以使用环境受到限制，从以太网升级更是面临大量移植问题。

光纤分布数据接口（FDDI）是目前成熟的LAN技术中传输速率最高的一种。这种传输速率高达100Mbps的网络技术所依据的标准是ANSI X3T9.5。该网络具有定时令牌协议的特性，支持多种拓扑结构，传输媒体为光纤。使用光纤作为传输媒体具有多种优点。

(1) 较长的传输距离，相邻站间的最大长度可达2km，最大站间距离为200km。

(2) 具有较大的带宽，FDDI的设计带宽为100Mbps。

(3) 具有对电磁和射频干扰抑制能力,在传输过程中不受电磁和射频噪声的影响,也不影响其设备。

(4) 光纤可防止传输过程中被分接偷听,也杜绝了辐射波的窃听,因而是最安全的传输媒体。

由光纤构成的 FDDI,其基本结构为逆向双环。一个环为主环,另一个环为备用环。一个顺时针传送信息,另一个逆时针。当主环上的设备失效或光缆发生故障时,通过从主环向备用环的切换可继续维持 FDDI 的正常工作。这种故障容错能力是其他网络所没有的。

FDDI 使用了比令牌环更复杂的方法访问网络。和令牌环一样,也需要在环内传递一个令牌,而且允许令牌的持有者发送 FDDI 帧。和令牌环不同,FDDI 网络可在环内传送几个帧。这可能是由于令牌持有者同时发出了多个帧,而非在等到第一个帧完成环内的一圈循环后再发出第二个帧。

令牌接受了传送数据帧的任务以后,FDDI 令牌持有者可以立即释放令牌,把它传给环内的下一个站点,无须等待数据帧完成在环内的全部循环。这意味着,第一个站点发出的数据帧仍在环内循环的时候,下一个站点可以立即开始发送自己的数据。

3.5 虚拟局域网

随着以太网技术的普及,以太网的规模越来越大,从小型的办公环境到大型的园区网络,网络管理也变得越来越复杂。首先,在采用共享介质的以太网中,所有节点位于同一冲突域中,同时也位于同一广播域中,即一个节点向网络中某些节点的广播会被网络中所有的节点所接收,造成很大的带宽资源和主机处理能力的浪费。在解决传统以太网的冲突域问题时,却不能克服广播域的问题。例如,一个 ARP 广播会被交换机转发到与其相连的所有网段中,当网络上有大量这样的存在时,不仅是对带宽的浪费,还会因过量的广播产生广播风暴。当交换网络规模增加时,网络广播风暴问题还会更加严重,并可能因此导致网络瘫痪。同时,在传统的以太网中,同一个物理网段中的节点也就是一个逻辑工作组,不同物理网段中的节点是不能直接相互通信的。这样,当用户由于某种原因在网络中移动但同时还要继续原来的逻辑工作组时,就必然会需要进行新的网络连接乃至重新布线。

为了解决以上问题,虚拟局域网(Virtual Local Area Network,VLAN)应运而生。虚拟局域网是指在交换局域网的基础上,采用网络管理软件构建的可跨越不同网段、不同网络的端到端的逻辑网络。一个 VLAN 组成一个逻辑子网,即一个逻辑广播域,它可以覆盖多个网络设备,允许处于不同地理位置的网络用户加入到一个逻辑子网中。

3.5.1 VLAN 的优点

采用 VLAN 后,在不增加设备投资的前提下,可在许多方面提高网络的性能,并简化网络的管理。具体表现在:

(1) 限制广播域。广播域被限制在一个 VLAN 内,节省了带宽,提高了网络处理能力。

(2) 增强局域网的安全性。不同 VLAN 内的报文在传输时是相互隔离的,即一个 VLAN 内的用户不能和其他 VLAN 内的用户直接通信,如果不同 VLAN 要进行通信,则需要通过路由器或三层交换机等三层设备。

(3) 灵活构建虚拟工作组。用 VLAN 可以划分不同的用户到不同的工作组,同一工作组的用户也不必局限于某一固定的物理范围,网络构建和维护更方便灵活。

VLAN 是在数据链路层的,划分子网是在网络层的,所以不同子网之间的 VLAN 即使是同名也不可以相互通信。

VLAN 是建立在物理网络基础上的一种逻辑子网,因此建立 VLAN 需要相应的支持 VLAN 技术的网络设备。当网络中的不同 VLAN 间进行相互通信时,需要路由的支持,这时就需要增加路由设备——要实现路由功能,既可采用路由器,也可采用三层交换机来完成。

3.5.2 VLAN 的划分

1. 根据端口来划分 VLAN

许多 VLAN 厂商都利用交换机的端口来划分 VLAN 成员。被设定的端口都在同一个广播域中。例如,一个交换机的 1、2、3、4、5 端口被定义为虚拟网 AAA,同一交换机的 6、7、8 端口组成虚拟网 BBB。这样做允许各端口之间的通信,并允许共享型网络的升级。但是,这种划分模式将虚拟网限制在了一台交换机上。

第二代端口 VLAN 技术允许跨越多个交换机的多个不同端口划分 VLAN,不同交换机上的若干个端口可以组成同一个虚拟网。

以交换机端口来划分网络成员,其配置过程简单明了。因此,从目前来看,这种根据端口来划分 VLAN 的方式仍然是最常用的一种方式。

2. 根据 MAC 地址划分 VLAN

这种划分 VLAN 的方法是根据每个主机的 MAC 地址来划分,即对每个 MAC 地址的主机都配置它属于哪个组。这种划分 VLAN 方法的最大优点就是当用户物理位置移动时,即从一个交换机换到其他的交换机时,VLAN 不用重新配置,所以,可以认为这种根据 MAC 地址的划分方法是基于用户的 VLAN。这种方法的缺点是初始化时,所有的用户都必须进行配置,如果有几百个甚至上千个用户的话,配置是非常累的。而且这种划分的方法也导致了交换机执行效率的降低,因为在每一个交换机的端口都可能存在很多个 VLAN 组的成员,这样就无法限制广播包了。另外,对于使用笔记本电脑的用户来说,他们的网卡可能经常更换,这样,VLAN 就必须不停地配置。

3. 根据网络层划分 VLAN

这种划分 VLAN 的方法是根据每个主机的网络层地址或协议类型(如果支持多协议)划分的,虽然这种划分方法是根据网络地址,比如 IP 地址,但它不是路由,与网络层的路由毫无关系。

这种方法的优点是用户的物理位置改变了,不需要重新配置所属的 VLAN,而且可以根据协议类型来划分 VLAN,这对网络管理者来说很重要。还有,这种方法不需要附加的帧标签来识别 VLAN,这样可以减少网络的通信量。

这种方法的缺点是效率低,因为检查每一个数据包的网络层地址是需要消耗处理时间的(相对于前面两种方法)。一般的交换机芯片都可以自动检查网络上数据包的以太网帧头,但要让芯片能检查 IP 帧头,需要更高的技术,同时也更费时。当然,这与各个厂商的实现方法有关。

4. 根据 IP 组播划分 VLAN

IP 组播实际上也是一种 VLAN 的定义,即认为一个组播组就是一个 VLAN。这种划分的方法将 VLAN 扩大到了广域网,因此这种方法具有更大的灵活性,而且也很容易通过路由器进行扩展,当然这种方法不适合局域网,主要是效率不高。

5. 基于规则的 VLAN

基于规则的 VLAN 也称为基于策略的 VLAN。这是最灵活的 VLAN 划分方法,具有自动配置的能力,能够把相关的用户连成一体,在逻辑划分上称为"关系网络"。网络管理员只需在网管软件中确定划分 VLAN 的规则(或属性),那么当一个站点加入网络中时,将会被"感知",并被自己包含进正确的 VLAN 中。同时,对站点的移动和改变也可自动识别和跟踪。

采用这种方法,整个网络可以非常方便地通过路由器扩展网络规模。有的产品还支持一个端口上的主机分别属于不同的 VLAN,这在交换机与共享式 Hub 共存的环境中显得尤为重要。自动配置 VLAN 时,交换机中软件自动检查进入交换机端口的广播信息的 IP 源地址,然后软件自动将这个端口分配给一个由 IP 子网映射成的 VLAN。

6. 按用户定义、非用户授权划分 VLAN

基于用户定义、非用户授权来划分 VLAN,是指为了适应特别的 VLAN 网络,根据具体的网络用户的特别要求来定义和设计 VLAN。这种划分可以让非 VLAN 群体用户访问 VLAN,但是需要提供用户密码,在得到 VLAN 管理的认证后才可以加入一个 VLAN。

以上划分 VLAN 的方式中,基于端口的 VLAN 端口方式建立在物理层上;MAC 方式建立在数据链路层上;网络层和 IP 广播方式建立在第 3 层上。

3.6 上机实践

实验一 认识常见的局域网

实验目的

1. 掌握局域网的特点和组成。
2. 熟悉掌握应用层的各种协议。

情景假设

当我们在学校机房、公司办公室或街头网吧上网时,虽然感觉是在使用因特网上的各种应用，但是实际上首先接触到的基本上都是局域网，因此可以这么说，局域网是无所不在的。

实验内容

1. 观察机房局域网的规模及布局。

2. 观察计算机通过双绞线连接到机柜中的交换机的走线情况，认识双绞线、水晶头、网卡和交换机。

3. 观察机柜中交换机的型号，以及交换机与交换机的连接形式(级联还是堆叠)。

4. 观察了解机房交换机与楼宇交换机的连接。

实验二　家庭局域网的组建

实验目的

1. 熟练掌握局域网组建方法和技术。

2. 会选购硬件。

情景假设

在当前，家庭拥有多台计算机或信息家电已非常普遍。现有一个家庭，在书房放置有1台台式计算机，在客厅放置有1台上网电视机，另外还有2台笔记本电脑和1部具备Wi-Fi功能的智能手机。为使这些设备之间能够传输数据而建立一个家庭局域网是非常有实用意义的。

实验内容

1. 明确家庭局域网的需求。

2. 选购及安装硬件设备。

3. 进行参数的配置。

实验三　子网与VLAN规划

实验目的

1. 熟练VLAN的划分方法。

2. 了解网络划分的重要性。

情景假设

速腾公司历经多年的发展，办公场所已从原先的一个楼面4间办公室，扩大到两个楼面8间办公室。公司决定对办公网络进行扩充，建立整体企业网，使网络覆盖整个企业。同时为了增加部门间数据的安全性，禁止不同部门间网络互访，但允许不同楼层的本部门办公室之间实现互访。

实验内容

1. 调查企业需求，绘制拓扑图。

2. 结合题目情况，提出子网划分及虚拟局域网的规划方案。

3.7 习 题

一、填空题

1. ________成为现行的以太网标准,并成为 TCP/IP 体系结构的一部分。

2. 常见的局域网的拓扑结构有________、________和________等。

3. 集线器属于________层设备,交换机属于________层设备,路由器属于________层设备。

4. 局域网中的数据链路层可分为________子层和________子层。

5. IEEE 802.3 协议主要描述________技术,IEEE 802.4 协议主要描述________技术,IEEE 802.5 协议主要描述________技术,IEEE 802.11 协议主要描述________技术。

6. VLAN 可根据________、________和________划分。

7. WLAN 通过________技术来实现数据传输。

8. 10Base-5 通常称为________以太网,10Base-2 称为________以太网,10Base-T 称为________以太网。

二、选择题

1. 廉价以太网是指(　　)。

A. 10Base-T　　B. 100Base-T　　C. 10Base-5　　D. 10Base-2

2. 以太网采用了(　　)协议以支持总线型的结构。

A. 总线型　　B. 环型

C. 令牌环　　D. 载波侦听与冲突检测 CSMA/CD

3. 采用(　　)协议的网络中,工作站在发送数据之前,要检查网络是否空闲,只有在网络不阻塞时,工作站才能发送数据。

A. TCP　　B. IP　　C. ICMP　　D. CSMA/CD

4. 以太网的标准是(　　)。

A. IEEE 802.3　　B. IEEE 802.4　　C. IEEE 802.5　　D. IEEE 802.z

5. 下面关于 CSMA/CD 叙述正确的是(　　)。

A. 信号都是以点到点方式发送的

B. 一个节点的数据发往最近的路由器,路由器将数据直接发到目的地

C. 如果源节点知道目的地的 IP 和 MAC 地址的话,信号便直接送往目的地

D. 任何一个节点的通信数据要通过整个网络,并且每一个节点都接收并检验该数据

6. 以太网中,双绞线使用(　　)与其他设备连接起来。

A. BNC 接口　　B. AUI 接口　　C. RJ-45 接口　　D. RJ-11 接口

7. 目前,我国使用最广泛的 LAN 标准是基于(　　)的以太网标准。

A. IEEE 802.1　　B. IEEE 802.2　　C. IEEE 802.3　　D. IEEE 802.5

8. 数据链路层分为(　　)。

A. MAC 和 LLC　　B. 接入层　　C. 路由层　　D. 核心层

9. 当采用CSMA/CD的以太网上的两台主机同时发送数据产生碰撞时，主机处理的方式是(　　)。

A. 产生冲突的两台主机停止传输，在一个随机时间后再重新发送

B. 产生冲突的两台主机发送重定向信息，各自寻找一条空闲路径传输帧报文

C. 产生冲突的两台主机停止传输，同时启动计时器，15s后重传数据

D. 主机发送错误信息，继续传输数据

10. 10兆位以太网有三种接口标准，其中10BASE-T采用(　　)。

A. 双绞线　　B. 粗同轴电缆　　C. 细同轴电缆　　D. 光纤

11. 以太网交换机的每一个端口可以看作一个(　　)。

A. 冲突域　　B. 广播域　　C. 管理域　　D. 阻塞域

12. 10Base-T网络中双绞线最大有效传输距离是(　　)。

A. 500m　　B. 100m　　C. 185m　　D. 200m

13. 理论上，1000Base-LX多模光缆的最大传输距离是(　　)。

A. 100m　　B. 550m　　C. 2000m　　D. 3000m

14. 下列关于以太网的说法不正确的是(　　)。

A. 千兆位以太网具有自动协商功能，可以和百兆位以太网自动适配速率

B. 快速以太网可以提供全双工通信，总带宽可达200Mbps

C. 千兆位以太网不允许中继器互联千兆位以太网

D. 千兆位以太网采用5类双绞线互联长度不能超过100m

15. (　　)不属于无线网络。

A. HomeRF　　B. Bluetooth　　C. 100Base-Tx　　D. WAP

16. 关于共享式以太网，下列不正确的说法是(　　)。

A. 需要进行冲突检测　　B. 仅能实现半双工流量控制

C. 利用CSMA/CD介质访问机制　　D. 可以缩小冲突域

三、问答题

1. 局域网的主要特点是什么?
2. 局域网常用的介质访问控制方式有哪几种? 各适用于什么网络?
3. 请说明虚拟局域网的优点。
4. 简述共享式局域网与交换式局域网的区别。
5. 比较中继器与集线器、网桥与交换机、路由器、网关的工作原理与层次。
6. 简述FDDI的工作原理和特点。
7. 请比较10Mpbs、100Mpbs和1000Mpbs以太网的主要区别。
8. 叙述介质访问控制子层MAC和逻辑链路控制子层LLC的作用。
9. 10Base-5和10Base-2中，每一个网段最多可以连接多少个站点?
10. 请写出CSMA/CD的中、英文名称，并简述其工作原理。
11. WLAN主要采用哪些标准?
12. VLAN和WLAN是相同的吗? 分别解释它们的含义。
13. VLAN的划分方法有哪几种? 分别列出来。

第4章　网络互联设备

学习场景

局域网技术的完善使得计算机技术向网络化、集成化方向迅速发展，越来越多的局域网之间要求相互连接，实现更广泛的数据通信和资源共享。网络互联是指通过采用合适的技术和设备，将不同地理位置的计算机网络连接起来，形成一个规模更大的网络系统，实现更大范围内的资源共享和数据通信。

由于不同网络间存在各种差异，因此网络互联除了提供网络之间物理上链路连接、数据转发和路由选择外，还必须容纳网络间的差异。例如，不同的寻址方式、地址及目录维护机制、分组的长度和格式、传输速率和差错恢复机制，是面向连接的还是无连接的等。

网络互联设备用来将网络的各个部件连接在一起，从连接性质的不同可以认为有物理上的互连能力和协议上的互连能力。物理上的互连能力指所支持的物理接口，能连接的物理介质类型。协议上的互连能力指工作在不同协议类型的网络之间，实现不同协议数据包的转换。通常对设备互连能力考虑得较多的都是协议上的互连能力。

学习目标

- 了解网络互联的基本概念及各层网络互联设备。
- 掌握中继器和集线器的性能、作用和分类。
- 掌握网桥和交换机的特点、工作原理和性能参数。
- 掌握路由器的结构、分类和工作原理。
- 初步了解路由选择、路由表的基本概念。
- 掌握网关的分类和作用。
- 掌握三层交换机和多层交换的概念。

4.1　网络互联概述

计算机网络有LAN、MAN、WAN，网络互联主要是这几种网络之间的互联，网络互联有以下几种类型。

(1) 局域网之间的互联(LAN-LAN)。

局域网之间的互联可分为同构网的互联和异构网的互联两种类型。

① 同构网的互联。

同构网是指互联的网络具有相同特性，即具有相同的体系结构，使用相同的通信协议，所呈现的界面也相同。同构网一般是指由同一厂家提供的某种单一类型的网络。不同厂家提供的符合统一标准的网络，因为在实施上的某些差异，也很难说是同构的。

② 异构网的互联。

异构网是指互联的网络具有不同的性质和结构，使用的通信协议也不同，至于差异有多少没有一个固定的量度，可能是完全不同，也可能存在部分差异。异构网络之间通信时，必须进行协议的转换。

(2) 局域网与城域网的互联。

(3) 局域网与广域网的互联。

(4) 多个远程局域网利用公用网互联。

(5) 广域网与广域网的互联。

网络互联主要是将不同网段、网络或子网之间通过网络互联设备连接起来，实现它们之间的数据传输、通信、交互和资源共享。网络互联时需要解决许多问题，例如，当分组从一个面向连接的网络经过面向无连接的网络时，分组可能需要重新封装，以处理一些发送者没有想到的而接受者又不准备管的事情，以及是否需要协议转换和地址转换等。

OSI/RM 共有七个层次，不同功能层次的网络互联时，所选择网络互联设备也不同。所对应的各层网络互联设备如图 4-1 所示。局域网内部(计算机或终端)互联(连)设备主要有中继器和网桥。广域网(包括城域网、Intranet)中网际之间(网络和网络)互联设备主要有路由器和网关。

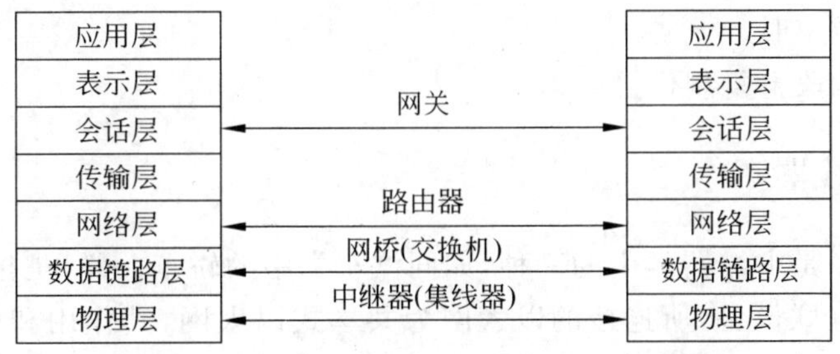

图 4-1　网络互联设备与 OSI/RM 的对应关系

4.2　物理层互联设备

物理层互联设备只作用于物理层，它可以将传输介质传输过来的二进制位信号进行复制、整形、再生和转发。

物理层互联设备是网络最简单的互联设备，用来连接具有相同物理层协议的局域网，使得它们在物理和逻辑上组成同一个网络，网络上的节点共享带宽。其作用主要用于局域网的传输距离的延伸，增加因受传输介质所限制的节点数，以及连接采用不同传输介质和接口的同构网(如以太网)。

物理层互联设备是中继器(Repeater),也称转发器或收发器,以太网集线器(Hub)也是中继器的一种,就像汽车大类中的一类——轿车。

4.2.1 中继器

中继器(Repeater)工作于OSI的物理层,是局域网上所有节点的中心,它的作用是放大信号,补偿信号衰减,支持远距离的通信。由于传输线路噪声的影响,承载信息的数字信号或模拟信号只能传输有限的距离,中继器的功能是对接收信号进行再生和发送,从而增加信号传输的距离。它是最简单的网络互相设备,连接同一个网络的两个或多个网段。如以太网常常利用中继器扩展总线的电缆长度,标准细缆以太网的每段长度最大185m,最多可有5段,因此增加中继器后,最大网络电缆长度则可提高到925m。一般来说,中继器两端的网络部分是网段,而不是子网。

中继器可以连接两个局域网的电缆,重新定时并再生电缆上的数字信号,然后发送出去,这些功能是ISO模型中第1层——物理层的典型功能。中继器的作用是增加局域网的覆盖区域。例如,以太网标准规定单段信号传输电缆的最大长度为500m,但利用中继器连接4段电缆后,以太网中信号传输电缆最长可达2000m。有些品牌的中继器可以连接不同物理介质的电缆段,如细同轴电缆和光缆。中继器只将任何电缆段上的数据发送到另一段电缆上,并不管数据中是否有错误数据或不适用于网段的数据。中继器的功能细分为以下几条:

(1) 过滤MEI和RFI引起的信号干扰或噪音。

(2) 放大和修整进入的信号,使重新传输更精确。

(3) 对信号重定时。

(4) 在所有网段上复制信号。

4.2.2 集线器

集线器(Hub)是中继器类中的一种,如同汽车类中的轿车一样,是指一种基于星型结构的共享式网络互联设备,所连接的以太网为共享式以太网,其作用和中继器类似,执行相同的功能,遵循相同的中继规则。它是一种多端口的中继器,每个端口都具有发送和接收数据的能力。当某个端口收到连接该端口上的主机发来的数据时,就转发至其他端口。在数据转发之前,每个端口都对它进行再生、整形,并重新定时。用集线器连接以太网时,虽然物理上是星型结构,但逻辑上仍是一个总线型结构。

1. 集线器的分类

按端口数目的不同,主流集线器主要有8口、16口和24口等几种,但也有少数品牌提供非标准端口数,如4口和12口,还有5口、9口、18口的集线器产品,这主要是为满足部分对端口数要求过严、资金投入比较谨慎的用户的需求。

端口实际上就是集线器上的接口,在集线器上主要有三种接口,即RJ-45、Uplink、BNC、AUI,如图4-2所示。RJ-45接口主要连接的是网络中的计算机,按端口分类就是按集线器上RJ-45接口数量分类。Uplink接口就是常说的级联口,级联口的功能主要用来连接另一个集线器；为了与同轴电缆的总线型网络连接，有些老式的集线器还有一个 BNC 接口和一个 AUI 接口，BNC 接口连接细缆，AUI 接口连接粗缆。

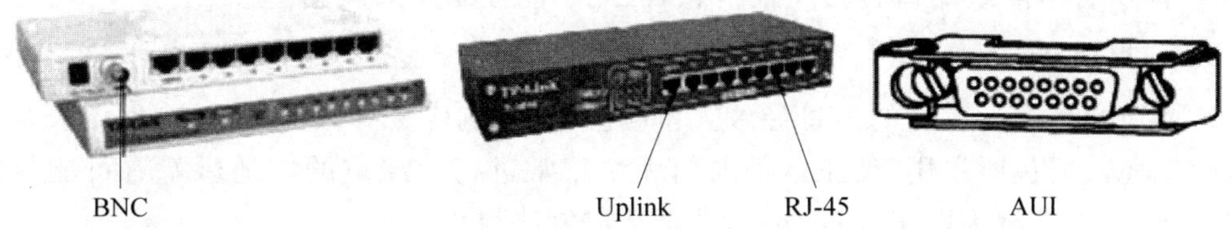

图 4-2　集线器上的不同接口

集线器也有带宽之分，按照集线器所支持的带宽不同，通常可分为 10Mbps、100Mbps、10/100Mbps 自适应三种，基本上与网卡一样（网卡还有 1000Mbps 的，但 1000Mbps 以上带宽一般都由交换机来提供）。这里所指的带宽是指整个集线器所能提供的总带宽，而非每个端口所能提供的带宽。

按配置形式可分为独立型、模块化和堆叠式三种。

（1）独立型集线器。

独立型集线器在低端应用是最多的，也是最常见的。独立型集线器是带有许多端口的单个盒子式的产品。独立型集线器之间多数可以用同轴电缆把它们连接在一起，以实现扩展级联。这主要应用于总线型网络中，当然也可以用双绞线通过普通端口实现级联，但要注意所采用的网线跳线方式是不一样的。

（2）模块化集线器。

模块化集线器一般都配有机架，带有多个卡槽，每个槽可放一块通信卡，每个卡的作用就相当于一个独立型集线器，多块卡通过安装在机架上的通信底板进行互连并进行相互间的通信。现在常使用的模块化集线器一般有 4～14 个插槽。模块化集线器各个端口都有专用的带宽，只在各个网段内共享带宽，网段之间采用交换技术，从而减少了冲突，提高了通信效率，因此模块化集线器又称为端口交换机模块化集线器。

（3）堆叠式集线器。

堆叠式集线器可以将多个集线器"堆叠"使用，当它们连接在一起时，其作用就像一个模块化集线器一样，堆叠在一起的集线器可以当作一个单元设备来进行管理。一般情况下，当有多个集线器堆叠时，其中存在一个可管理集线器，利用可管理集线器可对此堆叠式集线器中的其他"独立型集线器"进行管理。堆叠式集线器可非常方便地实现对网络的扩充，是新建网络时最为理想的选择。

2. 集线器的特点

集线器有它的优点和缺点。

（1）优点。

① 安装简单方便，基本上不需要配置。

② 可以连接相同或不同传输介质的局域网（如 10Base-T、10Base-2）。

（2）缺点。

① 不能连接 CSMA/CD 和 Token 协议的网络。

② 没有数据过滤功能，受中继规则限制。

③ 所有节点共享中继器带宽，当节点数过多时，冲突域增大，网络性能急剧下降。

④ 向所有节点或端口转发广播消息，因此不能控制广播风暴。

3. 广播风暴

广播风暴是网上广播的消息导致大量响应，每个响应又导致大量响应，网络长时间被大量的广播数据包所占用，使正常的通信无法正常进行。严重的广播风暴有可能封锁所有网络通信量，表现为网络速度奇慢，甚至造成网络瘫痪。

导致广播风暴的原因有很多，当网卡或集线器的端口出现故障、网络病毒泛滥，都有可能引发广播风暴。网卡检测网络载波或者发送数据包，都会随时向网络中传输广播数据，因此，即使没有用户发送数据帧，网络上也会出现一定数量的广播帧。

4.3 数据链路层互联设备

4.3.1 网桥

网桥作用于物理层和数据链路层，能过滤节点的物理地址、网络分段以及跨网段数据帧的转发。它既可以延伸局域网距离，扩充节点数，还可以将网络划分为较小的网络，缩小冲突域。

网桥根据物理地址（MAC 地址）对数据帧进行过滤和存储转发，实现网络分段。当一个数据帧通过网桥时，网桥检查数据帧的源和目的物理地址，如果这两个地址属于不同的网段，则网桥将该数据帧转发到另一个网段，否则不转发。所以，网桥能起到隔离网段的作用，对共享式网络而言，网络的隔离意味着缩小了冲突域，提高了网络的有效带宽。

1. 网桥的作用

网桥的作用有两个方面：

(1) 将一个负载过重的网络分割成若干小段，每个网段各自享用自己独立的带宽，以提高网络的效率，从而减少网络的信息流量。

(2) 延伸网络的距离，因为使用中继器受网络直径和中继规则的限制，通过网桥可进一步延伸网络的距离。

2. 网桥的分类

(1) 按网桥所处的位置可分为内桥和外桥两种。内桥由服务器兼任，例如，一个服务器中最多可插入 4 个网卡以连接 4 个网段；外桥一般是专用的硬件设备。

(2) 按网桥分布的地理范围可分为本地网桥和远程网桥。本地网桥（Local Bridge）用于连接两个相邻的局域网段，但连接远程的网段时，需要在每个网段的一侧安装远程网桥，并通过传输介质（如电话线）进行连接；远程网桥（Remote Bridge）需要成对使用。

(3) 按网桥的功能可分为简单网桥、多端口网桥和透明网桥。简单网桥是最便宜的网桥，它连接两个网段，同时有一个表，表中包含两个网段中所有站点的地址，表需手工输入，因此安装维护较麻烦；多端口网桥可以连接两个以上的网段；透明网桥可以自己建立站点地址表。首次使用时,表的内容是空的,它通过下面介绍的学习功能建立起一个完整的站点地址和各自所属网段的表,并存放在透明网桥的内存中。

3. 网桥的学习功能

网桥接收到一个数据帧时,它检查数据帧的源物理地址,并与网桥中的路径表项进行对比,如果没找到,则将新的源地址加入路径表中,这就是网桥对网络地址的学习功能。

学习功能是通过发送一个广播信息,根据站点的应答,检查所有数据帧的源和目标地址的位置。这样网桥就建立了一个所有站点的路径表。

这种能力可以使网络中出现那些经常移动计算机、更换办公室等情况时,不需要手工改动路径表中的数据,能根据学习到的地址自动重新配置网桥。

4. 网桥的特点

(1) 网桥能延伸网络的距离并能隔离网段,对不需要转发的数据帧进行过滤,缩小了冲突域,提高了网络的流量,改善了网络的性能和安全性。

(2) 网桥可以互联不同传输介质、不同介质访问控制方式的网络。

(3) 网桥不能隔离广播,即不能对广播数据包进行过滤,因此它不能控制广播风暴。广播风暴需要通过更高层的互联设备(如路由器)才能解决。

(4) 网桥没有路由功能,当存在多条路径时,它只使用某一固定的路径转发数据帧。

4.3.2 交换机

交换机(Switch)在工业上是指工作在第 2 层的网络互联设备,现在的交换技术可以工作在网络层及应用层。因此有所谓的第 3 层、第 4 层及高层交换的概念。交换机和集线器在外形上很相似,还具有自动寻址、数据交换等功能。图 4-3 所示为交换机。

图 4-3 交换机

1. 交换机的工作原理

交换机是网桥的一种,外观上和集线器相似,是一种高性能的多端口网络设备,除具有集线器的全部特性外,还具有自动寻址、数据交换等功能。网桥一般基于软件,而交换机将这些功能做在硬件上。交换机是一种特殊的网桥,它的一个端口就是一个冲突域。当交换机的一个端口连接一个计算机时,虽然还是采用 CSMA/CD 介质访问控制方法,但在一个端口是一个冲突域的情况下,实际上只有一个计算机竞争线路。

交换机也按存储转发的原理工作,具有数据帧的过滤和地址学习功能。

2. 交换机的带宽

共享式集线器多个端口共享一个带宽,一个 16 口 100Mbps 集线器组成的以太网,每个端口实际拥有的带宽只有 100/16Mbps。

交换机可以为每个端口提供专用的带宽，并允许多对节点同时按端口的带宽传递信息。例如，由一个 16 口 100Mbps 交换机组成的交换式以太网，可以为每个端口都提供 100Mbps 的专用带宽，则该交换机的最大数据流通量为 1600Mbps。

3. 交换机的性能参数

(1) 端口。

交换机端口分为单 MAC 地址和多 MAC 地址端口。单 MAC 地址端口只连接一台计算机或服务器。而多 MAC 地址交换机则可以用来连接集线器或交换机等共享设备，这类端口就被称为共享端口。端口密度是指交换机提供的端口的数目，交换机的端口密度一般为 8 的倍数，如 8 口、24 口等。交换机上有管理端口(Console 口或 AUX 口)，用户可以通过管理端口对交换机进行配置。介质类型的端口有 BNC 接口、RJ-45 接口、单模或多模光纤接口等。

(2) 业务接口。

交换机业务接口分为普通接口和上行会聚端口。

(3) 主板(背板)。

主板(背板)交换容量的大小决定交换机的最大交换容量，它是交换机性能的一个重要指标。

(4) 主处理器。

主处理器(CPU)是交换机运算的核心部件，CPU 的主频决定了交换机的运算速度。

(5) FLASH。

FLASH 能提供永久存储功能，用于保存交换机的配置文件和系统文件。

(6) MAC 地址的数量。

交换机能够记住连接到各端口的计算机网卡的物理(MAC)地址，不同的交换机记住的 MAC 地址数量也不同。

单 MAC 地址端口只能记住一个地址，对于多 MAC 地址端口的交换，一个端口记住的地址是较多的。中高档交换机可以有 2K、4K 或 8K 的地址空间。例如，一个 2K 地址空间的交换机，可以支持 2048 个 MAC 地址，这样可以连接其他的集线器或交换机来扩展连接时，最多可连接 2048 个计算机或网络设备。

4. 交换机的分类

(1) 广义上交换机的分类。

广义上交换机可分为广域网交换机和局域网交换机两类。

① 广域网交换机主要应用于电信领域。

② 局域网交换机又可以分为以太网交换机、快速以太网交换机、千兆以太网交换机、FDDI 交换机、ATM 交换机和令牌环交换机等多种，它们分别适用于以太网、快速以太网、FDDI、ATM 和令牌环网等环境。

(2) 根据架构特点分类。

根据架构特点交换机分为机架式、带扩展槽固定配置式、不带扩展槽固定配置式三种产品。

(3) 从应用规模上交换机的分类。

从应用规模上交换机分为企业级交换机、部门级交换机和工作组交换机等，各厂商划分的标准并不完全一致。一般作为骨干交换机时，支持500个信息点以上大型企业应用的交换机为企业级交换机；支持300个信息点以下中型企业的交换机为部门级交换机；而支持100个信息点以内的交换机为工作组级交换机。

(4) 根据应用不同交换机的分类。

① 核心层：核心层是所有流量的最终承受者和会聚者，所以对核心层的设计以及网络设备的要求十分严格，核心层设备将占投资的主要部分。

② 汇聚层(分布层)：汇聚层的功能主要是连接接入层节点和核心层中心的。汇聚层设计为连接本地的逻辑中心，仍需要较高的性能和比较丰富的功能。

③ 接入层：通常将网络中直接面向用户连接或访问网络的部分称为接入层。

(5) 交换机按其可管理性的分类。

交换机按其可管理性分为可管理型交换机和不可管理型交换机，区别是在于SNMP、RMON等网管协议的支持。

(6) 按照OSI七层网络模型交换机的分类。

按照OSI七层网络模型交换机分为二层、三层、四层一直到七层交换机。

基于MAC地址工作的第2层交换机最为普遍，用于网络接入层和汇聚层；基于IP地址和协议进行交换的第3层交换机普遍应用于网络的核心层，也少量应用于汇聚层；第4层以上的交换机称之为内容型交换机，主要用于互联网数据中心。

交换机不能避免广播风暴。以太网交换机虽然缩小了冲突域，但对MAC帧的寻址采用了广播方式，因此使用交换机连接的网络仍是同一个广播域。

冲突域和广播域是两个不同的概念，当用交换机连接的网络太大时易引起广播风暴，这就需要有路由器在网络层上进行分段。路由器将网络分割成若干个子网，从而缩小了其底层以太网的广播域，抑制了广播风暴。第3层交换机和使用交换机划分虚拟局域网等也可以抑制广播风暴。

4.4 网络层互联设备

网桥根据第2层地址(MAC地址)转发数据帧，而路由器转发数据包时，通过第3层地址(如IP地址)，以决定一个数据包如何重新包装及送到哪里。当它接收到数据包时，负责寻址，选择转发到下一个节点的最佳路径。它是Internet、Intranet和Extranet中必不可少的设备之一。

1. 路由器

路由器(Router)又称网关设备(Gateway)是用于连接多个逻辑上分开的网络，所谓逻辑网络是代表一个单独的网络或者一个子网。当数据从一个子网传输到另一个子网时，可通过路由器的路由功能来完成。因此，路由器具有判断网络地址和选择IP路径的功能，它能在多网络互联环境中，建立灵活的连接，可用完全不同的数据分组和介质访问方法连接各种子网，路由器只接受源站或其他路由器的信息，属网络层的一种互联设备。

路由是指报文传输时的路径信息，而路由器根据路由算法确定一条最合适的路径。路由器丢弃所有的广播帧，所以可以抑制广播风暴。

路由器所互联的网络都是独立的子网，它们可以有不同的拓扑结构、传输介质和介质访问控制方法，可以利用路由器连接 Ethernet、FDDI、ATM 和 DDN 网络等。图 4-4 所示为路由器互联的网络。

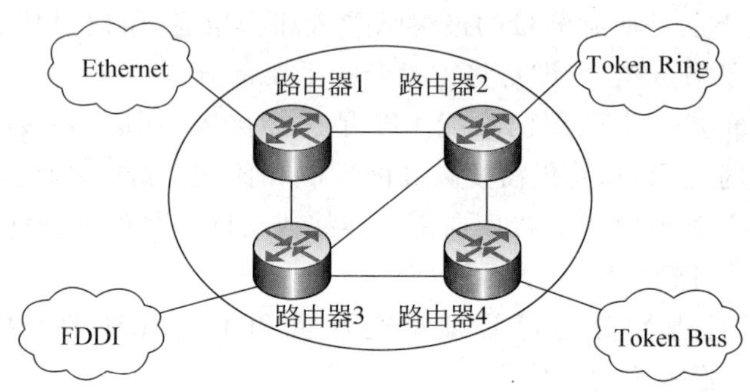

图 4-4 路由器互联的网络

路由器和网络中的站点一样工作，但路由器和站点不同，它可以同时连接两个或多个网络，并同时拥有每个所连接网络的网络地址。

2. 路由表

路由表中存放所连接子网的状态信息。例如，网络上路由器的数目、邻居路由器的名字、路由器的网络地址和相邻路由器之间的距离等信息。而路由协议的作用是根据路由算法生成路由表。

(1) 静态(Static)路由表。

静态路由表是由网络管理员根据网络配置的情况，事先设置固定不变的路径表。

(2) 动态(Dynamic)路由表。

动态路由表是能根据网络拓扑、负载的改变等情况自动调整的路径表。通常都是使用动态路由表，静态路由表较少使用。

3. 最小费用路由

最小费用路由是指网络中收发双方之间一条最短的或最经济的路径。“最短”可以包含路径最短、最便宜、最快或最可靠等因素。路径最短可以用跳步数计数，每经过一个路由为一跳，而不管这条路径的实际长度为多少。这种算法一般将传输数据包的路径长度限制在 15 跳以内。

另一种方法是将一个权值赋予某条链路(两个路由器之间)，这个权值可以根据传输速率、拥挤情况和链路介质作为传输等因素决定，权值也称为链路的符号长度。

4.4.1 路由器的工作原理

路由器工作在网络层，它改进了网桥的功能。它将数据链路层的数据帧“封装”到含有路由和控制信息的数据包中，并在公共数据网中传输。当路由器收到一个数据包后，就读出其中的源和目标网络地址(如 IP 地址)，然后根据路由表中的信息，利用复杂的路由算法，为数据包选择合适的路由，并转发该数据包。数据包到达目标节点前的路由器后，再将其分解为数据链路层所认识的数据帧，并把它传输到目标节点。

路由就是根据路由表中的信息自动选择其中的一条最佳路径，而路由表是根据路由算法生成的。

路由工作包含两个基本的动作：确定最佳路径和通过网络传输信息。在路由的过程中，后者也称为(数据)交换。交换相对来说比较简单，而选择路径很复杂。

路径选择是路由算法用以确定到达目的地的最佳路径的计量标准，如路径长度。为了帮助选路，路由算法初始化并维护包含路径信息的路由表，路径信息根据使用的路由算法不同而不同。

路由算法根据许多信息来填充路由表。目的/下一跳地址对告知路由器到达该目的地的最佳方式是把分组发送给代表“下一跳”的路由器，当路由器收到一个分组时，它就检查其目的地址，尝试将此地址与其“下一跳”相联系。

4.4.2 路由器的结构、分类和作用

1. 路由器的结构

路由器的核心部件主要由 CPU、RAM、FLASH、NVRAM、ROM、接口等硬件组成。

2. 路由器的分类

(1) 按性能档次分为高、中、低档路由器。

通常将路由器吞吐量大于 40Gbps 的路由器称为高档路由器；吞吐量在 25G～40Gbps 之间的路由器称为中档路由器；将低于 25Gbps 的看作低档路由器。例如，Cisco 公司的路由器，12 000 系列为高端路由器，7500 以下系列路由器为中低端路由器。

(2) 从结构上分为“模块化路由器”和“非模块化路由器”。

模块化结构可以灵活地配置路由器，以适应企业不断增加的业务需求；非模块化的就只能提供固定的端口。通常中高端路由器为模块化结构，低端路由器为非模块化结构。

(3) 从功能上划分，可将路由器分为“骨干级路由器”、“企业级路由器”和“接入级路由器”。

① 骨干级路由器是实现企业级网络互联的关键设备，它的数据吞吐量较大，对其基本性能的要求是高速度和高可靠性。为了获得高可靠性，网络系统普遍采用诸如热备份、双电源、双数据通路等传统冗余技术，从而使得骨干级路由器的可靠性一般不成问题。

② 企业级路由器连接许多终端系统，连接对象较多，但系统相对简单，且数据流量较小。对这类路由器的要求是以尽量便宜的方法实现尽可能多的端点互连，同时还要求能够支持不同的服务质量。

③ 接入级路由器主要应用于连接家庭或 ISP 内的小型企业客户群体。

(4) 按所处网络位置划分通常把路由器划分为“边界路由器”和“中间节点路由器”。

很明显“边界路由器”是处于网络边缘，用于不同网络路由器的连接；而“中间节点路

由器”则处于网络的中间，通常用于连接不同网络，起到一个数据转发的桥梁作用。由于各自所处的网络位置有所不同，其主要性能也就有相应的侧重，如中间节点路由器要面对的是各种各样的网络。

(5) 从性能上可分为“线速路由器”和“非线速路由器”。

所谓“线速路由器”就是完全可以按传输介质带宽进行通畅传输，基本上没有间断和延时。通常线速路由器是高端路由器，具有非常高的端口带宽和数据转发能力，能以媒体速率转发数据包。

3. 路由器的作用

路由器可以延伸网络距离，帮助局域网接入 Internet，以及进行多个局域网之间的远程连接。

4.5 高层互联设备

高层互联设备主要是网关(Gateway)。网关不能完全归为一种网络硬件，它是能够连接不同网络的软硬件结合的产品。

网关可以工作在 OSI/RM 的所有七层中。网关也称为网间协议转换器，具有高层协议的转换功能。它用于两个异构网络的互联，所联的网络可以使用不同的格式、通信协议或结构。网关通常是安装在路由器内部的软件。所以，在 Internet 中，常将路由器和网关两个概念混用。

通俗地讲，网关就是一个网络连接到另一个网络的“关口”。在 Internet 网中，网关是一种连接内部网与 Internet 上其他网的中间设备，也称“路由器”。可以将网关地址理解为内部网与 Internet 网信息传输的通道地址。按照不同的分类标准，网关也有很多种。TCP/IP 协议里的网关是最常用的。

目前，主要有三种网关：协议网关、应用网关和安全网关。

1. 协议网关

协议网关通常在使用不同协议的网络区域间做协议转换。这一转换过程可以发生在 OSI 参考模型的第 2 层、第 3 层或者第 2 层与第 3 层之间。

2. 应用网关

应用网关是在使用不同数据格式间翻译数据的系统。例如，E-mail 可以以多种格式实现，提供 E-mail 的服务器可能需要与各种格式的邮件服务器交互，实现此功能唯一的方法是支持多个网关接口。

3. 安全网关

防火墙是放在多个网络之间的系统或系统组合，是控制网络间通信的网关。它的特点是，从里到外和从外到里的所有通信都必须通过防火墙，只有本地安全策略授权的通信才允许通过。防火墙本身是免疫的，不会被穿透，所以我们也可以把安装了防火墙软件的计算机看做是一种安全网关。

4.6 三层交换和高层交换

交换技术受传统的电路交换启示，让正在通信的双方拥有一条临时的不受干扰的专用链路。在第2层，利用交换技术传输数据就像在一个大型车队按序在高速公路上行驶，畅通无阻，速度快，效率高。到了第3层，经过路由器时需要检查源和目的地址等信息后再根据路径情况逐个分别转发，就像车队到了收费站，每个车都要交费检查后才放行，收费站是个瓶颈。

4.6.1 三层交换的概念

1. 二层交换的优点及三层的瓶颈问题

交换机可以通过检查帧头的目标地址，经过高速背板总线将数据帧只转发到连接目标站点的端口。

第2层采用了交换技术提高了吞吐率，但是在网络的高层出现了瓶颈。大型扁平式的交换网络会有广播风暴、扩展树环路、网络间的安全以及低效率的寻址等问题，因此引入了路由器到桥接式网络中。

2. 三层交换机

交换机和路由器相比，转发能力更强，但路由器又拥有交换机所没有的路由功能。因此，各个网络设备厂商推出了一个综合路由器和交换机功能的产品，即三层交换机，也称交换路由器或路由交换机。

三层交换机是将第2层的交换(高性能和强大的网络流量转发能力)和第3层的路由功能(具有网络可伸缩性)结合起来，再集成一些特殊的服务面形成的。如图4-5所示。

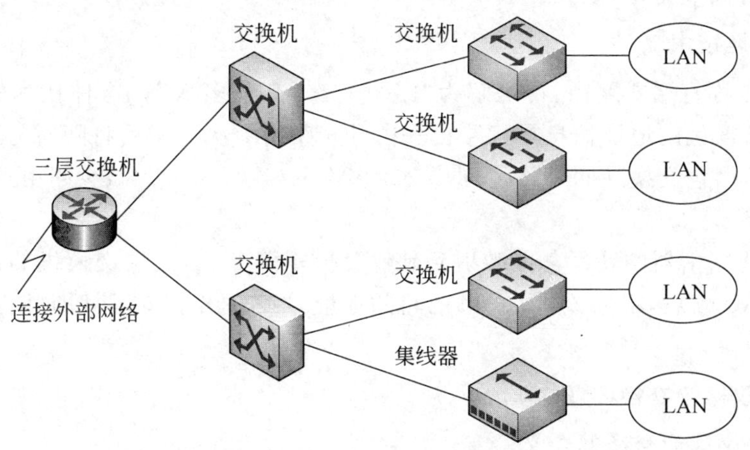

图4-5 局域网中的三层交换机

3. 三层交换的优点

(1) 多伸缩性。

将交换集成到网络中,同时又不存在为了网络伸缩性而在第 3 层采用路由而引起的瓶颈问题。

(2) 流量管理。

简化了网络的流量管理。通过控制穿过第 2 层结构的网络流量来支持平衡负载的能力,在第 3 层也支持这种功能。

(3) 高性能。

三层交换可以通过简化包转发和采用交换技术,使交换机平台可以支持数千兆的高速接口。

4.6.2 三层交换技术

三层交换(也称多层交换技术,或 IP 交换技术)是相对于传统交换概念而提出的。众所周知,传统的交换技术是在 OSI 网络标准模型中的第 2 层——数据链路层进行操作的,而三层交换技术是在网络模型中的第 3 层实现了数据包的高速转发。简单地说,三层交换技术就是:二层交换技术+三层转发技术。

三层交换技术的出现,解决了局域网中网段划分之后,网段中子网必须依赖路由器进行管理的局面,解决了传统路由器低速、复杂所造成的网络瓶颈问题。

1. 逐包转发交换

逐包转发交换是对每个数据包进行转发(更像路由器),它是将二层交换和三层路由相结合的新一代高速交换机。路由交换机可在专用集成电路(ASIC)中完成数据包的转发任务,而不像传统的交换机和路由器那样将这些任务交给 CPU。

逐包转发交换的优点是:可提供传统路由器的安全性、广播抑制、可管理及冗余性、IP 多路发送等高级特性;缺点是成本略高。

2. IP 交换技术

IP 交换也称直通式路由,可理解为"路由一次,交换多次"。这种技术的路由算法是根据第一个数据包的地址信息寻找路径一次,即"路由一次",然后将随后与这个数据包有关联的其他数据包交换到同一路径,即"交换多次"。这样可大大减少路由选择次数,提高数据包的转发率。

IP 交换将路由器的转发功能映射到硬件交换矩阵上去,三层交换机的某一个端口接收到一个 MAC 帧后,根据该 MAC 帧的目的地址寻找输出端口,然后向该输出端口转发这个 MAC 帧。

3. 多协议标记交换(MPLS)

(1) 多协议标记交换的含义。

MPLS 是基于标记的 IP 路由选择方法,它支持多种数据链路层协议,如帧中继、ATM、PPP 和 IEEE 802 以太网协议,同时支持多种网络层协议。

三层交换有基于流驱动和基于拓扑驱动两种。前两种基于流驱动，它在路由器中保留上一次路由信息提供给下一次路由使用，这样就减少了路由计算和选择。MPLS 基于拓扑驱动，交换表和路由表一一对应，称为“交换路由表”。当网络拓扑发生变化时路由表的修改变化，同时引起交换表的修改。

(2) 多协议标记交换的网络元素。

多协议标记交换的网络中，Ethernet 数据包和 ATM 信元中都携带有一个固定长度的标签，该标签用于向交换节点说明如何处理这些数据。对标记的处理远比通常查询处理迅速和简单。网络如图 4-6 所示。

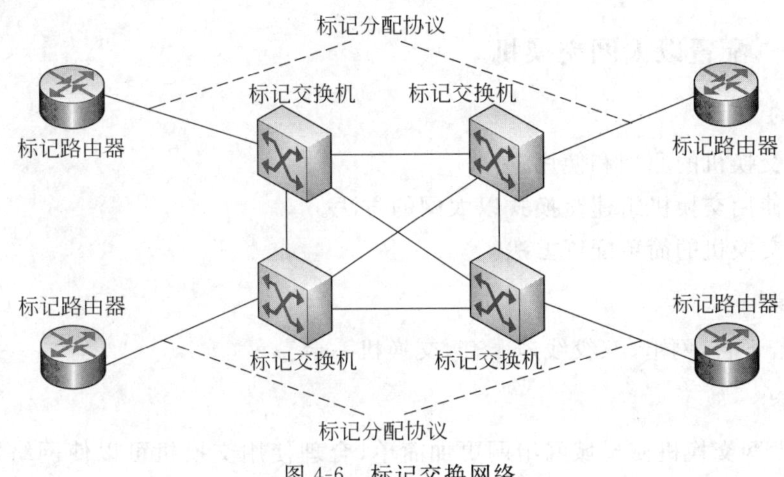

图 4-6 标记交换网络

(3) 多协议标记交换的工作原理。

当普通 IP 数据包进入 MPLS 节点时，位于网络边缘的标记路由器完成端到端 IP 地址与 MPLS 标记的映射，并贴上 MPLS 标记。数据包通过 MPLS 中间节点时，不需要再进行路由选择，只查看 MPLS 标记并根据标记进行标记交换即可。所以 IP 数据包通过 MPLS 网络时只需一次路由，效率大大提高。

MPLS 协议将第 3 层的包交换转换成第 2 层的交换，同时支持第 2 层的各种协议。

(4) MPLS 的应用。

MPLS 可以帮助运营商提供更好的 IP 服务，并带来更多的带宽控制、吞吐量保证和虚拟专用网功能。在 MPLS 的网络内，甚至像 IP 语音服务也会得到改进，因为等待时间缩短，拥塞控制得到了加强。

4.6.3 高层交换

1. 第 4 层交换

第 4 层交换主要指 TCP/IP 的应用层。第 4 层交换就是根据数据包的内容决定传输策略。例如，TCP 和 UDP 信息包头部的端口号等额外的信息进行有关 QoS、安全和过滤方面的决策，因此需要交换机和路由器具有更多的智能。

2. 服务器交换

服务器交换(Server Switching)技术是一种新概念,它把用于主机前端处理器上的应用对话管理和控制功能重新改写,并应用到服务器和集群上。这种技术带来三个方面的好处:一是通过转移 CPU 密集的事务计算,提高了单个服务器的效率;二是通过透明地分配应用的数据流,提高了应用程序的处理能力;三是保证了服务的高可用性。

4.7 上机实践

实验一 配置以太网交换机

实验目的

1. 掌握交换机的原理和使用。
2. 掌握使用交换机组建交换式以太网的方法。
3. 掌握交换机的简单配置方法。

实验环境

计算机若干台,网卡、双绞线若干套,交换机一台。

实验内容

使用以太网交换机使局域网组网更加简单,合理使用交换机可以使网络运营效率更高、速度更快。

1. 查看网络组件中是否安装了 TCP/IP 协议。
2. 通过直通式双绞线连接计算机和交换机的各个端口,并打开交换机电源,通过网上邻居查看网络连通性。
3. 交换机连通以后,查看交换机的配置,并进行修改。

例如,修改交换机的名字,查看交换机某个端口的配置信息,设置交换机端口的通信方式,设置交换机端口的端口速率,启动流量控制等。

实验二 路由器的配置使用

实验目的

1. 掌握路由器的工作原理和设置方法。
2. 了解通过路由器配置路由协议的基本方法。

实验环境

计算机若干台,路由器一台,网线若干根。

实验内容

使用路由器把若干台计算机通过网线连接起来,组建局域网,并对路由器进行设置,修改路由器的名字、密码,并且对路由器进行配置。

4.8 习 题

一、填空题

1. 在 OSI/RM 中，通信子网的最高层是________。

2. 物理层的传输单位是________，数据链路层的传输单位是________，而网络层的传输单位是________，传输层的传输单位是________。

3. 在 OSI/RM 中，只有________层是实连接，而其他层都是虚连接。

4. 在 OSI/RM 中，________层位于通信子网最底层，________层位于通信子网最高层。在通信子网和资源之间起承上启下作用的是________。

5. 在 OSI/RM 中，物理层上使用的网络设备是________，数据链层上使用的网络设备是________，网络层上使用的网络设备是________，应用层上使用的网络设备是________。

二、选择题

1. 当路由器接收到的 IP 数据报的目的地址不在同一网段时，采取的策略是（　　）。

A. 丢掉该分组　　B. 将该分组分片

C. 转发该分组　　D. 以上答案均不对

2. 路由器在网络层的基本功能是（　　）。

A. 配置 IP 地址　　B. 寻找路由和转发报文

C. 将 MAC 地址解释成 IP 地址　　D. 放大信号

3. 路由器并不具备（　　）功能。

A. 路由协议　　B. 减少冲突和碰撞

C. 支持两种以上的子网协议　　D. 存储、转发、寻径

4. 以下属于数据链路层的设备是（　　）。

A. 中继器　　B. 交换机　　C. 路由器　　D. 网关

5. 以下属于物理层的设备是（　　）。

A. 网桥　　B. 网关　　C. 中继器　　D. 交换机

6. 不能用来对以太网进行分段的设备有（　　）。

A. 网桥　　B. 交换机　　C. 路由器　　D. 集线器

7. 交换机如何知道将帧转发到哪个端口？（　　）

A. 用 MAC 地址表　　B. 用 ARP 地址表

C. 读取源 ARP 地址　　D. 读取源 MAC 地址

8. 在以太网中，设备（　　）可以将网络分成多个冲突域，但不能将网络分成多个广播域。

A. 网桥　　B. 网关　　C. 路由器　　D. 集线器

9. 对路由理解正确的是（　　）。

A. 路由是路由器　　B. 路由是信息在网络路径的交叉点

C. 路由是用以配置报文的目的地址　　　　D. 路由是指报文传输时的路径信息

10. 以下关于以太网交换机的说法(　　)是正确的。

A. 以太网交换机是一种工作在网络层的设备

B. 以太网交换机最基本的工作原理就是 IEEE 802.1D

C. 生成树协议解决了以太网交换机组建虚拟局域网的需求

D. 使用以太网交换机可以隔离冲突域

11. 以下说法错误的是(　　)。

A. 网桥能隔离网络层广播　　　　B. 中继器是工作在物理层的设备

C. 路由器是工作在网络层的设备　　　　D. 以太网交换机工作在数据链路层

12. 为了延伸网络距离,可以使用(　　)再生、整形信号。

A. 中继器　　B. 交换机　　C. 路由器　　D. 网桥

13. 作为网络层设备的路由器,具有(　　)主要特性。

A. 两台路由器直连接口间的数据转发

B. 两台路由器直连接口间的帧交换

C. 路由选择和限制广播

D. 数据包过滤

14. 设备(　　)可以看作一种多端口的网桥设备。

A. 中继器　　B. 交换机　　C. 路由器　　D. 集线器

15. 以太网交换机在接收到数据帧时,如果没有在 MAC 地址表中查找到目的 MAC 地址,则(　　)。

A. 把以太网帧复制到所有的端口

B. 把以太网帧单点传送到特定端口

C. 把以太网帧发送到除本端口以外的所有端口

D. 丢弃该帧

16. 异构计算机网络的连接须用(　　)作为互联设备。

A. 中继器　　B. 交换机　　C. 网关　　D. 路由器

三、问答题

1. 术语“互连”和“互联”有什么不同?
2. 网络互联有哪几种类型? 对应于 OSI/RM,每一层的网络互联设备有哪些?
3. 堆叠式集线器有什么作用?
4. 交换机能支持的 MAC 地址数目是什么意思?
5. 中继器的功能是什么? 中继器(集线器)有什么优缺点?
6. 交换机与集线器的主要区别是什么?
7. 什么是广播风暴? 导致广播风暴的原因是什么?
8. 网桥有什么作用? 有哪几种网桥? 交换机是不是网桥?
9. 交换机的主要性能参数有哪些?
10. 路由器的主要作用是什么?
11. 叙述路由表、路由协议和路由器的概念。

12. 什么是最小费用路由？
13. 叙述路由器是由哪几个核心部件组成的。
14. 路由器分为哪几种类型？
15. 什么是网关？它工作在哪一层？
16. 网关分为哪几类？
17. 能将异种网络互联起来，实现不同网络协议相互转换的网络互联设备是什么？
18. 什么是单协议路由器？什么是多协议路由器？
19. 为什么要引入三层交换机设备？
20. 三层交换的优点是什么？
21. 多协议标记交换(MPLS)的含义是什么？
22. 交换机能不能避免广播风暴？为什么？

第5章 广域网互联技术

学习场景

众所周知，广域网将汇聚在各地的局域网互联起来，为局域网之间的数据传输提供信道。因此在一个开放式的网络中，广域网的设计也很重要。广域网的主要组成部分是通信子网，而通信子网通常由公共传输系统组成，公共传输系统包括传输线路和交换节点两部分，它工作在OSI低两层(物理层和数据链路层)，也有的工作在低三层。常见的公共传输系统有公共电话交换网PSTN、综合业务数字网ISDN(包括宽带B-ISDN)、数字数据网DDN、公共分组交换网X.25、帧中继F.R.、异步传输模式ATM和交换多兆位数据服务SMDS等。X.25、F.R.、B-ISDN属于包交换网络，DDN属于专线服务，而PSTN属于电路交换服务。

学习目标

- 了解公共传输系统概念。
- 掌握PSTN和ISDN的概念、接入方式和性能特点。
- 了解数字用户线技术，掌握ADSL特点和接入方法。
- 了解CATV和接入方法及性能特点。
- 掌握数字数据网DDN的特点及接入方法。
- 掌握X.25、帧中继的特点、接入技术和两者的区别。
- 了解异步传输模式ATM的基本原理和应用。
- 掌握各种广域网接入技术。

5.1 广域网概述

广域网(Wide Area Net，WAN)也称为远程网，所覆盖的范围比城域网(MAN)更广，它一般是在不同城市之间的LAN或者MAN网络互联，地理范围可从几百千米到几千千米。因为距离较远，信息衰减比较严重，所以这种网络一般是要租用专线，通过接口信息处理(IMP)协议和线路连接起来，构成网状结构，解决寻径问题。

近年来，计算机通信网的重要组成部分——广域网得到了很大的发展。20世纪80年代以来，ISO公布了OSI参考模型，提供了计算机网络通信协议的结构和标准层次划分，使得异种计算机的互联网络有了一个公认的协议准则；另外，微机的高速发展，促进了

LAN的标准化、产品化,使它成为WAN的一个可靠的基本组成部分。

广域网是将地理位置上相距较远的多个计算机系统,通过通信线路按照网络协议连接起来,实现计算机之间相互通信的计算机系统的集合。

广域网由交换机、路由器、网关、调制解调器等多种数据交换设备、数据连接设备构成。具有技术复杂性强、管理复杂、类型多样化、连接多样化、结构多样化、协议多样化、应用多样化的特点。图5-1所示为广域网的组成。

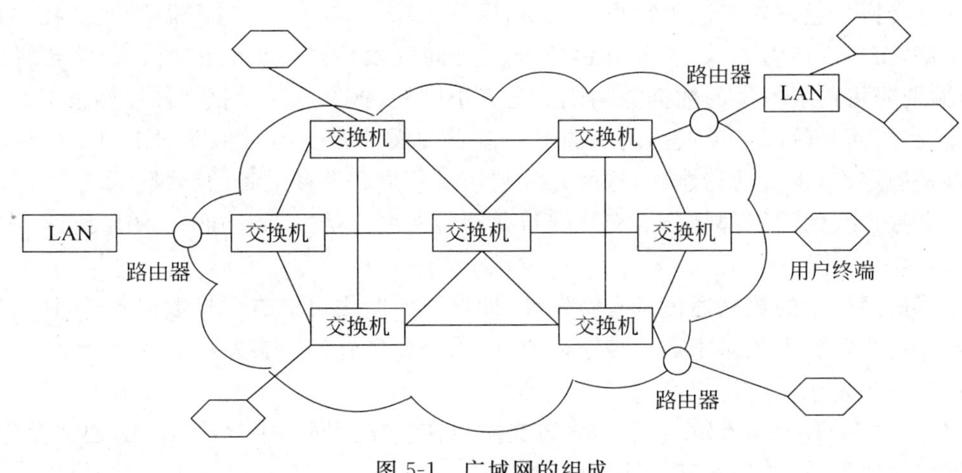

图5-1　广域网的组成

广域网概念

1. 广域网与局域网的比较

广域网是由多个局域网相互连接而成的。局域网可以利用各种网间互联设备,如中继器、网桥、路由器等,构成复杂的网络,并扩展成广域网。局域网与广域网在作用范围;结构;通信方式;通信管理;通信速率;工作层次存在着不同。

2. 广域网的类型

广域网中,从一个网络传输数据到另一个网络,一般不是点到点直接连接,数据可能经过多个中间节点组成的路径。数据从源节点到目标节点之间的数据传输过程称为数据交换(Switch),其对应的技术称为数据交换技术。中间节点并不关心数据内容,只作为一个交换设备,就像甲地给乙地打电话,中间需要通过许多中间转接点一样。常用的数据交换技术有电路交换、存储—转发交换、包(分组)交换、ATM信元交换和帧中继等。因此,广域网可以被划分为电路交换网、分组交换与存储转发网和包交换网等。

(1) 电路交换网。

电路交换(Circuit Switching)源于电话交换技术。数据传输前,先由一端发起呼叫开始建立连接,直到两端建立起一条通路,然后才开始进行数据传输。在整个传输期间,该通路一直为通信双方独占,直到通信结束后才释放线路。

电路交换过程需要线路连接、数据传输和线路拆除三个阶段。电路交换是由交换机负责在两个节点之间建立一条专用物理线路,它不改变传输数据的形式,即传输信息的符号、编码、格式和通信控制规程均由用户决定，不受交换机的约束。

电路交换的优点是数据以固定速度传输，传送快，延迟小，适用于实时传输、远程成批处理、发送大量数据和持续通信要求高的场合；缺点是整个连接过程的信道容量完全被通信双方占用，线路利用率不高。电路交换系统不具备差错控制能力，交换机也不具备数据存储能力。现代计算机网络很少使用电路交换方式。

(2) 分组交换与存储转发网。

分组交换与存储转发网也称报文交换，源于电报传输方式。它不需要通过呼叫建立物理通路，而是以接力方式，报文在网络节点之间逐段传送直到目的地。存储转发交换时，传输前先将需要发送的数据分割成一定大小的块(报文)，一个报文被存储在节点上并不立即发送，而是等到信道或路由中的下一节点的缓冲器空闲时再发送出去。传输的路径可以是固定的，也可动态建立，这就充分利用了信道和转接设备的容量。

大多数现代的网络都是分组交换网与存储转发网。例如 X.25 网、帧中继网等。

(3) 包交换网。

计算机网络中的数据通信具有特发性，即在短时间内可能有大量数据到来，而大部分时间不占用线路。因此对于数据传输来说，电路交换和存储—转发交换都不合适，一个更好的解决方法是包(分组)交换方式。

包交换(Packet Switching)也称分组交换。在包交换网络中，数据单元(包或分组)是大小可变的数据块，包的长度由网络确定。

包交换有数据报和虚电路两种方式。

① 在数据报(面向无连接，无须呼叫等连接过程)方式中，每个包在传输时都是一个独立的传输单元(包含源和目标地址)，传输时自己选择传输路径，即使若干个包可能属于同一个报文时也是如此，如图 5-2 所示。

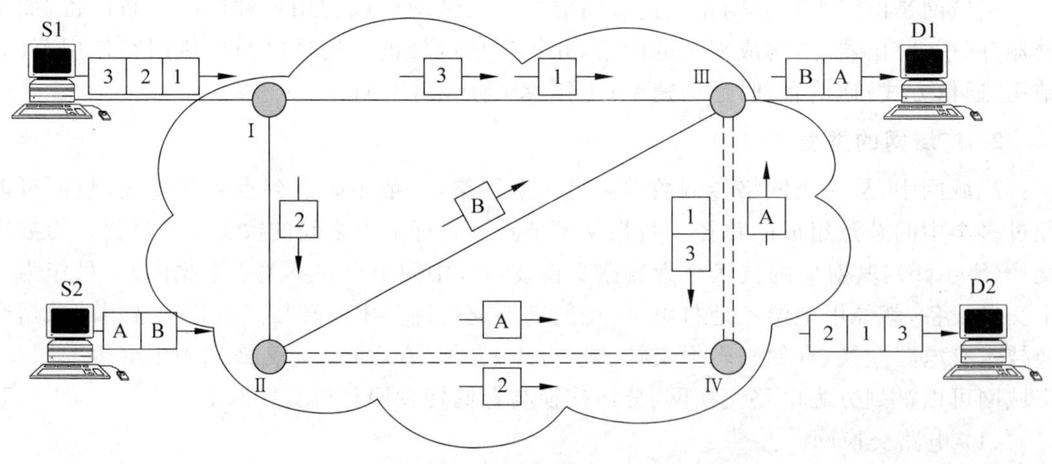

图 5-2　数据报传输方式

② 在虚电路(面向连接，传输前需建立路径)传输过程时，属于同一个报文的所有包之间的先后顺序被保留了下来，源节点和目的节点之间路径在会话开始的时候先被选中，即先建立一条逻辑通路，如图 5-3 所示。

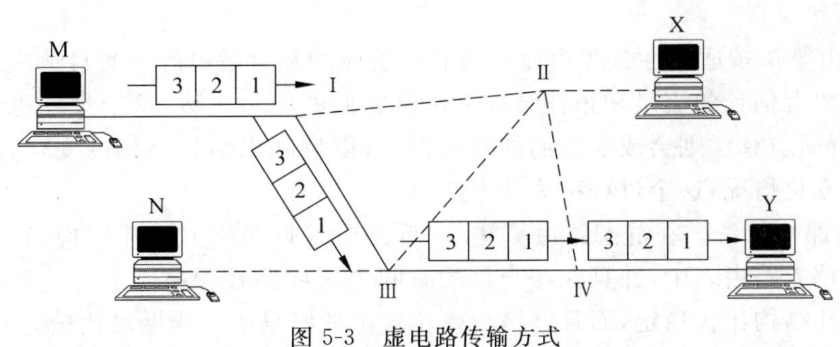

图 5-3 虚电路传输方式

3. 广域网相关技术

广域网中源节点和目的节点之间一般有多条传输路径供选择，网络中每个中间节点在收到一个数据包后，都要确定向下一个节点传送的路径，这就是路由选择。完成路由选择的设备是路由器。

在数据报方式中，网络中的每个中间节点要为每个包的路由做出选择；而在虚电路方式中，在连接建立时就已确定好路由。确定路由选择的策略称路由算法，它是网络层软件的一部分。

广域网相关的技术问题主要有两个：一个是路由选择，一个是拥塞控制。

(1) 路由选择。

广域网中源节点和目的节点之间一般有多条传输路径供选择，网络中每个中间节点在收到一个数据包后，都要确定向下一个节点传送的路径，这就是路由选择。

(2) 拥塞控制。

拥塞也称阻塞，是指源和目的节点之间某一个中间节点缓存中的包数量过多，使得该部分网络来不及处理，而后续的数据包还不断传送过来，导致缓存中的数据包"淹没"，致使这部分乃至整个网络性能急剧下降(甚会至死锁)。拥塞现象如同交通拥挤一样，在某个瓶颈路段，各种走向的车流相互干扰，使每辆车到达目的地的时间都相对增加(延迟增加)，甚至有时在某段公路上车辆因堵塞而无法开动(局部死锁)。

4. 路由算法

为了实现路由的选择，路由算法必须随时了解网络状态的以下信息。

(1) 路由器必须确定它是否激活了对该协议组的支持。

(2) 路由器必须知道目的地的网络。

(3) 路由器必须知道哪个外出接口是到达目的地的最佳路径。

一个好的路由算法通常要具备以下的条件。

- 迅速而准确的传递分组。
- 能适应由于节点或链路故障而引起的网络拓扑结构的变化。
- 能适应源和目的主机之间的业务负荷的变化。
- 能使分组避开暂时拥塞的链路。
- 能确定网络的连通性。

• 低开销。

(1) 路由算法按适应性分类可以分为非自适应的和自适应的。非自适应算法不会根据当前测量或者估计的流量和拓扑结构来调整它们的路由决策,这个过程也称为静态路由。相反,自适应算法则会改变它们的路由决策,以反映出拓扑结构的变化,通常也会反映出流量的变化情况,这个过程称为动态路由。

① 静态路由算法。在静态路由算法中,首先要根据网络的拓扑结构确定路径,然后将这些路径填入路由表中,并且在相当长的时间内这些路径保持不变。这种路由算法适合于网络拓扑结构比较稳定,而且网络规模比较小的网络中。当网络比较大的时候,静态路由算法就不太适用了,因为它不能根据网络的故障和负载的变化来做出快速反应。

② 动态路由算法。在动态路由算法中,每个路由器通过与其邻居的通信,不断学习网络的状态,因此网络的拓扑结构变化可以最终传播到整个网络中的所有路由器。根据这些收集到的信息,每个路由器都可以计算出到达目的主机的最佳路径。但是这种算法增加了路由器的复杂性,并且增大了选路时延。

(2) 路由算法根据控制方式还可以分为集中路由算法和分布式路由算法。

① 集中路由算法。在集中式路由算法中,所有可选择的路由都由一个网控中心算出,并且由网控中心将这些信息加载到各个路由器中。这种算法只适用于小规模的网络。

② 分布式路由算法。在分布式路由算法中,每个路由器自己进行各自的路由计算,并且通过路由消息的交换来互相配合。这种算法可以适应大规模的网络,但是容易产生一些不一致的路由结果,而这些不同路由器计算的不同路由结果可能会导致路由环路的产生。

(3) 在路由选择算法中,需要以某种尺度来衡量路径的"长度"。这些尺度可以是跳、成本、延时或者可用带宽。为了得到这些尺度值,路由器必须相互交换信息来协调工作,可以利用距离矢量和链路状态这两种算法来获得这些信息。

① 距离矢量路由算法。这种算法要求相邻路由器之间交换路由表中的信息,这些信息说明到目的地的距离矢量。当相邻路由器交换了这些信息后,就可以寻找最优的路由。这种算法可以逐渐地与网络拓扑的变化相适配,主要以 RIP 协议为代表。

② 链路状态路由算法。在这种算法中,每个路由器对连接它和相邻路由器的链路状态信息进行扩散,使每个路由器都可以得到整个网络的拓扑图,并根据这个拓扑图来计算最优路由,如 OSPF 协议。

目前最广泛使用的路由选择算法有 Bellman-Ford 算法和 Dijkstra 算法,还包括扩散法、偏差路由算法和源路由算法。

5.2 公共电话交换网

传统的公共电话交换网(Public Switched Telephone Network,PSTN)是以模拟技术为基础的电路交换网络,用它实现数据通信较为廉价,但传输质量较差,网络资源利用率也较低。目前,我国大部分地区的长途中继系统实现了光纤化和数字化,线路质量大大提高。

5.2.1　终端方式入网

通过ISP的某台主机，以终端方式接入广域网，用户拨号登录到ISP主机，利用主机提供的软件访问广域网。终端方式需要的硬件设备有PC、Modem和电话线，还需要安装通信软件，如Windows下的终端等。用户通过拨号登录到ISP的主机上，利用该主机提供的软件访问Internet。终端方式入网较为经济，适用于业务量小的单位和个人，目前很少使用。

5.2.2　SLIP/PPP协议

通过SLIP/PPP协议拨号上网是使用比较多的一种方式。

1. 串行线路IP协议(SLIP)

SLIP协议是较早的一个协议，提供电话线访问Internet的方法。它只完成数据报的封装和传送，没有提供寻址、区分多种协议、检错、纠错和数据报压缩功能。因此SLIP较为简单，实施起来也比较容易。

SLIP只支持异步传输方式，无协商过程，尤其不能协商诸如双方IP地址等网络属性，在后来的发展过程中，逐步被PPP协议所替代。

2. 点到点协议(PPP)

PPP协议是一个数据链路层协议，提供点到点链路上传输、封装网络层数据包的功能，是目前TCP/IP网络中最主要的点到点数据链路层协议。PPP支持多种协议，同时还支持异/同步通信、错误检测、选项商定、头部压缩等。

PPP是一个适用于通过Modem、点到点专线、HDLC比特串行线路和其他物理层的多协议帧机制，是正式的Internet标准，广泛应用于如PSTN/ISDN、DDN等广域网，甚至能应用于同步数字系列SDH和同步光纤网络SONET等高速线路上。

3. PPP的身份验证

PPP协议增加了通信双方的身份验证和安全性协议，即在网络层协商IP地址前，先要通过身份验证。PPP的身份验证有口令认证协议PAP和查询握手认证协议CHAP两种方式。

(1) PAP是一种身份验证协议，是一种最不安全的身份证协议，当客户端不支持其他身份认证协议时才被用来连接到PPP服务器的方法。它需要用户输入密码才能访问安全系统。用户的名称和密码通过线路发送到服务器，并在那里与一个用户账户名和密码数据库进行比较。这种技术容易受到窃听的攻击，因为某人可能截获密码并使用它登录到系统。如图5-4所示为PAP两次握手验证过程。

(2) 查询握手认证协议CHAP。

CHAP使用唯一且不可预知的挑战数据来防止回放攻击，挑战数字的目的就是限制数据攻击的时间。区域服务器(如网景商业服务器)可以控制发送挑战消息的频率和时间。

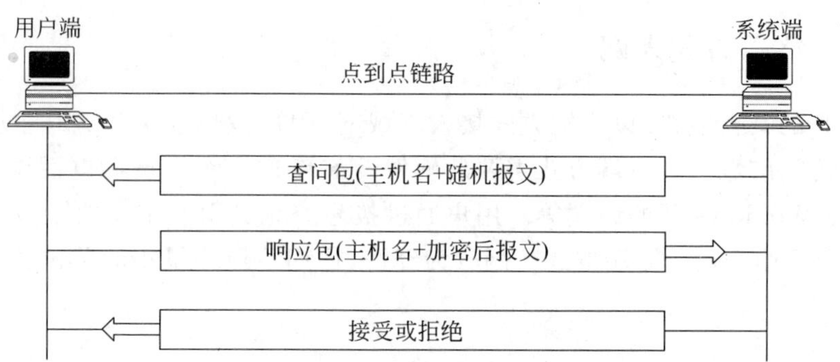

图 5-4 PAP 两次握手验证

CHAP(询问握手身份验证协议)是一种替换协议。它使用三次握手来实现对网络节点的定期审查和认可,当链路建立时 CHAP 应该已经完成,并且在链路建立以后,必要时可以重复审查过程。这一点使 CHAP 较 PAP 更为有效。PAP 只进行一次身份认证,这使它很容易被黑客进行数据重放,而且 PAP 允许客户端发起认证申请,这也导致它容易被黑客攻击。因此 CHAP 不允许客户端在没有收到挑战消息的情况下发起认证申请。在 PPP 链路建立以后,服务器将会发送挑战消息到远端,远端将回送一个响应值,然后服务器根据自己的值对返回值进行验证,如果吻合,认证将通过确认;否则,链路终止。

CHAP 认证比 PAP 认证更安全,因为 CHAP 不在线路上发送明文密码,而是发送经过摘要算法加工过的随机序列,也被称为“挑战字符串”。同时,身份认证可以随时进行,包括在双方正常通信过程中。因此,非法用户就算截获并成功破解了一次密码,此密码也将在一段时间内失效。

CHAP 对端系统要求很高,因为需要多次进行身份质询、响应。这需要耗费较多的 CPU 资源,因此只用在对安全要求很高的场合。

5.2.3 拨号入网

拨号入网采用模拟传输技术,使用普通的调制解调器实现远程通信。用户线路的传输速率较低,一般仅为 20k～40kbps,最高速率为 56kbps。拨号入网可以采用终端方式,使用 SLIP/PPP 协议。

1. 单机入网

拨号入网采用动态 IP 地址分配方式,用户每次拨号所得到的 IP 地址可能不同。因此,以这种方式入网站点不能作为主机节点供他人访问。

2. 一线多机入网

一个局域网中的多个计算机,利用一条电话线入网,这种方式在办公室和网吧等场合经常使用。它需要对网络中的计算机进行配置,一般将连接 Modem 的计算机设为代理服务器,其他计算机设置为客户机。可利用 Windows 中的“Internet 连接共享”进行配置;或使用 WinGate、SyGate 等专用软件。

5.3 综合业务数字网

综合业务数字网(Integrated Services Digital Network,ISDN)让用户利用现有电话线,实现用户端数字信号入网,是数字传输和数字交换综合而成的数字电话网,整体思想就是电话网络数字化。1984 年 CCITT 对它的定义是:"ISDN 是综合数字电话网发展起来的一个网络,它提供端到端的数字连接以支持广泛的服务,包括声音和非声音的,用户的接入是通过有限的多用途用户网络接口标准实现的。"

5.3.1 ISDN 简介

对于电信部门,用户分为三种类型:第一类是只使用模拟的本地环路的传统用户(只打电话);第二类为使用模拟线路通过 Modem 传输数字信息的用户(拨号上网);第三类为使用数字服务传输数字信息的用户。ISDN 的目标是形成一个广域网,特点是用户通过一个标准的用户网接口,可以享用各种类型的网络服务,用户利用 ISDN 可以实现上网和打电话同时进行,因此中国电信将其取名为"一线通"。ISND 的接入方式如图 5-5 所示。

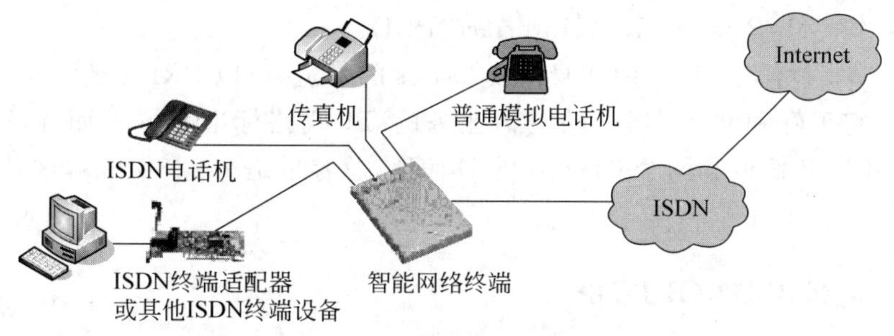

图 5-5 ISDN 连接示意图

ISDN 是一个全数字的网络,实现了端到端的数字连接。现代电话网络中采用了数字程控交换机和数字传输系统,在网络内部的处理已全部数字化,但是在用户接口上仍然用模拟信号传输话音业务。而在 ISDN 中,用户环路也被数字化,不论原始信息是语音、文字,还是图像,都先由终端设备将信息转换为数字信号,再由网络进行传送。

ISDN 具有电路交换、包交换和无交换连接等功能,它先提供了 X.25 业务,主要是开发简单,后来又提供帧中继业务,可大大提高数据处理的效率。

5.3.2 ISDN 的接入

1. 信道

为了实现灵活性,ISDN 将数字管道定义了三种类型的信道,它们是载体信道(B 信道)、数据信道(D 信道)和混合信道(H 信道)。如表 5-1 所示。

表 5-1 ISDN 信道类型

信道	数据速率(kbps)
载体信道(B 信道)	64
数据信道(D 信道)	16,64
混合信道(H 信道)	384,1536,1920

B 信道用全双工方式传输实际要传的数字信息;D 信道虽然名字是数据信道,但它用来传输控制信息;H 信道具有多种速率,适合视频、网络会议等信息传输。

2. 用户接口

窄带 ISDN 有两种类型的标准接口:基本速率接口 BRI 和主速率接口 PRI。后者适用于大型企业和集团用户。

(1) 基本速率接口(Basic Rate Interface,BRI)。

BRI 的速率为 144kbps,包含 2 个 64kbps 的 B 信道和一个 16kbps 的 D 信道(2B+D),ISDN 本身需 48kbps 的带宽。因此 BRI 实际需要 192kbps。

BRI 适用于家庭用户或小型企业,一般不需要更换现有的电话线,就可以在同一条双绞线上传输模拟信号和数字数据,但需要 ISDN Modem,接线方式也需做一些调节。我们国家使用 ISDN 主要采用 BRI 模式(它是 CCITT 的标准)。

(2) 主速率接口(Primary Rate Interface,PRI)。

PRI 由 23B+D 信道组成,而本身需要 8kbps 的带宽,所以 PRI 需要一个 1.544Mbps 的数字信道。它正好和北美 DS-1 的电话业务的 T1 线路标准相同。而在欧洲,PRI 由(30B+2D) 30 个 B 信道和两个 64kbps 的 D 信道,总容量是 2.048Mbps,这是 E1 线路的标准。

5.3.3 宽带 ISDN(B-ISDN)

窄带 ISDN(N-ISDN)无法传输可视电话和视频点播(VOD)等多媒体信息的宽带业务,由于那时还没有今天的 ATM 和三网融合的信息高速公路,而且 N-ISDN 是将电路交换、包交换和无交换等功能放在同一个交换机中,带宽设计被证明也较窄。因此,N-ISDN 不适合同时传输大量数字业务的并发信号。

宽带 ISDN(B-ISDN)为用户提供了 600Mbps 的传输速率,几乎是 PRI 的 400 倍,现在已经支持更高速率的技术。B-ISDN 基于 ATM 技术,表现了思想上的一个重大革命,根本改变了通信的所有方面,B-ISDN 是电信界从双绞线到光纤的一个改变,未来的信息高速公路主要由 B-ISDN 和 ATM 组成。

5.4 数字用户线

用户到电信的"最后一公里"是模拟线路传输瓶颈,传统 Modem 和 ISDN Modem 传输速率低,目前基本已不使用。数字用户线(xDSL)很好地为用户解决了这个问题。

xDSL 是用户数字线路(Digital Subscriber Line,DSL)的统称,它是一种点到点接入技术,利用现有电话网用户环路为用户提供高速的数据传输,本地用户环路是带宽为1MHz 或更宽的双绞线电缆。由于电话用户环路已经被大量铺设,所以这种技术得到了广泛的应用。xDSL 中的 x 代表不同种类的数字用户线路技术,主要是传输速率、距离和对称/非对称的区别。

由于 xDSL 技术利用普通的铜质电话线进行高速数据传输实现代价较小,易于升级,因而受到了各方面的重视。DSL 的类型很多,如单线数字用户环路(SDSL);速率适配的数字用户环路(RADSL);非对称数字用户环路(ADSL);高速数字用户环路(HDSL);超高速数字用户环路(VDSL)等,它们一般统称为 xDSL 技术。

5.4.1 xDSL 的种类

1. 非对称数字用户线(ADSL)

ADSL 将双绞线电缆的带宽(1MHz)划分为三个频带,第一个频带为 0～25kHz,用于常规的电话业务;第二个频带为 25k～200kHz,用于上行传输数据;第三个频带为200k～1MHz,用于下行传输数据。

ADSL 在不影响现有电话业务的情况下,进行非对称高速数据传输,它的上行传输速率为 224k～640kbps,下行传输速率为 1.5M～9.2Mbps,实际使用时,传输距离一般为3k～5.5km。因为传输距离等因素会低于这个速率。

ADSL 利用分离器,将模拟语音信号和数字调制信号分开,即使在 ADSL 连接失败时也不影响语音服务。正因为如此,ADSL 技术已成为接入 Internet、视频点播、访问远程局域网络等理想的接入方式。

2. 高比特率数字用户线

高比特率数字用户线(High bit-rate Digital Subscriber Line,HDSL)是对称的高速数字用户线技术,通过两对或三对双绞线提供全双工 1.544/2.048Mbps(T1/E1) 数据传输能力,支持 640kbps、1168kbps 和 2320kbps 三种速率,但不支持语音服务和 ISDN。HDSL 没有中继时的传输距离根据用户线的规格不同而不同,约为 4k～7km。

3. 对称数字用户线(SDSL)

SDSL 是 HDSL 的一个分支,也称为单线对数字用户线 SDSL 或中等比特率数字用户线 MDSL。SDSL 使用一对双绞线在上下行方向上实现 E1/T1 的传输,上行和下行速率相同,从几百 k～2Mbps,传输距离 3km 左右。

4. 速度自适应数据用户线(RADSL)

RADSL 根据线路质量动态调整速率,属于非对称传输模式。其上行传输速率为128k～768kbps,下行传输速率为 384kbps～9.2Mbps,传输距离 5.5km 左右。

5. 甚高比特率数字用户线(VDSL)

VDSL 在一对铜质双绞线上实现数字数据双向传输,上行传输速率为 1.5M～7Mbps,下行传输速率为 13M～52Mbps,传输距离大约在 300～1.3km 左右。

5.4.2 xDSL 的接入

xDSL 的接入由用户端和 xDSL 局端两部分组成。用户端设备由 xDSL 调制解调器和语音分离器组成，语音分离器将线路上的音频信号分离出来接到电话或传真机上，xDSL 调制解调器对用户的数据进行调制或解调。

xDSL 局端设备由 DSLAM 接入平台、DSL 局端语音分离器和数据汇聚设备等组成。如图 5-6 所示。

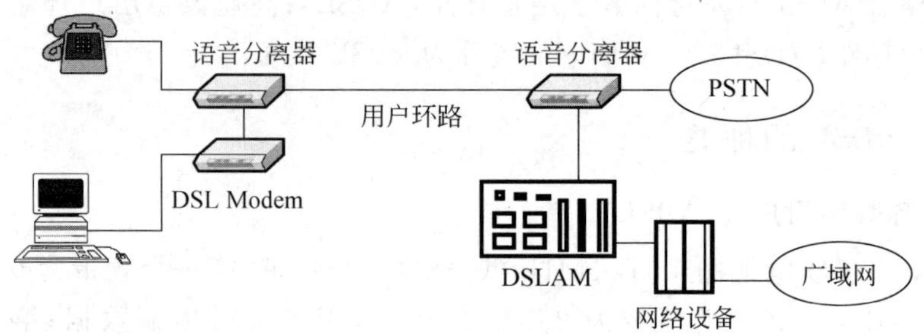

图 5-6 xDSL 的接入

5.5 CATV 接入

有线电视 CATV 网的传输介质是同轴电缆，为提高传输距离和质量，许多有线电视网正逐渐用混合光纤同轴电缆 HFC 替代纯同轴电缆。

HFC 是信号首先通过光纤传输到光纤节点，再通过同轴电缆传输至有线电视网用户。利用 HFC，信号的传输质量可以大幅度提高。

HFC 的通频带为 750MHz，45～750MHz 主要用于传输有线电视信号。其中，45～582MHz 用来传输模拟的 CATV 信号，每一通路需带宽 6～8MHz，因此可传输 60～80 路电视节目；582～750MHz 用于传输附加的模拟 CATV 或数字 CATV 信号，特别是视频点播(Video On Demand，VOD)。

CATV 的传输带宽 0～45MHz(远比电话线 0～1MHz 的带宽大)还没有得到充分利用，它有着巨大的潜力。利用 CATV 接入广域网，必须要有线缆调制解调器(Cable Modem)，理论上 Cable Modem 下载数据的峰值速度最高可达到 36Mbps，这比拨号接入方式速度至少要高 640 倍。

Cable Modem 与普通的 Modem 相比，不仅体积更大，而且结构更复杂，它集调制解调器、路由器、加密/解密装置、网络接口卡和以太网集线器等于一体。

Cable Modem 连接方式分为两种：对称速率型和非对称速率型。对称速率型的上行和下行传输速率相同，都在 500kbps～2Mbps 之间；非对称速率型的上行传输速率在 500kbps～10Mbps 之间，下行传输速率为 2～40Mbps。实际应用时，上行速率在 200kbps～2Mbps 之间，下行速率在 3～10Mbps 之间。

利用 CATV 接入广域网拥有廉价和带宽优势，但也存在以下两方面问题：

(1) 首先需要将原有单向传输的 CATV，改造为双向传输的 HFC，还需要用双路信号放大器替换原有的单路信号放大器。另外，还需要安装 IP 路由器。

(2) 由于 Cable Modem 模式采用的是将几个节点连在一起形成一个总线型网络结构，这样网络用户要和邻居分享带宽。当在传输数据时正好有较多的用户收看电视节目或邻居正在上网数据等操作，会影响传输速率。为改进传输性能，可以改为星型结构。

5.6 数字数据网

数字数据网(Digital Data Network，DDN)也称为“专线接入”，它可以采用铜电缆、光纤、微波或卫星等作为传输介质，向用户提供永久性连接，它是一种使用数字信道传输数据的数字传输网络，是面向所有专线用户或专用网用户的基础电信网。DDN 专线能够为用户提供多种速率。

数字数据网有以下特点：

(1) DDN 是纯数字线路，传输质量高，延迟小，可靠性高。

(2) 点到点的连接，(使用电话线)通信速率可在 2.4kbps～2.048Mbps 之间。

(3) 多媒体服务为一体，向用户提供永久性连接。

(4) 传输距离远。DDN 的传输距离可以跨地区、跨国家。

(5) 投资和运行费用较高。

DDN 是点到点的专用连接，所以用户租用 DDN 就是租用了一条高质量、高带宽的双向数字信道，可直接进行数字通信。DDN 和 X.25 的区别是：X.25 是一个面向连接的虚电路分组交换网，需要呼叫建立临时虚连接，而 DDN 不具备交换功能，在用户申请专线后，连接就已建立。

5.7 公共分组交换网

X.25 是为公用数据网的用户—网络接口协议提出的，它的全称是“公用数据网络中通过专用电路连接的分组式数据终端设备(Digital Terminal Equipment，DTE)和数据电路终端设备(Data Circuit-terminating Equipment，DCE)之间的接口”。这里的 DTE 是用户设备，即分组型数据终端设备(执行 X.25 通信规程的终端)，具体地可以是一台按照分组操作的智能终端、主计算机或前端处理机；DCE 是指 DTE 所连接的网络分组交换机(Packet Switch，PS)，如果 DTE 与交换机之间的传输线路是模拟线路，那么 DCE 也包括用户连接到交换机的调制解调器。

X.25 协议描述了 DTE 与 DCE 之间的接口标准，是广域网的包交换协议。X.25 提供了面向连接的虚电路服务，强调的是高可靠性，它在 OSI/RM 的低三层都要进行差错检测和错误处理，特别是在第二、三层都采用了确认机制和超时重传等手段。X.25 的接入如图 5-7 所示。

图 5-7　X.25 的接入

X.25 提供虚呼叫和永久虚电路 Permanent Virtual Circuit,PVC)两种虚电路服务。虚呼叫需要通过呼叫建立连接及拆除过程的虚电路服务,永久虚电路是指两个 DTE 之间有一个永久性的连接,类似于专线。

X.25 的虚电路服务正好符合 OSI/RM 中的网络层服务标准,所以可以很好地与其他公用数据网结合。X.25 中建立虚电路的呼叫就是建立连接过程。我国的 X.25 网是 CHINAPAC,它已连通了县以上的城市和地区,提供比普通电话线高的信道容量和可靠性。城市间的传输速率为 64～256kbps,用户接入的数据传输速率为 2.4kbps、4.8kbps 和 9.6kbps。

X.25 有如下几个特点:

(1) 可靠性高。

X.25 是面向连接的,能够提供可靠的虚电路服务,保证服务质量;X.25 具有点到点的差错控制,可以逐段独立进行差错控制和流量控制,全程的误码率在 10^{-11} 以下;X.25 每个节点交换机至少与另外两个交换机相连,当一个中间交换机出现故障时,能通过迂回路由维持通信。

(2) 信道利用率高。

X.25 利用统计时分复用及虚电路技术大大提高了信道利用率。

(3) 具有复用功能。

当用户设备以点对点方式接入 X.25 网时,能在单一物理链路上同时复用多条虚电路,使每个用户设备能同时与多个用户设备进行通信。X.25 具有流量控制和拥塞控制功能,X.25 采用滑动窗口技术来实现流量控制,并有拥塞控制机制防止信息丢失。

(4) 便于不同类型用户设备的接入。

X.25 网内各节点向用户设备提供了统一的接口,使得不同速率、码型和传输控制规程的用户设备都能接入 X.25 网,并能相互通信。

(5) X.25 建议规定丰富的控制功能,这也增加了分组交换机处理的负担,使分组交换机的吞吐量和中继线速率的进一步提高受到了限制,而且分组的传输时延比较大。X.25 端口可以支持的最高速率是 2Mbit/s。

5.8 帧 中 继

帧中继(Frame Relay,FR)也是面向连接的、虚电路协议,这和 X.25 类似。但 T 线路和 X.25 主要采用模拟信道,所以数据传输时质量差、误码率较高,不太适应越来越高的用户需求。

现代数据通信主干线已逐步采用光纤，传输速率提高，误码率降低，网络设备的可靠性也显著提高。因此，如 X.25 每一层都有强大的差错检测显得浪费宝贵的时间，且降低网络传输效率。对于一些语音、视频和图像等突发性数据，传统的 X.25 技术已显得不太适应了。

帧中继与 X.25 有相同之处，但使用快包技术。X.25 基于铜质模拟线路，网络设施质量较差，所以为了保证网络的可靠性，需要强大的差错检测与流量控制机制，网络层每个包在经过的所有节点时，都要进行检查，以保证包的正确无误。

帧中继建立在大容量、低损耗、低误码率的光纤线路之上，所以出错概率很小。数据帧的交换在数据链路层进行，去掉网络层，中间节点也不负责确认与重发，只进行简单的检错，一旦有错就将其丢弃，也没有在每个中间节点设置流量控制和路由选择。所以，帧中继是比 X.25 效率高得多的一种快速交换技术。

5.8.1 帧中继的特点

帧中继以帧为传输单位，只在物理层和数据链路层操作，最大程度地提高网络吞吐量。帧中继用于主干网，为已经有网络层协议的网络提供服务。

对于 X.25 网络，如果 TCP/IP 想利用 X.25 服务，那么 TCP/IP 中的网络层 IP 和 X.25 的网络层会有个重复差错检测过程。而帧中继省略了网络层，就不会有这种情况发生。

帧中继的缺点是：帧中继允许可变长度的帧，这可能会产生可变的延时。

5.8.2 帧中继的接入

帧中继能提供永久虚连接和交换式虚连接，用户端可以是一个局域网，也可以是一个主机。如果是一个局域网，则路由器就作为 DTE；如果是主机，可以直接接入到帧中继网络的交换机上，如图 5-8 所示。

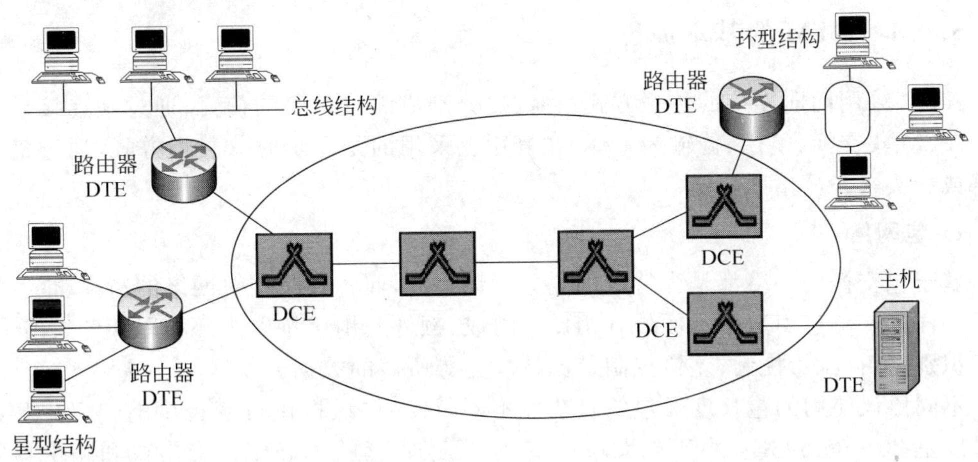

图 5-8 帧中继的接入

帧中继可依附在DDN网或X.25网上，如在DDN网的节点上安装帧中继模块和帧装/拆模块就可实现。帧中继用户接入速率为64k～34Mbps，而且接入Internet的价格比DDN还要低。

5.8.3 X.25和帧中继的比较

(1) X.25强调高可靠性，而帧中继强调快速。

(2) 帧中继只在物理层和数据链路层操作，省略了网络层，因此不会发生网络层重复的情形。

(3) X.25中每个数据包都需要在第3层进行转发，而帧中继中数据帧的交换在第2层进行。

(4) X.25中数据包在传输过程中，在每个中间节点都要进行差错检查和流量控制。帧中继中数据链路层不负责确认与重发，只简单检查数据帧有没有错误，一旦传输有错即丢弃数据帧。

(5) 帧中继允许突发性数据，用户不必遵守X.25或T线路规定的恒定速率。

5.9 异步传输模式

帧中继是以帧为单位在数据链路层进行交换，而异步传输模式(Asynchronous Transfer Mode,ATM)是以信元(cell)为传输单位，也是在数据链路层进行交换。ATM是信元中继协议，它和B-ISDN的结合可实现全世界的网络之间高速连接，ATM是信息高速公路上的“高速公路”，它比帧中继的传输速率更高，短距离时高达2.2Gbps，长距离时可达10M～100Mbps。

传统网络的交换方式主要有电路交换和包交换。电路交换的主要缺点是带宽的浪费，而包交换的主要不足是信息延迟的不确定性。ATM克服了这两者的缺点，它支持可变带宽、不同的传输介质和使用不同的传输技术。

5.9.1 ATM的基本原理

ATM采用面向连接的传输方式，将数据分割成固定长度的信元，通过虚连接进行交换。ATM集交换、复用、传输为一体，在复用上采用的是异步时分复用方式，通过信息的首部或标头来区分不同信道。

1. 包网络

基于包交换的网络都是为特定的业务而设计的，而各种应用对网络的速率、带宽等要求不一样。一个包由数据和额外开销比特组成，额外开销比特以头部和尾部形式出现，它用于识别路由、流量控制、差错控制及比特填充等所需的数据。

不同协议使用的包长度及包的复杂性不同，许多协议提供可变长度的包，如IP数据报长度是20～65 536B。由于包大小可变，会导致时延的不确定。交换机和路由器等必须使用软件管理不同大小的包，这些网络设备需阅读大量报文头信息，并对每个比特计数，以保证每个包的完整性。

不同长度的包网络之间互联一般速率较慢，而且费用昂贵，包的长度不同也不能提供稳定高速的传输。

2. 信元网络

ATM 信元由信头和信息段两部分组成，信元长度固定，为 53 个字节。其中信头 5 个字节，信息段 48 个字节，这样每个信元都花费同样传输时间。由于信元的发送无固定周期，因此可以采用异步时分复用传输技术，这也是将 ATM 称为异步传输模式的理由。

每个时间片传输一个信元，发送和接收时都按时间片进行处理，这种交换方式综合了包交换和电路交换的优点，克服了电路交换方式中网络资源利用率低，以及包交换方式中延迟和抖动等缺点，大大提高了网络效率。

3. 异步 ATM

ATM 采用异步时分多路复用处理多个信道的信元，如果某个信道没有需发送的信元，则不分配时间片。只要信道有空闲，便将信元投入信道，提高了信道利用率。由于 ATM 的高速性，使声音、图像和数据等能同时在 ATM 信道中传输。

ATM 网络是面向连接的，所以，在发送数据之前首先要发送一个分组以便建立连接，当这个初始分组经过子网的时候，该路径上所有的路由器都在他们的内部表中建立一个表项，用来标明该链接的存在，并且为它预留必要的资源。这里的链接通常称为虚电路(Virtual Circuit)，类似于电话系统中使用的物理电路。

ATM 没有链路控制和流控制，当信元传输出错或丢失，ATM 无相应的修正方法。但现在的传输链路可靠性大大提高，而且出错后可交由上层协议(如 TCP)处理。

4. 传输路径 TP、虚通路 VP 和虚电路 VC

在 ATM 网中，两个端点之间的连接是通过传输路径(Transmission Path，TP)、虚通路(Virtual Path，VP)和虚电路(Virtual Circuit，VC)完成的。一个虚通路提供两个交换机之间的一条连接或多个连接的全体，就像一套高速公路有可以双向通行，每个方向上可以有多个车道一样。一个虚电路 VC 就像高速公路上的一个车道，属于用于同一报文的所有信元沿着同一条虚电路传输，并保持它们原始次序一直到达目标节点。传输路径 TP 是一个端节点与一个交换机或两个交换机之间的一个物理连接。TP、VP 和 VC 间的关系，如图 5-9 所示。

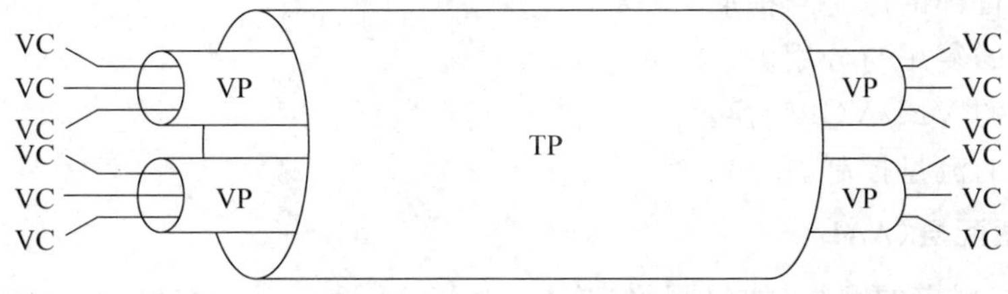

图 5-9　TP、VP 和 VC 间的关系

5. VPI 和 VCI

一个虚连接由虚通路标识符 VPI 和虚电路标识符 VCI 定义，它们是两级层次的标识符。VPI 定义的是特定的 VP，而 VCI 定义的是在 VP 中的一个特定的 VC。ATM、X.25、帧中继都使用永久虚电路(PVC)和交换虚电路(SVC)两种类型的连接。

6. ATM 交换

ATM 交换使用 VP 和 VPC 两种类型。VP 交换只用 VPI 确定信元的路由，而 VPC 交换使用 VPI 和 VCI 两个来确定信元的路由。大多数交换都是 VP 交换，而在网络的边界处大都是利用 VPI 和 VCI 进行交换。

5.9.2 ATM 的层次

ATM 标准定义了物理层、ATM 层和应用适配层三层。ATM 交换只使用低两层，端点设备使用所有三层，如图 5-10 所示。

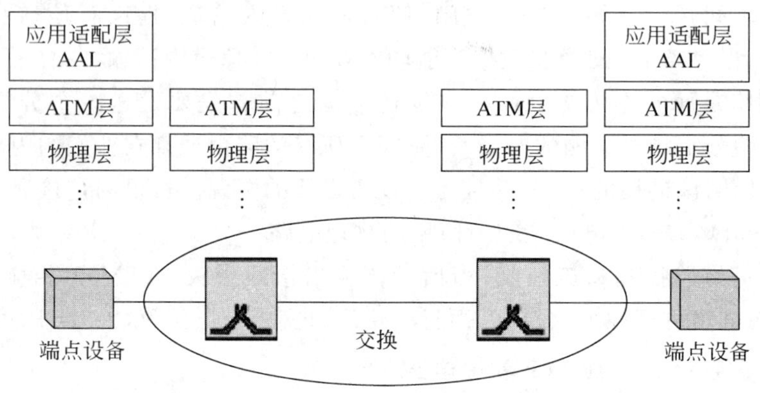

图 5-10 端点设备与交换使用的 ATM 层次

1. 物理层

物理层定义了传输介质、比特传输、编码及电—光信号转换等。

2. ATM 层

ATM 层主要完成交换、路由、通信量管理和复用等功能，与传送 ATM 信元的物理媒体或物理层无关。功能如下：

(1) 信元首部的产生与提取。

(2) 信元的复用与分用。

(3) 信元的 VPI/VCI 转换。

(4) 一般的流量控制。

3. 应用适配层(AAL)

AAL 允许现有的网络(如包网络)连接到 ATM 设备上。在发送方，AAL 协议接受来自上层服务的传输(如数据包)，并将它们映射为大小固定的 ATM 信元。在接收方，这个过程正好相反，即分段被重组成初始的格式并传送给接收者。

5.9.3　ATM 的应用

ATM 在广域网中，作为主干网，用于连接局域网或其他的广域网，如图 5-11 所示。

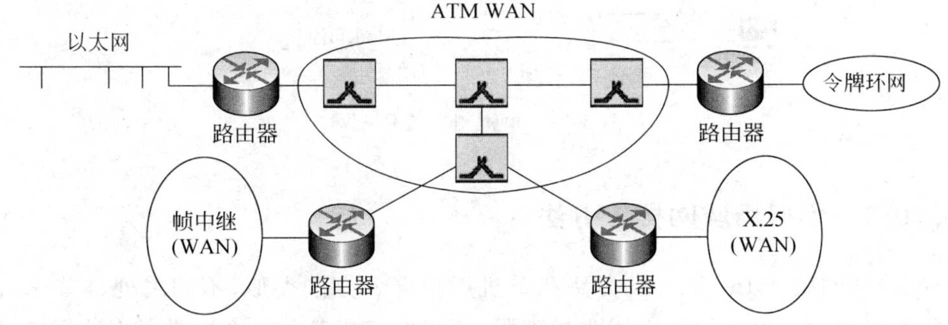

图 5-11　ATM 广域网

ATM 也可用在局域网中，但需要解决一些面向连接和无连接、寻址、组播与广播传递等一些相关问题。

1. 面向连接和无连接

LAN 都是面向无连接的协议，在传输数据时不需要建立连接和拆除连接过程。而 ATM 是面向连接的协议。

2. 寻址方式的差别

LAN 中寻址是通过源和目的节点的物理地址进行，并确定数据传输的线路。而 ATM 是虚连接标示符确定一个信元的传输路径的。

3. 组播与广播传递

LAN 能进行组播与广播传递，而 ATM 网络虽然也可以进行一点到多点的连接，但实现组播与广播传递却没有容易的办法。

5.10　广域网接入技术

5.10.1　单机用户接入方法

单机用户接入广域网，可以使用电话线(传统 Modem、ISDN Modem、ADSL Modem 等)等方式接入。使用传统 Modem 接入时，通过拨号(如 16300)并使用 PPP 协议。通过 N-ISDN 或 ADSL 技术接入 Internet 时，需将普通的 Modem 换成 ISDN Modem 或 ADSL Modem，同时需要电信部分将用户端和电信局端的线路进行调整。ADSL 传输速率高，无须拨号，24 小时在线。ADSL 具有费用低、无须重新布线和建设周期短的特点，尤其适合家庭和极小型企业的 Internet 接入需求，如图 5-12 所示。

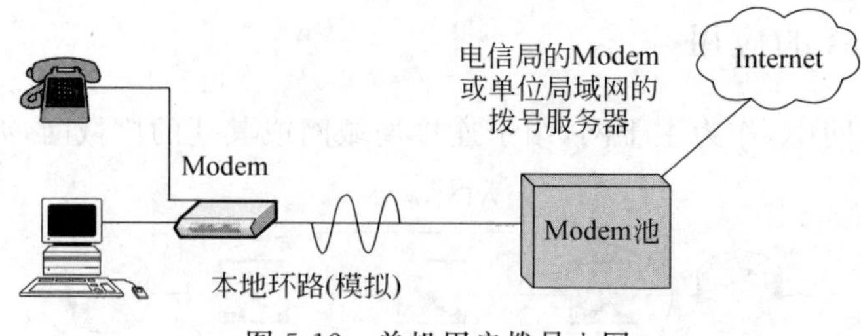

图 5-12 单机用户拨号入网

5.10.2 小型局域网接入方法

小型局域网接入 Internet 的方法和单机用户接入方法类似，不同之处是首先组成好局域网，并将其中一台计算机设置为代理服务器（如安装 WinGate），或者将计算机设置成 ICS 服务器或 NAT 服务器，并对局域网中需要入网的计算机进行配置。

1. ICS 和 NAT 简介

ICS 是 Windows 系统提供的"Internet 连接共享"服务，它实质上是一种网络地址转换器。

NAT（网络地址转换）能实现 TCP/IP 网络中的 IP 地址和端口号的转换，网络中安装了 NAT 服务器后，只有被分配了 IP 公有地址的计算机才可以被外界访问。因此，NAT 服务器实际上是一个 IP 路由器，它可以提供 DHCP 和 DNS 代理服务。

ICS 和 NAT 的区别在于，ICS 服务器只能使用一个外部 IP 地址，本身没有安全措施。局域网中客户机只能使用 Internet 保留地址，如 192.168.1.1、192.168.1.2……而 NAT 相当于一个路由器，安全性比 ICS 高，能够使用多个对外的 IP 地址，局域网内的计算机可以分配多个合法的 IP 地址。

2. ICS 方式接入

（1）服务器端设置。

将能连接外网的计算机设置为代理服务器，并在该机上配置（如 Windows 2000）。

选择"开始"→"设置"→"网络和拨号连接"选项，选择要共享的拨号连接，选择"属性"→"共享"→"启用此连接的 Internet 连接共享"选项。

修改 IP 地址为保留地址，如 192.168.0.1 及相应的子网掩码栏，网关可以不用填写，DNS 服务器"192.168.0.1"。

（2）客户机端的设置。

客户机端的设置较为简单，主要设置每一台计算机的 IP 地址，它需要和 ICS 服务器刚才设置的保留地址为同一网段。

IP 内部地址保留如下：

A 类：10.0.0.0～10.255.255.255

B 类：172.16.0.0～172.31.255.255

C 类：192.168.0.0～192.168.255.255

默认网关和DNS服务器就是ICS服务器的IP地址。

5.10.3　大、中型集团用户接入方法

大、中型集团用户(如学校)一般构建有自己的内部网Intranet,它们通过使用DDN、X.25、帧中继和ATM等方式接入Internet,实力雄厚的可以铺设专线。大部分路由器都可以配备和加载各种接口模块,通过配备有相应接口模块的路由器,用户的局域网和远程Internet就可以与数据通信网相连,并通过数据网交换信息。

1. 拨号方式

对于一些远程局域网,可以采用拨号方式使集团内部的局域网之间相互访问,网络中的用户通过路由器经过公共传输系统访问Internet,这种方式目前比较少用。

2. 数据专线方式

集团用户中各个分散的局域网通过各自的路由器,利用公共传输系统(如DDN、帧中继或ATM等)相互连接进来,访问Internet。

3. 宽带(专线)接入

对于一些规模较大的集团用户,可以自行铺设专线(如光纤)来组建宽带专用通信网。常见的宽带网络是光纤到社区,双绞线到用户的方式。

5.11　上机实践

实验　局域网使用ICS接入Internet

实验目的

1. 掌握Modem的安装使用方法。
2. 掌握Internet连接共享的安装设置。
3. 掌握WinGate的使用方法。

实验环境

带Windows操作系统的计算机若干台,服务器一台,网线3～4根,一个56K Modem,连接市话的电话线一条,一个集线器,软件WinGate。

实验内容

1. 利用集线器或者交换机连通网络,指定每个计算机的IP地址、子网掩码、DNS等,使网络连通。

① 指定IP地址。

打开控制面板,选择网络,进入配置选项卡,选择TCP/IP协议,完成相应的地址设置。

② 标识计算机。

在计算机属性中,设置计算机的名字和工作组名。

③ 测试网络连通性。

设置完计算机以后，使用DOS命令ipconfig，查看计算机的IP地址情况，并且打开网上邻居，查看同一组的计算机是否都能找到。

2. 安装Modem，建立Internet连接。

首先使用网线把计算机和Modem连接起来，然后安装Modem的驱动程序。然后打开我的电脑，拨号连接，进行拨号设置。

3. ICS安装。

① 服务器端。

把装有Modem的计算机设置为代理服务器，并安装代理软件(WinGate)。

首先在ICS服务器上，以管理员的身份登录到Windows系统中，选择"开始"→"设置"→"网络和拨号连接"选项，选择要共享的拨号连接(如果不存在，可以新建连接)，然后右击，在弹出的菜单中，单击"属性"按钮进行中的共享，选中"先启用此连接的Internet连接共享"复选框，在"对于局域网"选项的下方，选中与局域网所有客户机连通的网卡。

② 客户机端设置。

对TCP/IP属性进行设置，主要是设置计算机的IP地址。

5.12 习　题

一、填空题

1. ADSL"非对称"性是指____________________。

2. 数字用户线xDSL主要有________、________、________和________等种类。

3. ATM网络的基本数据单元是信元，一个信元的长度为________字节，其中________个字节为头部，________字节为有效载荷。

4. ADSL将双绞线1MHz的带宽划分为三个频带，第一个频带为________，用于常规电话业务；第二个频带为________，用于上行传输数据；第三个频带为________，用于下行传输数据。

5. ADSL的上行传输速率为________，下行传输速率为________，传输距离一般为________。

6. Modem的最高传输速率为________。

7. ISDN数字信道定义了________、________和________三种信道，用户接口分别为________、________。

二、选择题

1. ADSL通常使用(　　)。

A. 电话线路进行信号传输　　B. ATM网进行信号传输

C. DDN网进行信号传输　　D. 有线电视进行信号传输

2. 目前，Modem的传输速率最高为(　　)。

A. 33.6Mbps　　B. 56kbps　　C. 56Mbps　　D. 64kbps

3. 非对称数字用户线是(　　)。

A. HDSL　　B. ADSL　　C. SDSL　　D. RADSL

4. 以下属于分组交换的是(　　)。

A. PSTN 网　　B. SDH　　C. X.25 网　　D. 有线电视网

5. 属于点到点连接的链路层协议是(　　)。

A. X.25　　B. IP　　C. ATM　　D. PPP

6. CHAP 是三次握手的验证协议,其中第一次握手是(　　)。

A. 被验证方直接将用户名和口令传递给验证方

B. 验证方将一段随机报文和用户名传递到被验证方

C. 被验证方生成一段随机报文,用自己的口令对这段随机报文进行加密,然后与自己的用户名一起传递给验证方

D. 被验证方传递用户名和口令给验证方

7. ISDN 基本速率接口(BRI)速率是(　　)。

A. 16kbps　　B. 64kbps　　C. 144kbps　　D. 2048kbps

8. ISDN BRI 的物理线路是(　　)。

A. 2B+D　　B. 30B+D　　C. 同轴电缆　　D. 普通电话线

9. ISDN BRI 用户接口是(　　)通道。

A. 2B+D　　B. 30B+D　　C. 同轴电缆　　D. 普通电话线

10. ISDN 中的 PRI 线路中,D 通道的作用是(　　)。

A. 收发传真和语音　　B. 传送同步信号

C. 传送信令　　D. 用户数据通道

11. 欧洲标准有 ISDN PRI 接口可以提供(　　)个 B 信道。

A. 2　　B. 23　　C. 30　　D. 32

12. X.25 协议包含了三层,即(　　)。

A. 表示层、会话层、传输层　　B. 会话层、传输层、分组层

C. 传输层、分组层、帧层　　D. 分组层、帧层、物理层

13. 帧中继技术是一种广域网技术,有许多优秀的技术特性,其中不包括(　　)。

A. 信元长度固定

B. 是一种国际标准

C. 简化了 X.25 的第三层功能

D. 在链路层完成统计复用、帧透明传输和错误检测

14. 以下不是广域网协议的是(　　)。

A. PPP　　B. X.25　　C. Fream Relay　　D. Ethernet

15. 帧中继仅完成(　　)核心层的功能,将流量控制、纠错等留给智能终端完成,大大简化了节点机之间的协议。

A. 链路层和网络层　　B. 网络层与传输层

C. 传输层与会话层　　D. 物理层与链路层

16. 帧中继采用(　　)技术,能充分利用网络资源,因此帧中继具有吞吐量高、时延

低、适合突发性业务等特点。

A. 存储转发 B. 虚电路技术 C. 半永久连接 D. 电路交换技术

17. 帧中继没有(　　)的特点。

A. 基于虚电路 B. 带宽统计复用

C. 确认重传机制 D. 一种快速分组交换技术

18. 帧中继是一种(　　)的协议。

A. 面向连接 B. 网络协议 C. 面向无连接 D. 可靠

三、问答题

1. 常见的公共传输系统主要有哪些?
2. 公共传输系统主要提供哪三种通信服务?
3. 点到点协议(PPP)是一种什么样的协议?
4. 小型局域网利用 Modem 接入 Internet 时(一线多机入网)采用什么方法?
5. ISDN 是一种什么样的网络?
6. N-ISDN 定义了哪三种类型的信道?各自的数据传输速率是多少?分别用于传输什么数据?
7. N-ISDN 定义了哪两种类型的用户接口?相应的数据传输速率(带宽)是多少?
8. PPP 的身份验证有哪两种?叙述其相应的验证过程。
9. 什么是宽带 ISDN?
10. 画出局域网通过 ISDN 接入 Internet 的网络系统结构图。
11. 叙述 xDSL 的工作原理。
12. 如何使用 xDSL 实现与 Internet 的连接?
13. ADSL 划分的三个频带的带宽各为多少?接入 Internet 时的上行、下行传输速率为多少?
14. 无线接入、ADSL 接入和 CATV 接入各有什么优缺点?
15. 在目前情况下,使用 CATV 接入 Internet 还存在哪些问题?
16. ATM 网络包括哪两种网络元素?
17. ATM 论坛根据各种服务的通信量和 QoS 等参数,按照比特率定义了哪五类服务?
18. 数字数据网 DDN 有什么特点?
19. 画出局域网通过 DDN 接入 Internet 的网络系统结构图。
20. X.25 是什么网络?它有哪些特点?
21. X.25 在体系结构上定义了哪几个层次?
22. ATM 标准定义了哪三层?
23. 帧中继和 X.25 的主要区别是什么?
24. ATM 信元由哪两部分组成?信元长度为多少?
25. 大、中型集团用户 Internet 接入技术有哪些?

第 6 章　Internet 与应用

学习场景

Internet 是国际互联网络，又称网间网、因特网，是广域网络的进一步扩展。如前所述，因特网是将世界上各个国家和地区成千上万的同类型和异类型网络互联在一起而形成的一个全球性大型网络系统。Internet 的前身是美国国防部在 20 世纪 60 年代研制的 ARPANET，该网络最初是为国防应用设计的，后来由于高等院校及应用商的介入，使之逐步转向民用，最终成为了国际网络标准。

Internet 是世界上最大、流行最广的计算机互联网络，它连接了上千万个局域网络和数亿个用户。除去设备规模、统计数字、使用方式、发展方向上的明显优势外，Internet 正以一种令人难以置信的速度在发展。

从网络通信技术的角度看，Internet 是一个以 TCP/IP 网络协议连接各个国家、各个地区以及各个机构的计算机网络的数据通信网。从信息资源的角度看，Internet 是一个集各个部门、各个领域的各种信息资源为一体，供网上用户共享的信息资源网。今天的 Internet 已远远超过了网络的含义，它是一个社会。虽然至今还没有一个准确的定义概括 Internet，但是这个定义应从通信协议、物理连接、资源共享、相互联系、相互通信的角度综合考虑。

学习目标

- 了解 Internet、Intranet 和 Extranet 的基本概念。
- 掌握子网划分技术和划分方法。
- 了解端口号和套接口的概念。
- 掌握 UDP 数据包格式、提供的服务和传输方法。
- 掌握网络层协议 IP 及 IP 数据报头部格式。
- 掌握 Internet 的协议及应用。
- 掌握 TCP 的三次握手过程。
- 掌握 IP 地址的分类及特殊的 IP 地址。
- 了解 DNS 域名系统。

6.1 Internet、Intranet 和 Extranet

6.1.1 Internet 的产生和发展

Internet 最早来源于美国国防部高级研究计划局(DARPA)的前身 ARPA 建立的 ARPANET,该网于 1969 年投入使用。

从 1960 年开始,ARPA 就开始向美国国内大学的计算机系和一些私人有限公司提供经费,以促进基于分组交换技术的计算机网络的研究。1968 年,ARPA 为 ARPANET 网络项目立项,这个项目基于这样一种主导思想:网络必须能够经受住故障的考验而维持正常工作,一旦发生战争,当网络的某一部分因遭受攻击而失去工作能力时,网络的其他部分应当能够维持正常通信。1982 年,ARPANET 在首届计算机后台通信国际会议上首次与公众见面,并验证了分组交换技术的可行性,由此,ARPANET 成为现代计算机网络诞生的标志。1980 年,ARPA 投资把 TCP/IP 加进 UNIX(即 BSD4.1 版本)的内核中,在 BSD4.2 版本以后,TCP/IP 协议即成为 UNIX 操作系统的标准通信模块。1982 年,Internet 由 ARPANET、MILNET 等几个计算机网络合并而成,作为 Internet 的早期骨干网,ARPANET 试验并奠定了 Internet 存在和发展的基础,较好地解决了异种机网络互联的一系列理论和技术问题。1983 年,ARPANET 分裂为两部分:ARPANET 和纯军事用的 MILNET。该年 1 月,ARPA 把 TCP/IP 协议作为 ARPANET 的标准协议,后来,人们把以 ARPANET 为主干网的网际互联网称为 Internet。

1986 年,NSF 建立起了六大超级计算机中心,为了使全国的科学家、工程师能够共享这些超级计算机设施,NSF 建立了自己的基于 TCP/IP 协议簇的计算机网络 NSFnet。NSF 在全国建立了按地区划分的计算机广域网,并将这些地区网络和超级计算中心互联,最后将各超级计算中心互联起来。地区网的构成一般是由一批在地理上局限于某一地域,在管理上隶属于某一机构或在经济上有共同利益的用户的计算机互联而成,连接各地区网上主通信节点计算机的高速数据专线构成了 NSFnet 的主干网,这样,当一个用户的计算机与某一地区相联以后,它除了可以使用任何超级计算中心的设施外,还可以同网上任何用户进行通信,同时还可以获得网络提供的大量信息和数据。

1990 年 6 月,NSFnet 彻底取代了 ARPANET 而成为 Internet 的主干网。

1990 年 9 月,IBM 等建立了一个非赢利性组织——先进网络和科学公司 ANS。ANS 的目的是建立一个全美范围的 T3 级主干网,它能以 45Mbps 的速率传送数据,相当于每秒传送 1400 页文本信息。

1991 年底,NSFnet 的全部主干网都已同 ANS 提供的 T3 级主干网相通。

2000 年,全世界已有 100 多万个网络,1 亿多台主机和超过 10 亿的用户。今天的 Internet 已不再是计算机专业人员和军事部门进行科研的领域,而是变成了一个开发和使用信息资源的覆盖全球的信息海洋。在 Internet 上,按从事的业务分类包括了广告公司、航空公司、农业生产公司、艺术、导航设备、书店、化工、通信、计算机、咨询、娱乐、财贸、各类商店、旅馆等 100 多类,覆盖了社会生活的方方面面,构成了一个信息社会的缩影。

从目前的情况来看，Internet 市场具有巨大的发展潜力，未来其应用将涵盖从办公室共享信息到市场营销、服务等广泛领域。另外，Internet 带来的电子贸易正改变着现今商业活动的传统模式，其提供的方便而广泛的互联必将给未来社会生活的各个方面带来影响。

6.1.2 Internet 基本概念

Internet 是国际互联网络，又称网间网、因特网，是广域网络的进一步扩展。它将世界上各个国家和地区成千上万的同类型和异类型网络互联在一起而形成一个全球性大型网络系统。Internet 的前身是美国国防部在 20 世纪 60 年代研制的 ARPANET，该网络最初是为国防应用设计的，后来高等院校及应用商的介入，使之逐步转向民用，最终成为了国际网络标准。

Internet 是世界上最大、流行最广的计算机互联网络，它连接了上千万个局域网络和数亿个用户。除去设备规模、统计数字、使用方式、发展方向上的明显优势外，Internet 正以一种令人难以置信的速度在发展。

从网络通信技术的角度看，Internet 是一个以 TCP/IP 网络协议连接各个国家、各个地区以及各个机构的计算机网络的数据通信网。从信息资源的角度看，Internet 是一个集各个部门、各个领域的各种信息资源为一体，供网上用户共享的信息资源网。今天的 Internet 已远远超过了网络的含义，它是一个社会。虽然至今还没有一个准确的定义概括 Internet，但是这个定义应从通信协议、物理连接、资源共享、相互联系、相互通信的角度综合考虑。

1. Internet 的定义

(1) Internet 是一个基于 TCP/IP 协议簇的网络。

(2) Internet 是一个网络用户的集团，网络使用者在使用网络资源的同时，也为网络的发展壮大贡献自身的力量。

(3) Internet 是所有可被访问和被利用的信息资源的集合。

Internet 就是由多个不同结构的网络，通过统一的协议和网络设备(即 TCP/IP 协议和路由器等)互相连接而成的、跨越国界的、世界范围的大型计算机互联网络。Internet 可以在全球范围内，提供电子邮件、WWW 信息浏览与查询、文件传输、电子新闻、多媒体通信等服务功能。

2. Internet 的特点

(1) Internet 是由全世界众多的网络互联组成的国际互联网。

(2) Internet 是世界范围的信息和服务资源宝库，支持资源共享。

(3) 组成 Internet 的众多网络共同遵守 TCP/IP 协议。

(4) 采用分布式控制技术。

(5) 采用分组交换技术。

(6) 使用通信控制处理机。

(7) 采用分层的网络通信协议。

6.1.3 Internet 的主要功能与服务

Internet 的主要功能可以归为资源共享、信息交流和信息的获取与发布。Internet 在拥有丰富资源的同时，也提供了各种各样的服务方式。

1. 信息的获取与发布

Internet 的信息内容涉及社会的各个方面，包罗万象，几乎无所不有。你可以坐在家里了解到全世界正在发生的事情，也可以将自己的信息发布到 Internet 上。

2. 电子邮件(E-mail)

平常的邮件一般是通过邮局传递，收信人要等几天(甚至更长时间)才能收到那封信。电子邮件的写信、收信、发信都在计算机上完成，从发信到收信的时间以秒来计算，而且电子邮件几乎是免费的。同时，无论你在地球上的哪一个位置，只要可以上网的地方，都可以收到别人寄给你的邮件，而不像日常生活中的邮件，必须回到信件指定的收信地址才能拿到信件。

3. 网上交际

你可以通过网络与别人聊天、交朋友、玩网络游戏。网上交际已经完全突破传统的结交朋友方式，世界上不同性别、年龄、身份、职业、国籍、肤色的人，都可以通过 Internet 而成为好朋友，不见面就可以进行各种各样的交流。

4. 电子商务

通过电子商务系统，可在网上进行贸易活动。

5. 网络电话

近几年，中国电信、中国联通等单位相继推出 IP 电话服务，IP 电话卡成为一种很流行的电信产品而受到人们的普遍欢迎，因为它的长途话费大约只有传统电话的三分之一。IP 电话凭什么能够做到这一点呢？原因就在于它采用了 Internet 技术，是一种网络电话。

6. 网上事务处理

Internet 的出现将改变传统的办公模式，你可以在家里上班，然后通过网络将工作的结果传回单位；你出差的时候，不用带很多资料，因为随时都可以通过网络连接到单位提取需要的信息，Internet 使全世界都可以成为你办公的地点。

7. 文件传输(FTP)

Internet 的目的就是把文件从一处传输到另一处。

8. 远程登录(Telnet)

Telnet 为我们提供了一种登录到 Internet 其他远程计算机中去的途径。一旦登录成功，你就可使用远程计算机，就像使用自己的计算机一样。

9. 万维网(World Wide Web)

在万维网中，通过 WWW 浏览器，可以看到各种网站上的文字、图画、声音甚至电影。

10. 新闻组(Newsgroup/Usenet)和电子公告牌(BBS)

新闻组就是专题讨论组。无论你想了解什么内容,都能在 Newsgroup 中找到满意的答案。电子公告牌 BBS 与新闻组的功能相仿,它的工作方式与日常生活中的布告栏非常类似,它是一种计算机化的提供留言(称为"帖子")的系统,网上其他计算机用户可以从中看到一个人的留言,他也可以从中看到别人的留言。

11. 聊天系统

通过键盘,与网上认识和不认识的朋友"聊天"。

12. Internet 的其他应用

Internet 还有很多其他的应用。例如远程教育、远程医疗等。总而言之,在信息世界里,以前只有在科幻小说中出现的各种设想,现在已经在慢慢地成为现实。

6.1.4 Internet 的结构

1. Internet 的物理结构

Internet 的物理结构,实际上就是指连入 Internet 的网络之间的物理连接方式。典型结构如图 6-1 所示。

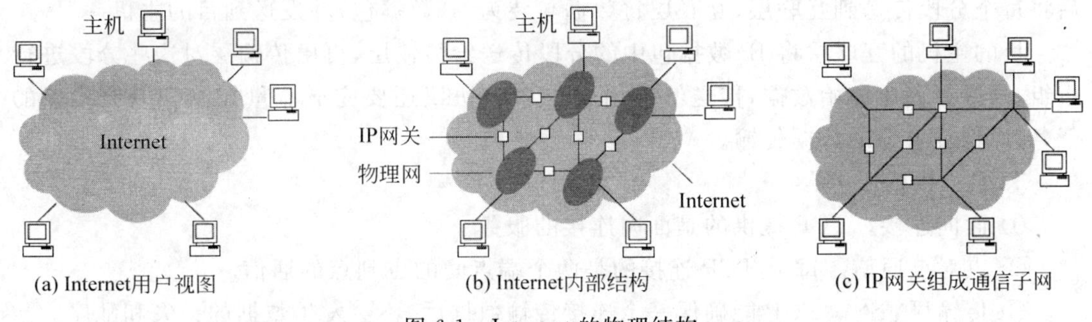

图 6-1 Internet 的物理结构

从图中可看出,用户并不是将自己的计算机直接连接到 Internet 上的,而是连接到其中的某个网络上(如校园网、企业网等),该网络再通过使用路由器等网络设备,并租用数据通信专线与广域网相连,成为 Internet 的一分子。

在 Internet 中,每台计算机连接到其中一个网络上。并且一个路由器至少与两个网络相连,一般是与更多的网络相连;而同一个网络上通常也总是连接了多个路由器。那么,同一个路由器分属于不同物理网络;而与同一物理网络相连的不同路由器的这些连接端点又属于同一物理网络。

2. Internet 协议结构与 TCP/IP

Internet 使用的是 TCP/IP 协议。TCP/IP 参考模型与 OSI 开放系统互联参考模型类似,也采用分层体系结构,自上而下分为四层。TCP/IP 并不仅仅包含 TCP 和 IP 两个协议,它是一组协议,所有的协议都包含在 TCP/IP 协议组的四个层次中。TCP/IP 与 OSI 七层参考模型的对应关系如图 6-2 所示。

TCP/IP参考模型	TCP/IP协议集	OSI参考模型
应用层	Telnet、FTP、SMTP、HTTP、Gopher、SNMP、DNS等	应用层
		表示层
		会话层
传输层	TCP、UDP	传输层
互联层	IP、ARP、RARP、ICMP	网络层
主机-网络层	Ethernet、X.25、ATM等	数据链路层
		物理层

图 6-2 TCP/IP 与 OSI 七层参考模型的对应关系

TCP/IP 是 Internet 的计算机都必须共同遵守的通信协议。它是一组协议的代名词，其核心协议是 TCP(传输控制协议)和 IP(互联网络协议)，除此之外它还包括许多别的协议，共同组成了 TCP/IP 协议簇。

(1) TCP(传输控制协议)。

TCP 协议是传输层一种面向连接的通信协议，提供可靠的数据传送。对于大量数据的传输，通常都要求有可靠的传送。TCP 协议将源主机应用层的数据分成多个分段，然后将每个分段传送到互联层，互联层将数据封装为 IP 数据包，并发送到目的主机。

目的主机的互联层将 IP 数据包中的分段传送给传输层，再由传输层对这些分段进行重组，最终还原成原始数据，传送给应用层。TCP 协议还要完成流量控制和差错检验的任务，以保证可靠的数据传输。

TCP 提供的服务：

① 面向连接。TCP 提供的是面向连接的服务。

② 点对点通信。每个 TCP 连接的是两个端点间的点到点的通信。

③ 传输可靠性。TCP 能确保一个连接传输数据后，不会发生数据的丢失和乱序。

④ 全双工通信。一个 TCP 允许数据以全双工方式进行通信，并允许应用程序在任意时刻发送数据。

⑤ 流接口。TCP 提供了一个流接口，一个应用程序可以利用它发送一个连续的字节流。

⑥ 可靠的连接建立。

⑦ 完美的连接终止。传输完数据，就请求终止连接。

在 TCP/IP 协议中，应用层创建的数据单元称为报文；TCP 或 UDP 创建的数据单元称为段；网络层创建的数据单元称为数据报。TCP 在通信时，发送端的 TCP 将长的传输划分为更小的数据单元，同时将每个数据单元组装成帧，它也称为段。每个段都包括一个用来在接收后重排的序列号、确认 ID 号及用于滑动窗口 ARQ 的窗口大小等字段。分段后的每个段都封装在 IP 数据报中。在接收端，TCP 收集每个到来的数据报，然后根据序列号进行重组。

TCP 和 UDP 用端口描述通信的进程，所以计算机网络中的端口是进程访问传输服务的访问点。TCP 或 UDP 的应用程序，都有标识该应用程序的端口号，即端口号用于区分各种应用。

端口号的长度是 16 位，所以可提供 $2^{16}=65\ 536$ 个不同的端口号。在 TCP 段的头部，有源端口地址和目标端口地址，它所指的就是端口号。Internet 分配号管理局公布了一个常用的端口号表，端口号 1～255 作为公共端口，是保留号，并将它公布于众，这样常用的进程对应哪个端口号就统一了。例如，HTTP 的端口号为 80；FTP 的端口号为 21；Telnet 的端口号为 23；SMTP 的端口号为 25；DNS 的端口号为 53 等。256～1024 用于 UNIX 服务。除保留端口号外，还自定义 1024～65 536 之间的本地分配端口号。本地分配方式不受网络规模的限制，但通信双方互相之间需要预先知道，如将 HTTP 的端口号分配为 8080。

IP 地址加上端口号构成了套接口。由于 IP 地址具有唯一性，而端口号对各个计算机也是唯一的，所以套接口也是唯一的。端口号是抽象的，它不指定某一特定的端口，而套接口却是具体的，是指向某一特定的端口，即确定的应用程序的地址，通信时可根据套接口让一个过程和另一个过程进行对话。有时会有多台计算机共享同一个目标计算机的套接口，这个过程称为多路复用。

在 TCP 协议中，通信双方是通过段来交换数据，TCP 段由 20B 的头部、一个选项和填充部分及数据部分组成。一个 TCP 段的长度一方面受 IP 数据报长度字节的限制，同时也受所在网络的最大传输单位的限制。需要传输的报文由上层应用程序生成，然后从高层传输到 TCP。传输层的 TCP 接收字节并把它们组合为 TCP 数据段，同时加上 TCP 段的头部信息。

TCP 协议在传输过程中，建立了三次握手的过程，如图 6-3 所示。

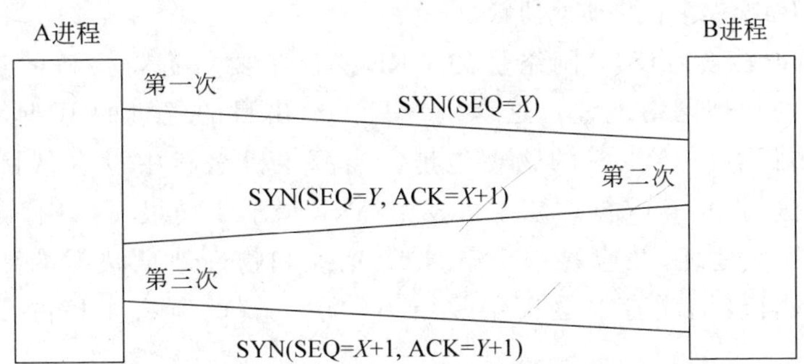

SYN(SEQ=X)表示一个TCP段，他的初始序号为X，SYN标志为1，ACK标志为0。
SYN(SEQ=Y, ACK=X+1)表示初始序号为Y，ACK标志为1，确认号为X+1

图 6-3 TCP 三次握手过程

第一次握手是 A 进程向 B 进程发出连接请求，包含 A 端的初始序号为 X；第二次握手是 B 进程收到请求后，发回连接确认，包含 B 端的初始序号 Y 和对 A 端的初始序号 X 的确认；第三次握手是 A 进程收到 B 进程的确认后，向 B 进程发送 $X+1$ 号数据，包括对

B 进程初始序号 Y 的确认。数据传输时，A 进程从它上层协议接收数据后，以递增序号的方式将数据分段封装并发送到 B 进程。B 进程通过将序号加 1 的确认数据报来确认该报文。TCP 连接释放过程和建立连接过程类似，同样使用三次握手方式进行释放。一方发出释放请求后并不立即断开连接，而是等待对方确认，对方收到请求后，发回确认报文，并释放连接，发送方收到确认后才拆除连接。

(2) UDP(用户数据报协议)。

用户数据报协议 UDP 是最简单的传输层协议，它和 IP 一样提供面向无连接、不可靠的数据报传输服务，唯一与 IP 不同的是，UDP 提供协议端口号，以保证进程间的通信。基于 UDP 的应用程序必须由高层解决问题，诸如报文丢失、报文重复、报文失序和流量控制等，UDP 只充当数据报的发送者或接收者。

因为 UDP 协议没有连接建立、释放连接过程和确认机制，因此数据传输速率较高，具有更高的优越性。它被广泛应用于如 IP 电话、网络会议、可视电话、现场直播、视频点播 VOD 等传输语音或影像等多媒体信息的场合。

(3) IP(互联网络协议)。

IP 协议的主要任务是对数据包进行寻址和路由选择，并从一个网络转发到另一个网络。IP 协议在每个发送的数据包前都加入了一个控制信息，其中包含了源主机 IP 地址和目的主机 IP 地址等信息。

IP 是一个无连接的协议，即主机之间事先不需建立用于可靠通信的端到端连接，源主机只是简单地将 IP 数据报发送出去。这样数据报在传输途中可能会丢失、重复或者次序发生混乱。因此，还必须要依靠高层的协议(如 TCP 协议)或应用程序实现数据报的可靠传输。

(4) TCP/IP 协议组中的其他协议。

① ARP(地址转换协议)：网络层的 ARP 协议主要负责将主机的逻辑地址(IP 地址)转换为相应的物理网络地址。这样用户只需给出目的主机的 IP 地址，就可以找出同一物理网络中任意一台主机的物理地址。当源主机缓存中没有某目标主机的地址映射时，就需要进行 ARP 解析。源主机发出 ARP 请求广播报文，只有被查找的目标主机可以识别它的 IP 地址，并应答一个自身 IP 地址和物理地址映射的数据包。源主机将这个映射存入自己的缓存。缓存中保留了它所了解的所有主机的 IP 地址和 MAC 地址的映射。

源主机在 ARP 请求报文中，同样包含源主机本身 IP 地址和物理地址映射关系，以避免目标主机再向源主机再请求一次 ARP。源主机以广播方式广播自己的地址映射关系，网络上所有主机都可以将它存入自己的缓存。一旦有新设备入网，都主动广播自己的地址映射。

② RARP(反向地址转换协议)：RARP 协议的功能是将主机的物理地址转换为 IP 地址，它广泛用于获取无盘工作站的 IP 地址。RARP 用于系统引导时，无法知道自己 IP 地址的主机。主机启动时、无盘工作站或拨号上网的计算机，它们的 IP 地址是不能从本机获得的。

无盘工作站因为没有自己的硬盘，而将IP地址存放到网络服务器中。但是，无盘工作站在启动引导时不知道自己的IP地址，它本身又需要在拥有IP地址的情况下才能和服务器通信，因而在操作系统运行之前，必须首先获得并使用IP地址才能从服务器中取得操作系统才能启动计算机。

③ ICMP(互联网控制报文协议)：IP协议除了“尽力传送”外，本身并不进行差错控制。因此，IP数据报在传输时有可能出现差错、故障和发生拥塞等情形。ICMP就是为IP协议提供差错报告和控制数据、处理路由、协助IP协议实现提出报文传送的控制机制，它可以发送关于所发IP数据报的有关问题报告，如目标或端口不可达，或者网络中出现拥塞等。

IP数据报携带源地址和目标地址，但它并不知道转发这个数据报的路由器地址，因此，ICMP只能将差错报文发送给源节点，而不是中间的路由器。ICMP唯一的功能是报告问题而不是纠正错误，纠正错误的任务由发送方完成。

④ 网际组报文协议(IGMP)：用于支持在主机和路由器进行组播，它可以让一个物理网络上的所有路由器知道当前网络中有哪些主机需要组播。组播路由器通过这些信息便可知道组播数据报应该向哪些接口转发。组播是将一份相同的报文同时发送给多个接收者的通信方式，它是一对多的通信。例如远程教育、视频点播等。IP寻址方式支持组播，所有以1110开头的(D类地址)都是组播地址，有超过250 000 000个地址用于分配。其中，有些地址是永久指定的。

⑤ FTP(文件传输协议)：FTP协议允许用户可以在本地机上以文件操作的方式(文件的增、删、改、查、传送等)与远程机之间进行相互通信。

⑥ TELNET(远程终端访问协议)：该协议允许本地主机作为仿真终端登录到远程的另一台主机上，把用户请求传送给远程主机，同时也能将远程主机的输出结果通过TCP连接返回到用户屏幕。

⑦ HTTP(超文本传输协议)：主要用于Internet中的客户机与WWW服务器之间的数据传输。

6.1.5　Intranet

1. Intranet概述

Intranet又称为企业内部网，是Internet技术在企业内部的应用。它实际上是采用Internet技术建立的企业内部网络，它的核心技术是基于Web的计算。Intranet的基本思想是，在内部网络上采用TCP/IP作为通信协议，利用Internet的Web模型作为标准信息平台，同时建立防火墙把内部网和Internet分开。当然Intranet并非一定要和Internet连接在一起，它完全可以自成一体作为一个独立的网络。

随着现代企业的发展越来越集团化，企业的分布也越来越广，遍布全国各地甚至跨越国界的公司越来越多，以后的公司将是集团化的大规模、专业性强的公司。这些集团化的公司需要及时了解各地的经营管理状况、制定符合各地不同的经营方向，公司内部人员更需要及时了解公司的策略性变化、公司人事情况、公司业务发展情况以及一些简单但又关键的文档，如通讯录、产品技术规格和价格、公司规章制度等信息。通常的公司使用如员工手册、报价单、办公指南、销售指南一类的印刷品。这类印刷品的生产既昂贵又耗时，而且不能直接送到员工手中。另外，这些资料无法经常更新，由于又费时又昂贵，很多公司在规章制度已经变动了的情况下，无法及时准确地通知下属员工执行新的规章。如何保证每个人都拥有最新最正确的版本，如何保证公司成员及时了解公司的策略和其他信息是否有改变，利用过去的技术，这些问题都难以解决。市场竞争激烈、变化快，企业必须经常进行调整和改变，而一些内部印发的资料甚至还未到员工手中就已过时了。浪费的不只是人力和物力，还浪费非常宝贵的时间。

解决这些问题的方法就是联网，建立企业的信息系统，如利用 E-mail 在公司内部发送邮件，建立信息管理系统。Internet 技术正是解决这些问题的有效方法。利用 Internet 各个方面的技术解决企业的不同问题，这样企业内部网 Intranet 诞生了。

2. Intranet 的基本组成

(1) 物理网络。

① 服务器：WWW 服务器、FTP 服务器、E-mail 服务器和数据库服务器等。

② 客户机：客户机包含浏览器、操作系统和网络软件。

③ 网络设备。

(2) 通信协议：使用 TCP/IP 协议。

(3) 网络应用程序：运行各种网络应用程序、网络管理软件、网络安全软件。

3. Intranet 技术

(1) 使用 TCP/IP 协议、分配 IP 地址、采用域名系统等，系统中还需要路由器等网络设备。

(2) 基于浏览器的应用开发技术。

(3) 数据库技术(数据库管理系统 DBMS、CGI、API、JDBC 等)。

(4) 安全控制技术。

防火墙、访问控制、身份认证、数据加密等。

(5) 其他技术。

代理服务器、网络地址转换、负载均衡等。

6.1.6 Extranet

Extranet 译为外部网或外联网，由多个各自独立的 Intranet 组成的外部网络，也使用 TCP/IP 协议。

Extranet 是由多个合作伙伴联合组建，它将 Intranet 的范围延伸到多个企业，甚至客户，目的是为了实现相互之间的信息交流、资源共享和合作经营，提高企业的经营和管理水平，加强竞争能力，更好地与生意伙伴进行合作。

在 Extranet 中，各个 Intranet 都有一部分信息相互可以共享，但对 Extranet 外部不完全公开，部分信息 Intranet 间是完全保密的。因此，Extranet 是介于 Internet 和 Intranet 之间的一种网络。

Extranet 通常是 Intranet 和 Internet 基础设施上的逻辑覆盖，仅用访问控制和路由表进行控制，而不是建立新的物理网络。Extranet 通常连接两个或多个已经存在的 Intranet，每个 Intranet 由分布在各地的多个 Web 和其他设施构成。Extranet 在其体系结构中需要标准性、灵活性、可扩展性和可扩充性来帮助企业建立自己的商业与其他应用。

6.2 Internet 地址结构

6.2.1 网际协议(IP)

网际协议(Internet Protocol,IP)不但为各个互联的网络提供统一的数据报格式，而且还提供寻址、路由选择、数据的分段和重组功能，它能将数据报从一个网络转发到另一个网络。

IP 协议以包为单位传输数据，Internet 中称为 IP 数据报。IP 协议提供的是不可靠的面向无连接的数据报服务，不管传送的数据报正确与否，都不进行检查，不回送确认，也没有流量控制和差错控制功能。IP 这种特性不是一种缺点，它提供了传输功能的主框架，用户可以根据需要在传输层对给定的应用添加必要的功能。

IP 数据报是一个可变长度的包(最小为 20 字节，最大 65 536 字节)。由头部和数据两部分组成，如图 6-4 所示。

<table>
<tr><td>版本号
4位</td><td>头部长度
4位</td><td>服务类型
8位</td><td colspan="2">数据报总长度
16位</td></tr>
<tr><td colspan="3">标识
16位</td><td>标志
3位</td><td>段偏移
13位</td></tr>
<tr><td colspan="2">生存周期
8位</td><td>协议类型
8位</td><td colspan="2">头部校验和
16位</td></tr>
<tr><td colspan="5">源IP地址
(32位)</td></tr>
<tr><td colspan="5">目标IP地址
(32位)</td></tr>
<tr><td colspan="5">选项
(32位)</td></tr>
</table>

图 6-4 IP 数据报

(1) 版本号：表示 IP 的版本，占 4 位。IPv4 的版本号二进制表示为 0100(十进制的 4)；IPv6 为 110。

(2) 头部长度：定义报文头部的长度，占 4 位，表示范围为十进制 0～15，它的值是行数(4 字节(32 位)为一行)。例如，如果 HLEN 的值为 5，则表示头部有 5 行，头部长度为 5×4＝20 个字节；如果值为 15，则表示头部长度为 15×4＝60 个字节。

(3) 总长度：占 16 位，表示 IP 数据报的总长度，216＝65 536 个字节。

(4) 生存周期 TTL 占 8 位，定义了数据报被丢弃前可以传输的跳数。源节点创建数据报时设置初值，传输中每经过一个路由器将这个值减 1，当值变为 0(超时)还没到目标节点，路由器则丢弃该数据报，同时给源节点发送一个报文。

(5) 源、目标 IP 地址，占 32 位，分别指明数据报的源节点和目标节点的 IP 地址。

(6) 选项字段占 32 位。每行 4 个字节，可以为 0～15 行(40 字节)。它为 IP 数据报提供了更多的功能，用来控制路由、时序、管理和定位等。

6.2.2 网络地址

Internet 将世界各地大大小小的公司网、政务网、校园网等不同网络互联起来，这些网络上又有数量不等的计算机接入，为了使用户能够方便、快捷地找到互联网上信息的提供者，或信息的目的地(两者统称为“主机”)，首先必须解决如何识别网络上主机的问题。在网络中，“主机”的识别依靠地址，就像发信件必须在信封上写上收发件人地址(地址是全世界唯一的)，所以 Internet 在统一全网的过程首先要解决地址统一的问题。Internet 采用一种全局通用的地址格式，为全网的每一个网络和每一台主机都分配一个 Internet 地址。IP 协议的重要功能就是处理在整个 Internet 网络中使用统一的地址，它相当于每台主机的名字。Internet 地址包括 IP 地址和域名地址两种不同的表示方式。

1. IP 地址

(1) IPv4 协议。

IP 协议第四版(简称 IPv4) 规定，每个 IP 地址由 32 位二进制数组成，如 10011010 11011101 11001100 00101101，为了方便理解和记忆，它采用了点分十进制标记法，即将 4 个字节的二进制数转换成 4 个十进制数值，每个数值小于等于 255，数值中间用“.”隔开，上述二进制可以表示为 154.221.204.45。例如，搜狐公司的网站服务器(www.sohu.com)在 Internet 上的地址是 101.227.172.11，邮箱服务器(mail.sohu.com)的地址是 220.181.90.34。具体格式如图 6-5 所示。

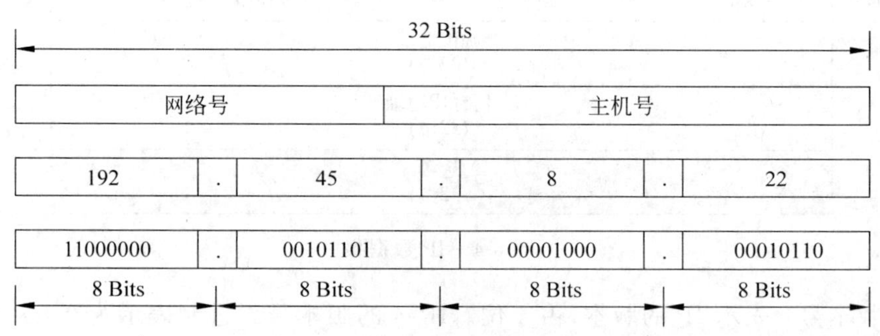

图 6-5 IP 地址组成

为了确保 IP 地址在 Internet 网上的唯一性，就像我们每家的住址也是全世界唯一的一样，IP 地址统一由美国的国防部数据网网络信息中心 DDNNIC 分配，对于美国以外的国家和地区，DDNNIC 又授权给世界各大区的网络信息分配。总之，要加入到 Internet，就必须申请到合法的 IP 地址。

(2) IP 地址的分类。

根据网络规模的不同，IP 分为以下五类：A 类、B 类、C 类、D 类和 E 类，划分方法如

图 6-6 所示。

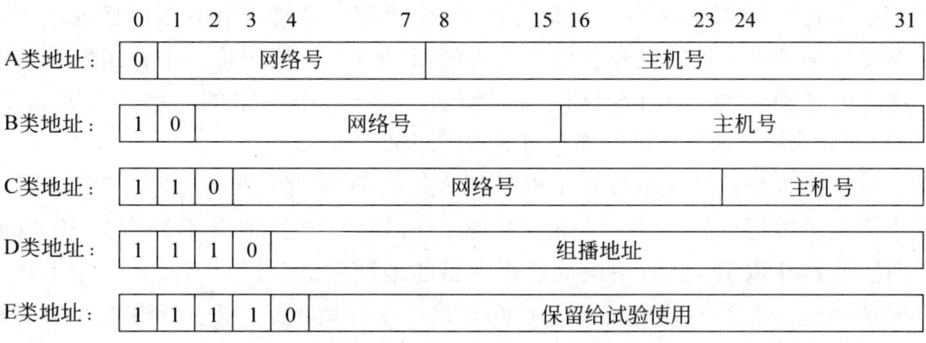

图 6-6 IP 地址划分原理

① A 类地址以 0 开头，它只用一个字节(8 位)表示网络号，后三个字节代表主机号，适合于大型网络。A 类网络号的二进制取值范围为 0000000～01111111，对应的十进制数值范围为 0～127。

IP 地址中规定，除了网络号的第一位指定的是 0 以外，其余 7 位全 0(00000000)和全 1(01111111) 的有特殊用途。因此用于 A 类地址的网络号取值为 0000001～01111110，即十进制的 1～126。所以，真正可以分配给用户的 A 类 IP 地址的范围为 1.0.0.1～126.255.255.254。

② B 类地址以 10 开头，前两个字节代表网络号，后两个字节代表主机号，可分配给用户的 B 类地址范围为 128.0.0.1～191.255.255.254。

③ C 类地址以 110 开头，前 3 个字节代表网络号，最后一个字节代表主机号。用于规模较小的局域网。第一个字节的十进制取值范围为 192～223。

④ D 类地址以 1110 开头，是留给组播地址用的。组播只允许发送给一个选定的子集。D 类地址第一个字节的十进制取值范围为 223～239。

⑤ E 类地址以 1111 开头，是保留地址，其第一个字节的十进制取值范围为 240～255。具体分类和应用如表 6-1 所示。

表 6-1 IP 地址分类表

分类	第一字节数字范围	应　　用	主　机　数
A	1～126	大型网络	约 16 000 万台
B	128～191	中等规模网络	65 500 台左右
C	192～223	小型局域网	254 台
D	224～239	备用	
E	240～254	Internet 实验和开发	

(3) 几种特殊的 IP 地址。

① 网络地址。主机号各位全为 0 的 IP 地址不能分配给主机使用，它是用来标识本网络的网络地址。例如，C 类 202.102.192.68，网络号占 24 位，主机号占 8 位，因此它的

网络地址是 202.102.192.0，主机号是 68。

② 广播地址。IP 具有两种广播地址形式，即直接广播地址和有限广播地址。

- 直接广播地址：是主机号各位全为 1 的 IP 地址，它用于将一个分组发送给特定网络上的所有主机，即对全网广播。例如，一个 C 类网络的网络地址是 202.102.192.0，则该子网的直接广播地址是 202.102.192.255。
- 有限广播地址：是网络号和主机号都为 1 的 IP 地址(即 255.255.255.255)，它对当前网络进行广播。当一台主机在运行引导程序时，但又不知道其 IP 地址需要向服务器获取 IP，这时用该地址作为目的地址发送分组。

③ 回送地址。A 类网络地址 127.0.0.1 是一个保留地址，用于网络软件测试及本地机进程间通信，叫做回送地址。任何一个 IP 数据报，若它的目的地址是回送地址，TCP/IP 协议软件不会将该数据报在网络传播，而是直接返回本机。我们也可以在命令模式下执行 ping 127.0.0.11 程序来查看计算机是否安装 TCP/IP 协议。

④ 本地地址。如果一个公司网络不需要接入到因特网上，但需要在其网络上运行 TCP/IP 协议，最佳选择是使用本地地址。本地地址不需要从因特网管理机构申请，任何组织都可以使用这些地址。这些地址在一个组织内部是唯一的，但从全局来看却不是唯一的。同时，本地地址只可以在局域网内部使用，因特网的路由器不转发目标地址为本地地址的数据报。各类地址如表 6-2 所示。

表 6-2 特殊 IP 地址

网络号	主机号	地址类型	举例	用途
全 0	全 0	本机地址	0.0.0.0	启动时使用
任意	全 0	网络号	61.0.0.0	标识一个网络
任意	全 1	直接广播地址	129.21.255.255	在特定网上广播
全 1	全 1	有限广播地址	255.255.255.255	在本网段上广播
第一段为 127	任意	回送地址	127.0.0.1	测试
A 类私有地址	10.0.0.1～10.255.255.254			保留的内部地址
B 类私有地址	172.16.0.1～172.31.255.254			保留的内部地址
C 类私有地址	192.168.0.1～192.168.255.254			保留的内部地址

(4) 子网掩码。

在数据的传递过程中，需要根据发送数据的主机的 IP 地址确定该主机的网络地址，TCP/IP 体系用子网掩码来区分 IP 地址中的网络地址和主机地址，子网掩码由一连串的 1 和一连串的 0 组成，1 对应于 IP 地址中网络地址字段，而 0 对应于主机地址字段，为了使用方便，子网掩码也采用 IP 地址的点分十进制方法。不同类型的 IP 地址对应的默认子网掩码如下：

① 对于 A 类网络，标准的子网掩码为 255.0.0.0。

② 对于 B 类网络，标准的子网掩码为 255.255.0.0。

③ 对于C类网络，标准的子网掩码为255.255.255.0。

有时为了表示方便，通常在IP地址后加一个"/网络号和子网号位数"。例如，210.45.12.58/28就表示该IP地址的网络号和子网号共占用28位，主机号占用32－28＝4位。如果用二进制数表示法表示，则子网屏蔽码为11111111. 11111111. 11111111. 11110000，用点分十进制数表示法表示为255.255.255.240。

通过子网掩码和IP地址可以确定主机所在的网络地址和主机地址，方法如下：

① 将子网掩码和IP地址转换为二进制的形式。

② 讲IP地址与子网掩码进行与运算，得到IP地址的网络号。

③ 将子网掩码取反后再与IP地址进行与运算，得到IP地址的主机号。

如某IP地址为192.168.10.50，掩码为255.255.255.0，其网络号位192.168.10.0，主机地址为0.0.0.50。

(5) IPv6。

目前使用的第二代互联网IPv4技术，核心技术属于美国。它的最大问题是网络地址资源有限，从理论上讲，编址1600万个网络、40亿台主机。但采用A、B、C三类编址方式后，可用的网络地址和主机地址的数目大打折扣，以至IP地址已于2011年2月3日分配完毕。其中北美占有3/4，约30亿个，而人口最多的亚洲只有不到4亿个，到2008年，中国的IPv4地址数量超过1亿，达到世界第二位，相比中国的计算机上网总数仍然非常紧缺。

一方面是地址资源数量的限制，另一方面是随着电子技术及网络技术的发展，计算机网络将进入人们的日常生活，可能身边的每一样东西都需要连入全球因特网。在这样的环境下，IPv6应运而生。单从数量级上来说，IPv6所拥有的地址容量是IPv4的约8×10^{28}倍，达到2^{128}个。这不但解决了网络地址资源数量的问题，同时也为除电脑外的设备连入互联网在数量限制上扫清了障碍。当前主流的操作系统Windows 7、Windows 8、iOS7均支持IPv6。

(6) 默认网关。

两个远程网络通信时，主机可以通过默认网关(Default Gateway)将数据发送到不同网络号的目标主机，它是远程网络通信的接口。因此在计算机的"Internet协议(TCP/IP)"的配置中，如果没有指定默认网关，则通信仅局限于本地网络。

默认网关可以由本地网络中的某台计算机兼任，也可以使用路由器，但路由器是一种专用的、智能性的网络硬件设备。一般内部网关用于单位内部局域网之间的通信，而外部网络之间的通信则选用外部网关。

2. 域名系统

通常情况下，数字形式IP地址很难记忆，因此，Internet引入域名服务系统DNS。这是一个分层定义和分布式管理的命名系统，它是由解析器以及域名服务器组成的。域名服务器是指保存有该网络中所有主机的域名和对应IP地址，并具有将域名转换为IP地址功能的服务器。域名相对于IP地址来说是一种更为高级的地址形式，一个IP地址可对应多个域名。

Internet的顶级域名由Internet网络协会负责域名注册、查询、网络地址分配的委员会进行登记和管理，它还为 Internet 的每一台主机分配唯一的 IP 地址。全世界现有三个大的网络信息中心，即位于美国的 Inter-NIC，负责美国及其他地区；位于荷兰的 RIPE-NIC，负责欧洲地区；位于日本的 APNIC，负责亚太地区。主要顶级域名如表 6-3 所示。

表 6-3 顶级域名代码及含义

域名代码	含义	域名代码	含义
com	商业组织	net	网络支持中心
edu	教育机构	org	其他组织
gov	政府部门	arpa	临时 ARPA(未用)
mil	军事部门	int	国际组织

通常 Internet 主机域名的一般结构为：主机名.三级域名.二级域名.顶级域名。自右向左分别为最高层域名、机构名、网络名、主机名。例如，www.usl.edu.cn 域名表示中国(cn)教育机构(edu)硅湖学院(edu，该名称由学院向互联网管理中心申请)的一台网站服务器(www)。部分机构的域名及其对应的 IP 地址，如表 6-4 所示。

表 6-4 部分域名与 IP 地址对照表实例

位置	域名	IP 地址	地址类别
中国教育科研网	cer.edu.cn	202.113.0.36	C
清华大学	tsinghua.edu.cn	166.111.250.2	B
北京大学	pku.edu.cn	162.105.129.30	B
搜狐公司	sohu.com	220.181.90.24	C
南京政府	nanjing.gov.cn	221.226.86.196	C

6.2.3 IP 地址的配置和管理

IP 地址的配置管理有以下几种方法：

1. 静态 IP 地址

静态 IP 地址由网络用户或管理员手工对每一台主机 TCP/IP 协议的相关选项(IP 地址、子网掩码、默认网关和 DNS 服务器等)进行配置。

静态 IP 地址有公有地址和私有地址两类，公有地址网络外用户在任何地方都能访问，但需要到指定的机构去申请；而私有地址只在局域网内部使用，外部网络不能访问它们。

2. 动态 IP 地址

动态 IP 地址由 DHCP 服务器动态分配。请求 DHCP 服务的主机，每次入网时所得到的 IP 地址可能不同，这是因为 DHCP 服务器将地址池中的某个地址临时分配给主机，主机使用结束后又由 DHCP 服务器收回，供其他主机使用。

3. 自动专用 IP 地址

自动专用 IP 地址 APIPA 是 Windows 2000 的一个增强功能。它用于虽然有 DHCP 服务器,但因为诸如 DHCP 服务器未开启、DHCP 服务器有故障或 IP 地址池中的 IP 地址已用完等情况,这时 Windows 2000 自动产生一个专用的 IP 地址(范围为 169.254.0.1～169.254.255.254),并用广播的方式将这个地址发送到网络上,当有用户使用这个 IP 地址后,则产生一个新的专用 IP 地址。

6.3 子网的划分与配置

A 类、B 类和 C 类 IP 地址是经常使用的 IP 地址,它们适用于不同的网络规模。一个 A 类网络可以容纳 1600 万台主机,而一个 C 类网络仅仅可以容纳 254 台主机。IPv4 地址基本已用完,地址空间紧张。随着计算机的发展和网络技术的进步,个人计算机应用迅速普及,小型网络越来越多,这些网络多则拥有几十台主机,少则拥有两三台主机。所以当单位是一个小型网络时,分配给它一个完整的 C 类地址(254 个 IP)是一种浪费,所以可以将每一个 C 类地址划分为几个子网给多个单位使用。

6.3.1 子网划分的作用

对一个网络划分为若干子网,有如下几个作用:

1. 可以连接不同的网络

当一个单位的网络是由几个不同类型的网络组成的,如以太网、令牌环网等,那么必须将它们划分为不同的子网,每一个子网需要有自己的网络地址,并由路由器等网络互联设备将它们互联起来,如图 6-7 所示。

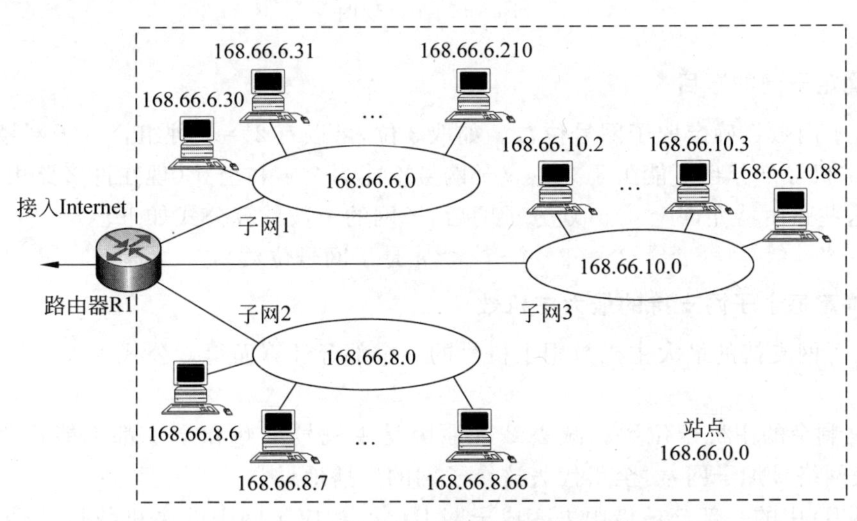

图 6-7 划分子网后的网络

划分子网后,Internet 上的其他部分并没意识到该网络被分成了三个子网。三个子网对外仍为一个网络，对内部而言，它被分为不同的子网。例如，Internet 上的用户发送数据报给 168.66.10.2，其目的地址是一个 B 类地址。它先到达路由器 R1，168.66 是它的网络号，而 10.2 是它的主机号。但到达路由器 R1 后，对 IP 地址的解析有了变化，它要根据子网号决定数据报的路径。在 168.66.10.2 中，子网号为 10，因此，它将数据报送到子网 3，最后到达目标主机。

2. 重新组合网络的通信量，便于管理

划分子网后，可以将对网络带宽要求较高的应用程序和主机，用网络段分开，这样可以减轻网络拥挤，提高网络性能。

3. 减轻网络地址数不够的负担

例如，一个 C 类地址中，可容纳的主机数可以有 254 个，但实际应用中许多单位不会有那么多对外提供服务的主机。因此，可以将一个 C 类网络分为若干子网，一个单位分配一个子网，这样就可以节省 IP 地址。

4. 更有效地使用网络地址

IP 地址资源非常紧缺，利用子网划分技术，还可以将一系列相关的主机集成到一个网络段，共用一个 IP 地址，在进行信息传输时，只要区分是本地网络还是外部网络就可以了。

6.3.2 子网划分的方法

子网划分可以从 IP 地址的主机号前面部分“借”位，并把它们指定为子网号。如图 6-8 所示。

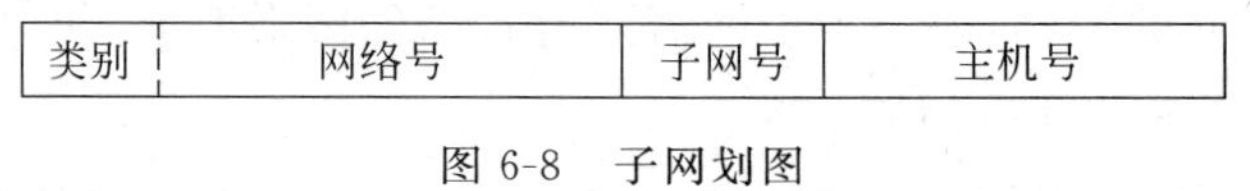

图 6-8 子网划图

1. 确定子网的数目

根据子网数目确定取子网号位数。如取 3 位，可以有 $2^3=8$ 种组合。子网号必须是 2 位以上，主机号部分也不能少于 2 位。子网号不能为全 1 和全 0（现在许多路由协议支持 0 子网，这些路由器允许全 0）。划分子网后，子网的个数计算公式如下：

$$2^n-2 \quad (n \geqslant 2, n \text{ 是子网号位数})$$

2. 确定每个子网支持的最大主机数

每个子网支持的最大主机数用主机号的剩余部分计算而得。公式为：

$$2^n-2$$

其中，n 是剩余的主机号位数。减去 2 的原因是主机号全 0 和全 1 都不能作为主机号。全 0 代表网络号加子网号，全 1 代表这个子网的广播地址。

主机 ID 中的一部分被借用去变成子网 ID 后，相应子网中的主机数目就会减少。例如，一个 C 类网络，如果借用 2 位作为子网号，那么剩下的 6 位表示子网中的主机，可以容纳的主机数为 62 台；如果借用 3 位作为子网号，则 5 位来表示子网中的主机，可以容纳的主机数也就减少到 30 台。

3. 划分子网后的子网掩码

划分子网后的子网掩码会有改变，它将子网 ID 号对应位也变为 1 后作为新的子网掩码。

例如，对于 B 类地址，如果取主机号的前三位作为子网号，则相应的子网掩码变化如下。

划分前：11111111.11111111.00000000.00000000，十进制为 255.255.0.0

划分后：11111111.11111111.11100000.00000000，十进制为 255.255.224.0

4. 为每个子网确定地址段

确定好子网号的位数后，需要计算出每个子网的起始地址、结束地址、子网的网络 ID、子网的广播地址。

【例 6.1】 设有一个 C 类网络，其网络号为 211.70.248.0，现需要将它划分为 5 个子网，每个子网的主机数不超过 30 个，并假设路由协议支持 0 子网。请计算每个子网的网络地址、起始地址、结束地址和子网的广播地址，并计算出划分子网后的子网掩码。

解：根据题意，因为要划分 5 个子网，所以需要从主机 ID 中取前 3 位($2^3-2=6$)作为子网 ID。又因为路由协议支持 0 子网。因此实际可划分为 7 个子网。主机号剩余 5 位，每个子网可容纳的主机数为 $2^5-2=30$，满足题意要求。

划分子网后的子网掩码为：11111111.11111111.11111111.11100000

对应的十进制为：255.255.255.224

第一个子网的编址如下：

```
11010011.01000110.11111000.00000000
    (211.70.248.0),子网网络号
11010011.01000110.11111000.00000001
    (211.70.248.1),开始地址
11010011.01000110.11111000.00000010
    (211.70.248.2)
  ……
11010011.01000110.11111000.00011110
    (211.70.248.30),结束地址
11010011.01000110.11111000.00011111
    (211.70.248.31) ,子网广播地址
```

第二个子网的编址如下：

```
11010011.01000110.11111000.00100000
    (211.70.248.32),子网网络号
11010011.01000110.11111000.00100001
    (211.70.248.33),开始地址
11010011.01000110.11111000.00100010
    (211.70.248.34)
```

……

11010011.01000110.11111000.00111110

(211.70.248.60),结束地址

11010011.01000110.11111000.00111111

(211.70.248.61),子网广播地址

依此类推,可以得到全部七个子网的编址,如图 6-9 所示。

子网号	子网网络ID	开始地址	结束地址	子网广播地址
000	211.70.248.0	211.70.248.1	211.70.248.30	211.70.248.31
001	211.70.248.32	211.70.248.33	211.70.248.62	211.70.248.63
010	211.70.248.64	211.70.248.65	211.70.248.94	211.70.248.95
011	211.70.248.96	211.70.248.97	211.70.248.126	211.70.248.127
100	211.70.248.128	211.70.248.129	211.70.248.158	211.70.248.159
101	211.70.248.160	211.70.248.161	211.70.248.190	211.70.248.191
110	211.70.248.192	211.70.248.193	211.70.248.222	211.70.248.223
111	Network/Address	N/A	N/A	N/A

图 6-9 子网划图

子网划分好后,可按图 6-9 所示分配给 7 个单位使用,每个子网的子网掩码都是 255.255.255.224。

如果主机使用默认子网掩码 255.255.255.0,是不能分出各个子网的,它们被认为是同一个网络。

说明:解决 IPv4 地址不足的办法还有可变长子网掩码(VLSM)、非类域间路由(CIDR)和网络地址转换(NAT)等技术,解决问题的根本方法是采用 IPv6。

6.4 上机实践

实验一 创建 Ineranet 信息网站

实验目的

1. 掌握安装 IIS(Internet 信息服务)的方法。

2. 熟悉通过"Internet 信息服务"的管理器创建 Web 服务器,建立虚拟目录和发布主页的方法。

实验环境

带 Windows 2000 Server 操作系统的计算机。

实验内容

1. 在 Windows 2000 Server 操作系统的计算机上安装 IIS(Internet 信息服务)。
2. 通过"Internet 信息服务"的管理器创建 Web 服务器,并创建虚拟目录。
3. 发布主页或程序,并启动 Web 站点的服务。

4. 修改 Web 站点的属性，并测试 Web 站点。

实验二 安装和配置 DNS 服务器

实验目的

1. 熟练掌握 DNS 的安装和配置方法。
2. 会设置 DNS 服务器。

实验环境

带 Windows 2000 Server 操作系统的计算机。

实验内容

1. 建立域控制器。

安装 DNS 服务器，必须先建立域控制器。域控制器的建立步骤：

选择"开始"→"程序"→"管理工具"→"配置服务器"选项，然后单击窗口右下方的"返回服务器"选项页，选择第一项"这是网络中唯一的服务器"，单击"下一步"按钮，然后在下一个窗口中输入域名，随后系统开始配置和安装 Windows 组件，安装完成后会重新启动计算机。

2. 安装配置 DNS 服务器。

选择"开始"→"程序"→"管理工具"→"DNS"选项，在该窗口中，选中要添加主机的正向区域，右击，选择"新建主机"命令，在弹出窗口的名称栏和 IP 地址栏输入相应的主机名和 IP 地址。

主机记录建立好后，通过 ping 命令进行测试。

6.5 习 题

一、填空题

1. 将域名转换为 IP 地址称为________，它由________协议完成；将 IP 地址转换为 MAC 地址称为________，它由________协议完成。

2. ________地址由网络用户或管理员手工对每一台主机 TCP/IP 协议的相关选项进行配置。________由 DHCP 服务器动态分配。

3. A 类 IP 地址第一个字节的取值范围________；B 类 IP 地址第一个字节的取值范围________；C 类 IP 地址第一个字节的取值范围________。

4. TCP 中文名称是________，它在网络的________层工作；UDP 中文名称是________，它在网络的________层工作；FTP 中文名称是________，它在网络的________层工作。

5. Internet 地址包括________和域________两种不同的表示。

6. Internet、Intranet 和 Extranet 分别称为________、________、________。

二、选择题

1. 无盘工作站向服务器申请 IP 地址时，使用的是(　　)协议。

A. ARP　　B. RARP　　C. ICMP　　D. IGMP

2. 子网掩码产生在哪一层？(　　)

A. 表示层　　B. 网络层　　C. 传输层　　D. 会话层

3. 当一台主机从一个网络移到另一个网络时，以下说法正确的是(　　)。

A. 必须改变它的 IP 地址和 MAC 地址

B. 必须改变它的 IP 地址，但不需改动 MAC 地址

C. 必须改变它的 MAC 地址，但不需改动 IP 地址

D. MAC 地址、IP 地址都不需改动

4. 网段地址 154.27.0.0 的网络，若不做子网划分，能支持(　　)台主机。

A. 254　　B. 1024　　C. 65 533　　D. 16 777

5. 基于 UDP 协议的应用程序是(　　)。

A. TELNET　　B. HTTP

C. SMTP　　D. RIP、TFTP、SNMP

6. 保留给程序员自环测试的 IP 地址是(　　)。

A. 164.0.0.1　　B. 130.0.0.1　　C. 200.0.0.1　　D. 127.0.0.1

7. 某公司申请到一个 C 类 IP 地址，现要连接 6 个子公司，最大的一个子公司有 26 台计算机，每个子公司在一个网段中，则子网掩码应设为(　　)。

A. 255.255.255.0　　B. 255.255.255.128

C. 255.255.255.192　　D. 255.255.255.224

8. B 类地址的默认掩码是(　　)。

A. 255.0.0.0　　B. 255.255.0.0

C. 255.255.0.0　　D. 255.255.255.0

9. TCP 和 UDP 协议的相似之处是(　　)。

A. 传输层协议　　B. 面向连接的协议

C. 面向非连接的协议　　D. 以上均不对

10. IP 协议的特征是(　　)。

A. 可靠，无连接　　B. 不可靠，无连接

C. 可靠，面向连接　　D. 不可靠，面向连接

11. C 类地址最大可能子网 ID 位数是(　　)。

A. 6　　B. 8　　C. 12　　D. 14

12. (　　)是一种广播，主机通过它可以动态发现对应于一个 IP 地址的 MAC 地址。

A. ARP　　B. DNS　　C. ICMP　　D. RARP

13. 目前网络设备的 MAC 地址由________位二进制数字构成，IP 地址由________位二进制数字构成。(　　)

A. 48,16　　B. 64,32　　C. 48,32　　D. 48,48

14. 划分子网是在 IP 地址的(　　)部分。

A. 网段 ID　　B. 主机 ID　　C. 子网 ID　　D. 默认子网掩码

15. RARP 的作用是(　　)。

A. 将自己的 IP 地址转换为 MAC 地址

B. 将对方的 IP 地址转换为 MAC 地址

C. 将对方的 MAC 地址转换为 IP 地址

D. 知道自己的 MAC 地址，通过 RARP 协议得到自己的 IP 地址

16. 一个 B 类地址网大约能有（ ）台主机。

A. 254　　B. 16K　　C. 63K　　D. 2M

17. 网络层协议（ ）可以提供错误报告和其他回送给源站点关于 IP 数据报处理情况的消息。

A. TCP　　B. UDP　　C. ICMP　　D. IGMP

18. A 类地址第一个字节的范围是（ ）。

A. 0～126　　B. 0～127　　C. 1～126　　D. 1～127

19. 一个 B 类 IP 地址最多可用（ ）位来划分子网。

A. 8　　B. 14　　C. 16　　D. 22

20. 子网掩码 255.255.192.0 的二进制表示为（ ）。

A. 11111111 11110000 0000000 00000000

B. 11111111 11111111 00001111 00000000

C. 11111111 11111111 11000000 00000000

D. 11111111 11111111 11111111 00000000

21. IP 地址和它的子网掩码“相与”运算后，所得的是此 IP 地址的（ ）。

A. A 类地址　　B. 主机 ID　　C. 网络 ID　　D. 解析地址

22. 现将一个 C 类地址划分为 9 个子网，每个子网最多 14 台主机，下列（ ）是合适的子网掩码。

A. 255.255.224.0　　B. 255.255.255.224

C. 255.255.255.240　　D. 没有合适的子网掩码

23. UDP 段通过使用（ ）来保证可靠性。

A. 网际协议　　B. 应用层协议　　C. 网络层协议　　D. 传输控制协议

24. （ ）地址用来支持多播。

A. A 类　　B. B 类　　C. E 类　　D. 以上都不是

25. 关于 IP 主机地址，下列说法正确的是（ ）。

A. IP 地址主机部分可以全 1 也可以全 0

B. IP 地址网络 ID 部分可以全 1 也可以全 0

C. IP 地址网络 ID 部分不可以全 1 也不可以全 0

D. IP 地址可以全 1 也可以全 0

26. IP 地址 205.140.36.88 的（ ）表示主机 ID。

A. 205　　B. 205.140　　C. 88　　D. 36.88

27. IP 地址 129.66.51.37 的（ ）表示网络 ID。

A. 129.66　　B. 129　　C. 192.66.51　　D. 37

28. IP 地址 190.233.27.13 是(　　)类地址。
A. A　　B. B　　C. C　　D. D

29. 一个 B 类 IP 地址,使用主机 ID 中 5 位划分子网,则每个子网最多可以有(　　)台主机。
A. 510　　B. 512　　C. 1022　　D. 2046

30. FTP 工作于(　　)。
A. 网络层　　B. 传输层　　C. 会话层　　D. 应用层

31. DNS 的作用是(　　)。
A. 为客户机分配 IP 地址　　B. 访问 HTTP 的应用程序
C. 将域名解析为 IP 地址　　D. 将 MAC 地址解析为 IP 地址

32. 要从一台主机远程登录到另一台主机,使用的应用程序为(　　)。
A. HTTP　　B. PING　　C. TELNET　　D. TRACERT

33. 应用层的(　　)协议提供文件传输服务。
A. FTP　　B. Telnet　　C. HTTP　　D. SNMP

34. DNS 工作于(　　)。
A. 传输层　　B. 会话层　　C. 表示层　　D. 应用层

三、问答题

1. 什么是 Intranet? 什么是 Extranet?
2. Internet 的技术特点有哪些? 能提供哪些主要应用和服务?
3. 你知道的 TCP/IP 协议中有哪些应用层协议?
4. TCP 和 UDP 都是传输层协议,它们主要有什么区别?
5. IP 地址分为哪几类? 每类的第一字节的十进制数值范围分别为多少?
6. 可分配给用户的 A、B 和 C 类地址的地址范围是多少? 保留的内部地址的范围是多少?
7. 子网掩码有什么作用?
8. 网际控制报文协议(ICMP)有什么作用?
9. 划分子网有什么作用?
10. 什么是端口号和套接口? 它们有什么作用?
11. 请叙述 TCP 建立连接时的 3 次握手过程。
12. 简单叙述 TCP 工作流程。
13. 假设某单位已从 NIC 处得到一个 C 类 IP 地址 211.70.248.0,现根据需要将它划分为 12 个不同的子网,每个子网主机数不超过 14 台。请确定每个子网的网络地址、开始和结束地址及广播地址,并计算出该网络的子网掩码。
14. 现需要对一个局域网进行子网划分,其中,第一个子网包含 2 台计算机;第二个子网包含 260 台计算机;第三个子网包含 62 台计算机。如果分配给该局域网一个 B 类地址 128.168.0.0,请写出 IP 地址分配方案。
15. 一个小公司有五个部门,其中,部门一有 10 台 PC(主机)、部门二有 20 台、部门三有 30 台、部门四有 15 台、部门五有 20 台,CIO 分配了一个总的网段 192.168.2.0/24 给你,如何划分单独的网段?

第7章　常用网络设备及选型

学习场景

在信息化时代，每个企业、学校、政府机构都需要组建自己的网络，实施信息化管理，以适应时代的发展。而组建完整的计算机网络需要多种网络硬件设备和系统软件，包括交换机、路由器、服务器、网络操作系统以及存储系统等，设备种类、特点、品牌繁多，根据网络需求分析和扩展性要求，选择合适的网络设备，是构建一个完整的计算机网络系统非常关键的一环。

学习目标

- 了解交换机、路由器、宽带路由器、服务器等设备的性能指标和主流产品。
- 掌握交换机、路由器、宽带路由器、服务器等设备的选型方法和技巧。
- 了解网络操作系统和网络数据库的性能指标和主流产品。
- 掌握网络操作系统和网络数据库的选型方法和技巧。
- 能根据企业的实际需求选择合适的网络设备。

7.1　交换机及其选型

7.1.1　交换机简介

交换机(Switch)意为“开关”是一种用于电(光)信号转发的网络设备。它可以为接入交换机的任意两个网络节点提供独享的电信号通路，最常见的交换机是以太网交换机。

交换机是集线器的换代产品，其作用也是将传输介质的线缆汇聚在一起，以实现计算机的连接。但集线器工作在OSI模型的第1层，即物理层，而交换机工作于OSI参考模型的第2层，即数据链路层。交换机内部的CPU会在每个端口成功连接时，通过将MAC地址和端口对应，形成一张MAC表。在今后的通信中，发往该MAC地址的数据包将仅送往其对应的端口，而不是所有的端口。因此，交换机可用于划分数据链路层广播，即冲突域，但它不能划分网络层广播，即广播域。

交换机在同一时刻可进行多个端口对之间的数据传输。每一端口都可视为独立的物理网段，连接在其上的网络设备独自享有全部的带宽，无须同其他设备竞争使用。当节点A向节点D发送数据时，节点B可同时向节点C发送数据，而且这两个传输都享有网络的全部带宽,都有着自己的虚拟连接。假使这里使用的是 100Mbps 的以太网交换机,那么该交换机这时的总流通量就等于 2×100Mbps=200Mbps,而使用 100Mbps 的共享式集线器时,一个集线器的总流通量也不会超出 100Mbps。总之,交换机是一种基于 MAC 地址识别,能完成封装转发数据帧功能的网络设备。交换机可以"学习"MAC 地址,并把其存放在内部地址表中,通过在数据帧的始发者和目标接收者之间建立临时的交换路径,使数据帧直接由源地址到达目的地址。

交换机在网络中的作用主要表现在以下几方面:

1. 提供网络接口

交换机在网络中最重要的应用就是提供网络接口,所有网络设备的互联都必须借助交换机才能实现。主要包括:

(1) 连接交换机、路由器、防火墙和无线接入点等网络设备。

(2) 连接计算机、服务器等计算机设备。

(3) 连接网络打印机、网络摄像头、IP 电话等其他网络终端。

2. 扩充网络接口

尽管有的交换机拥有较多数量的端口(如 48 口),但是当网络规模较大时,一台交换机所能提供的网络接口数量往往不够。此时,就必须将两台或更多台交换机连接在一起,从而成倍地扩充网络接口。

3. 扩展网络范围

交换机与计算机或其他网络设备是依靠传输介质连接在一起的,而每种传输介质的传输距离都是有限的,根据网络技术不同,同一种传输介质的传输距离也是不同的。当网络覆盖范围较大时,必须借助交换机进行中继,以成倍地扩展网络传输距离,增大网络覆盖范围。

7.1.2 交换机的分类

根据不同的标准,可以对交换机进行不同的分类。不同种类的交换机其功能特点和应用范围也有所不同,应当根据具体的网络环境和实际需求进行选择。

1. 可网管交换机和傻瓜交换机

以交换机是否可管理,可以将交换机划分为可网管交换机和傻瓜交换机两种类型。

(1) 可网管交换机。

可网管交换机也称智能交换机,它拥有独立的操作系统,且可以进行配置与管理。一台可网管的交换机在正面或背面一般有一个网管配置 Console 接口,现在的交换机控制台端口一般采用 RJ-45 端口,如图 7-1 所示。可管理型交换机便于网络监控、流量分析,但成本也相对较高。大中型网络在汇聚层应该选择可管理型交换机,

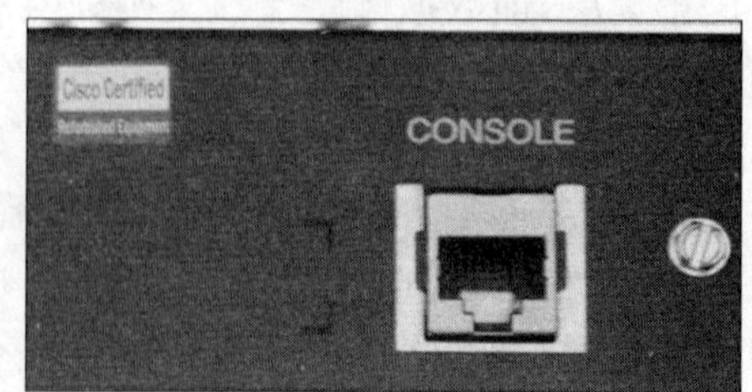

图 7-1 RJ-45 控制端口

在接入层视应用需要而定，核心层交换机则全部是可管理型交换机。

(2) 傻瓜交换机。

傻瓜交换机是不能进行配置与管理的交换机，也称为不可网管交换机。如果局域网对安全性要求不是很高，接入层交换机可以选用傻瓜交换机。由于傻瓜交换机价格非常便宜，被广泛应用于低端网络(如学生机房、网吧等)的接入层，用于提供大量的网络接口。

2. 固定端口交换机和模块化交换机

以交换机的结构为标准，交换机可分为固定端口交换机和模块化交换机两种不同的结构。

(1) 固定端口交换机。

固定端口交换机只能提供有限数量的端口和固定类型的接口(如 100Base-T、1000Base-T 或 GBIC、SFP 插槽)。一般的端口标准是 8 端口、16 端口、24 端口、48 端口等。固定端口交换机通常作为接入层交换机，为终端用户提供网络接入，或作为汇聚层交换机，实现与接入层交换机之间的连接。如图 7-2 所示，为 Cisco Catalyst 3560 系列固定端口交换机。如果交换机拥有 GBIC、SFP 插槽，也可以通过采用不同类型的 GBIC、SFP 模块(如 1000Base-SX、1000Base-LX、1000Base-T 等)来适应多种类型的传输介质，从而拥有一定程度的灵活性。

图 7-2　Cisco Catalyst 3560 系列交换机

(2) 模块化交换机。

模块化交换机也称机箱交换机，拥有更大的灵活性和可扩充性。用户可任意选择不同数量、不同速率和不同接口类型的模块，以适应千变万化的网络需求。图 7-3 所示为 Cisco Catalyst 4503 模块化交换机。模块化交换机大都

图 7-3　Cisco Catalyst 4503 模块化交换机

具有很高的性能(如背板带宽、转发速率和传输速率等),很强的容错能力,支持交换模块的冗余备份,并且往往拥有可插拔的双电源,以保证交换机的电力供应。模块化交换机通常被用于核心交换机或骨干交换机,以适应复杂的网络环境和网络需求。

3. 接入层交换机、汇聚层交换机和核心层交换机

以交换机的应用规模为标准,交换机被划分为接入层交换机、汇聚层交换机和核心层交换机。

在构建满足中小型企业需求的 LAN 时,通常采用分层网络设计,以便于网络管理、网络扩展和网络故障排除。分层网络设计需要将网络分成相互分离的层,每层提供特定的功能,这些功能界定了该层在整个网络中扮演的角色。

(1) 接入层交换机。

部署在接入层的交换机就称为接入层交换机,也称工作组交换机,通常为固定端口交换机,用于实现终端计算机的网络接入。接入层交换机可以选择拥有 1～2 个 1000Base-T 端口或 GBIC、SFP 插槽的交换机,用于实现与汇聚层交换机的连接。图 7-4 所示为 Cisco Catalyst 2960 系列交换机。

图 7-4 Cisco Catalyst 2960 系列交换机

(2) 汇聚层交换机。

部署在汇聚层的交换机称为汇聚层交换机,也称骨干交换机、部门交换机,是面向楼宇或部门接入的交换机。汇聚层交换机首先汇聚接入层交换机发送的数据,再将其传输给核心层,最终发送到目的地。汇聚层交换机可以是固定端口交换机,也可以是模块化交换机,一般配有光纤接口。与接入层交换机相比,汇聚层交换机通常全部采用 1000Mbps 端口或插槽,拥有网络管理的功能。图 7-5 所示为 Cisco WS-C3750G-24T-S 交换机。

(3) 核心层交换机。

部署在核心层的交换机称为核心层交换机,也称中心交换机。核心层交换机属于高端交换机,一般全部采用模块化结构的可网管交换机,作为网络骨干构建高速局域网。图 7-6 所示为 Cisco WS-C6509 模块化交换机。

图 7-5 Cisco WS-C3750G-24T-S 交换机

图 7-6 Cisco WS-C6509 交换机

4. 二、三、四层交换机

根据交换机工作在 OSI 七层网络模型的协议层不同，交换机又可以分为第二层交换机、第三层交换机、第四层交换机等。

(1) 第二层交换机。

第二层交换机依赖于数据链路层的信息(如 MAC 地址)完成不同端口间数据的线速交换，它对网络协议和用户应用程序完全是透明的。第二层交换机通过内建的一张 MAC 地址表来完成数据的转发决策。接入层交换机通常全部采用第二层交换机。

(2) 第三层交换机。

第三层交换机具有第二层交换机的交换功能和第三层路由器的路由功能，可将 IP 地址信息用于网络路径选择，并实现不同网段间数据的快速交换。当网络规模较大或通过划分 VLAN 来减少广播所造成的影响时，只有借助第三层交换机才能实现。在大中型网络中，核心层交换机通常都由第三层交换机来充当。当然，某些网络应用较为复杂的汇聚层交换机也可以选用第三层交换机。

(3) 第四层交换机。

第四层交换机工作在传输层，通过包含在每一个 IP 数据报包头中的服务进程/协议(如 HTTP 用于传输 Web；Telnet 用于终端通信；SSL 用于安全通信等)来完成报文的交换和传输处理，并具有带宽分配、故障诊断和对 TCP/IP 应用程序数据流进行访问控制等功能。由此可见，第四层交换机应当是核心层交换机的首选。

5. 快速以太网交换机、吉比特以太网交换机和 10 吉比特以太网交换机

依据交换机所提供的传输速率为标准，可以将交换机划分为快速以太网交换机、吉比特以太网交换机和 10 吉比特以太网交换机等。

(1) 快速以太网交换机。

快速以太网交换机是指交换机所提供的端口或插槽全部为 100Mbps，几乎全部为固定配置交换机，通常用于接入层。为了保证与汇聚层交换机实现高速连接，通常配置有少量(1～4 个)的 1000Mbps 端口。快速以太网交换机的接口类型包括：

① 100Base-T 双绞线端口。

② 100Base-FX 光纤接口。

(2) 吉比特以太网交换机。

吉比特以太网交换机也称千兆位以太网交换机,是指交换机提供的端口或插槽全部为1000Mbps,可以是固定端口交换机,也可以是模块化交换机,通常用于汇聚层或核心层。吉比特以太网交换机的接口类型包括:

① 1000Base-T 双绞线端口。

② 1000Base-SX 光纤接口。

③ 1000Base-LX 光纤接口。

④ 1000Base-ZX 光纤接口。

⑤ 1000Mbps GBIC 插槽。

⑥ 1000Mbps SFP 插槽。

(3) 10 吉比特以太网交换机。

10 吉比特以太网交换机也称万兆位以太网交换机,是指交换机拥有 10Gbps 以太网端口或插槽,可以是固定端口交换机,也可以是模块化交换机,通常用于大型网络的核心层。10 吉比特以太网交换机接口类型包括:

① 10GBase-T 双绞线端口。

② 10Gbps SFP 插槽。

7.1.3 交换机的性能指标

1. 转发速率

转发速率通常以每秒百万包数(Million Packet Per Second,Mpps)来表示,即每秒能够处理的数据包的数量。转发速率体现了交换引擎的转发功能,该值越大,交换机的性能越强劲。

2. 端口吞吐量

端口吞吐量反映交换机端口的分组转发能力,通常可以通过两个相同速率的端口进行测试。吞吐量是指在没有帧丢失的情况下,设备能够接受的最大速率。

3. 背板带宽

背板带宽是交换机接口处理器或接口卡和数据总线间所能吞吐的最大数据量。背板带宽体现了交换机总的数据交换能力,单位为 Gbps,也叫交换带宽。一台交换机的背板带宽越高,所能处理数据的能力就越强,但同时设计成本也会越高。

4. 端口种类

交换机按其所提供的端口种类不同主要包括三种类型的产品,它们分别是纯百兆端口交换机、百兆和千兆端口混合交换机、纯千兆端口交换机。每一种产品所应用的网络环境各不相同,核心骨干网络上最好选择千兆产品,上连骨干网络一般选择百兆/千兆混合交换机,边缘接入一般选择纯百兆交换机。

5. MAC 地址数量

每台交换机都维护着一张 MAC 地址表，记录 MAC 地址与端口的对应关系，交换机就是根据 MAC 地址将访问请求直接转发到对应端口上的。存储的 MAC 地址数量越多，数据转发的速度和效率也就越高，抗 MAC 地址溢出供给能力也就越强。

6. 缓存大小

交换机的缓存用于暂时存储等待转发的数据。如果缓存容量较小，当并发访问量较大时，数据将被丢弃，从而导致网络通信失败。只有缓存容量较大，才可以在组播和广播流量很大的情况下，提供更佳的整体性能，同时保证最大可能的吞吐量。目前，几乎所有的廉价交换机都采用共享内存结构，由所有端口共享交换机内存，均衡网络负载并防止数据包丢失。

7. 支持网管类型

网管功能是指网络管理员通过网络管理程序对网络上的资源进行集中化管理的操作，包括配置管理、性能和记账管理、问题管理、操作管理和变化管理等。一台设备所支持的管理程度反映了该设备的可管理性及可操作性，现在交换机的管理通常是通过厂商提供的管理软件或通过满足第三方管理软件的管理来实现的。

8. VLAN 支持

一台交换机是否支持 VLAN 是衡量其性能好坏的一个重要指标。通过将局域网划分为虚拟网络 VLAN 网段，可以强化网络管理和网络安全，控制不必要的数据广播，减少广播风暴的产生。由于 VLAN 是基于逻辑上连接而不是物理上的连接，因此网络中工作组的划分可以突破共享网络中的地理位置限制，而完全根据管理功能来划分。目前，好的产品可提供功能较为细致丰富的虚网划分功能。

9. 支持的网络类型

一般情况下，固定配置式不带扩展槽的交换机仅支持一种类型的网络，机架式交换机和固定配置式带扩展槽的交换机则可以支持一种以上类型的网络，如支持以太网、快速以太网、千兆以太网、ATM、令牌环及 FDDI 等。一台交换机所支持的网络类型越多，其可用性、可扩展性越强。

10. 冗余支持

冗余强调了设备的可靠性，也就是当一个部件失效时，相应的冗余部件能够接替工作，使设备继续运转。冗余组件一般包括管理卡、交换结构、接口模块、电源、机箱风扇等。对于提供关键服务的管理引擎及交换结构模块，不仅要求冗余，还要求这些部件具有“自动切换”的特性，以保证设备冗余的完整性。

7.1.4 主流交换机产品

目前，在中国交换机市场上流行的交换机品牌种类繁多，不同品牌的交换机又包含多种不同型号的产品。根据互联网消费调研中心所作的 2013—2014 年中国交换机市场研究年度报告可以看出，2013 年中国交换机市场上品牌关注度较高的交换机品牌分别是

H3C、思科、锐捷、TP-LINK 和 D-Link。

1. H3C 交换机

H3C 交换机产品覆盖园区交换机和数据中心交换机，从核心骨干到边缘接入，共有 10 多个系列上百款产品，全部通过工信部以及 IPv6 Ready 等权威部门的测试和认证。其主要交换机产品包括 H3C E126、H3C S1000、H3C S1200、H3C S1500、H3C S2100、H3C S3100、H3C S3600、H3C S5000、H3C S5100、H3C S5500、H3C S5600、H3C S5800、H3C S7500、H3C S7600、H3C S9500、H3C S12500 等。

用户常用的 H3C 交换机主要有 S1016R-CN、S1224R-CN、S1526-CN、LS-2126-EI-ENT-AC、LS-3100-26TP-SI-H3、LS-3600-28TP-SI、S5120-28P-SI、S5500-24P-SI、S5800-32C、LS-7506E、S9508、S12508 等。

2. 思科交换机

Cisco 的交换机产品以 Catalyst 为商标，包含 1900、2800、2900、3500、4000、5000、5500、6000、8500 等十多个系列。总地来说，这些交换机可以分为两类：一类是固定配置交换机，包括 3500 系列及以下的大部分型号，比如 1924 系列是 24 口 10Mbps 以太网交换机，带两个 100Mbps 上行端口，除了有限的软件升级之外，这些交换机不能扩展；另一类是模块化交换机，主要指 4000 系列及以上的机型，网络设计者可以根据网络需求，选择不同数目和型号的接口板、电源模块及相应的软件。

目前，网络集成项目中常见的 Cisco 交换机主要有 1900 系列、2900 系列、3500 系列、6500 系列、8500 系列等，它们分别使用在网络的低端、中端和高端。

(1) 低端产品。

Cisco 典型的低端交换机产品主要是 1900 系列和 2900 系列。由于 1900 系列交换机仅能提供 2 个 100Mbps 端口，因此接入层交换机逐渐被 2900 系列所取代。与 1900 系列相比，2900 系列最大的特点是速度增加，其背板速度最高达 3.2Gbps，最多 24 个 10/100Mbps 自适应端口，所有端口均支持全双工通信，使桌面接入的速度大大提高。

2900 系列交换机的产品型号主要包括 WS-C 2912-XL、WS-C2918-24TT-C、WS-C2924-XL、WS-C2950G-24-EI-DC?、WS-C2960-24TT-L 等。需要说明的是，Cisco 的低端交换机产品在交换机市场上并不占特别的优势，因为 IP-COM、D-link 等公司的产品具有更好的性价比。

(2) 中端产品。

Cisco 中端交换机产品主要包括 C3500 系列、C3750 系列、C4500 系列、C4900 系列。在 Cisco 中端交换机产品中，C3500 系列和 C3750 系列最具代表性，使用也非常广泛。其中，比较常用的产品有 C3560-24TS-S、C3560-24TS-E、C3560G-24PS-S、C3560-48TS-S、C3750-24TS-S、C3750G-24TS-E、C3750-24PS-S、C3750G-24T-S、C3750-48TS-S 等。

(3) 高端产品。

Cisco 的高端交换机产品主要用来满足园区主干网的高性能要求。目前，最为常用的是 C6500 系列和 C8500 系列。它们能够为园区网提供高性能、多层交换的解决方案，专门为需要千兆扩展、可用性高、多层交换的应用环境设计。Catalyst 6500 系列交换机具有3插槽、6插槽、9插槽和13插槽的机箱，Catalyst 8500系列交换机具有5插槽或13插槽的机箱，这两个系列交换机都具有端口密度大、速度快、多层交换、容错性能好等特点。

3. D-Link 交换机

友讯集团(D-Link)是国际著名网络设备和解决方案提供商，主要致力于局域网、宽带网、无线网、语音网、网络安全、网络存储、网络监控及相关网络设备的研发、生产和行销，其交换机产品主要包括DES-1000、DES-1100、DES-1200、DES-1500、DES-3000、DES-3200、DES-3400、DES-3500、DES-3600、DES-3800、DES-6500、DES-8500等。

用户常用的D-Link交换机型号主要包括DES-1008D、DES-1016D、DES-1024D、DES-1226G、DIS-2024TG、DES-3326 SR、DES-3550、DES-3624I、DES-3828DC、DIS-5024T、DES-3528、DES-3828、DES-6500、DES-8510等。

4. TP-LINK 交换机

TP-LINK全称是深圳市普联技术有限公司，是专门从事网络与通信终端设备研发、制造和行销的业内主流厂商，其产品线覆盖网卡、交换机、路由器、XDSL、无线以及防火墙等全系列网络产品，TP-LINK交换机产品主要包括TL-SF1000、TL-SG1000、TL-SG2200、TL-SL1200、TL-SL2200、TL-SL2400、TL-SL3400、TL-SL5400等。

用户常用的TP-LINK交换机型号主要包括TL-SF1008＋、TL-SF1016D、TL-SF1024S、TL-SG1024DT、TL-SL2226P、TL-SL3452等。

5. 锐捷交换机

锐捷网络是业界领先的网络设备及解决方案的专业化网络厂商，其网络产品线覆盖交换、路由、软件、安全、无线、存储等多个应用领域。锐捷网络的交换机产品主要包括RG-S1800、RG-S1900、RG-S2000、RG-S2100、RG-S2300、RG-S2600、RG-S2900、RG-S3200、RG-S3500、RG-S3700、RG-S5700、RG-S6500、RG-S6800、RG-S7600、RG-S7800、RG-S8600、RG-S9600、RG-S18000等。其中，S1～S2为接入交换机、S3～S5为汇聚交换机、S6及以后为核心路由交换机。

用户常用的锐捷交换机型号主要包括RG-S1850G、RG-S1926S＋、RG-S1926S、RG-S2026F、RG-S2352G、RG-S2724G、RG-S3760-12SFP/GT、RG-S5750-24GT/12SFP、RG-S6506、RG-S6810E、RG-S8610、RG-S9620等。

7.1.5 交换机的选购

近年来，各网络产品公司纷纷推出了各种类型、功能齐全的交换机产品。在众多的品牌及各种档次的交换机市场中，到底选择什么样的交换机设备以满足用户的不同需求呢？功能需求和性价比是第一重要的。通常，在进行交换机产品选择时，应重点考虑如下几个方面的问题。

1. 交换机的转发方式

数据包的转发方式主要分为“直通式转发”和“存储式转发”两种。由于不同的转发方式适用于不同的网络环境，因此，应当根据自己的需要作出相应的选择。

直通转发方式由于只检查数据包的包头，不需要存储，所以切入方式具有延迟小，交换速度快的优点。但直通式转发存在可能转发出错的数据包、不能将速率不同的端口直接接通、容易出现丢包现象三个缺点。

存储转发方式在数据处理时延时大，但它可以对进入交换机的数据报进行错误检测，并且能支持不同速度输入/输出端口间的切换，保持高速端口和低速端口间的协同工作，有效地改善网络性能。

低端交换机通常只提供一种转发模式，只有中高端产品才兼具两种转发模式，并具有智能转换功能，可根据通信状况自动切换转发模式。通常情况下，如果网络对数据的传输速率要求不是太高，可选择存储转发式交换机。反之，可选择直通转发式交换机。

2. 延时

交换机的延时(Latency)也称延迟时间，是指从交换机接收到数据包，然后再开始向目的端口发送数据包之间的时间间隔。这主要受所采用的转发技术等因素的影响，延时越小，数据的传输速率越快，网络的效率也就越高。特别是对于多媒体网络而言，较大的数据延迟，往往导致多媒体的短暂中断，所以交换机的延迟时间越小越好，当然延时越小的交换机价格也就越贵。

3. 管理功能

交换机的管理功能(Management)是指交换机如何控制用户访问交换机，以及系统管理人员通过软件对交换机的可管理程度。如果需要以上配置和管理，则须选择可网管型交换机，否则只需选择非网管型的。目前几乎所有中、高档交换机都是可网管的，一般来说所有的厂商都会随机提供一份本公司开发的交换机管理软件，另外所有的交换机都能被第三方管理软件所管理。低档的交换机通常不具有网管功能，属于“傻瓜”型的，只需接上电源、插好网线即可正常工作，但可网管型价格要贵许多。

4. MAC 地址数

不同档次的交换机每个端口所能够支持的 MAC 地址数量不同。在交换机的每个端口，都需要足够的缓存来记忆这些 MAC 地址，所以缓存容量的大小就决定了相应交换机所能记忆的 MAC 地址数的多少。通常交换机只要能够记忆 1024 个 MAC 地址基本上就可以了，而一般的交换机通常都能做到这一点。所以，如果在网络规模不是很大的情况下，该参数无须太多考虑。当然越是高档的交换机能记住的 MAC 地址数也就越多，这在选择时要视所连接网络的规模而定。

5. 背板带宽

交换机背板带宽越宽越好，高背板带宽的交换机在高负荷下能够提供更高速度的数据交换。由于所有端口间的通信都需要通过背板来完成，所以背板所能够提供的带宽就成为端口间并发通信时的总带宽。带宽越大，能够给各通信端口提供的可用带宽越大，数据交换速度越快。因此，在端口带宽、延迟时间相同的情况下，背板带宽越大，交换机的传输速率则越快。

6. 端口带宽

交换机的端口带宽目前主要包括 10Mbps、100Mbps 和 1000Mbps 三种，这三种带宽又有不同的组合形式，以满足不同类型网络的需要。最常见的组合形式包括 $n\times100\text{M}+m\times10\text{M}$、$n\times10/100\text{M}$、$n\times1000\text{M}+m\times100\text{M}$ 和 $n\times1000\text{M}$ 四种。其中 $n+m$ 是交换机的端口总和。

当然这里的 n 与 m 可以是相同的，也可以是不同的，一般来说这 n 数要远比 m 数小。这种组合的交换机既可以作为小型廉价网络的中心节点，也可以用于大、中型网络中的工作组交换机。

7. 光纤解决方案

如果布线中必须选用光纤，则在交换机选择方案中可以有以下三种方案：其一是选择具有光纤接口的交换机；其二是在模块结构的交换机中加装光纤模块；最后一种就是加装光纤与双绞线的转发器。第一种性能最好，但不够灵活，而且价格较贵；第二种方案具有较强的灵活配置能力，性能也较好，但价格最贵；最后一种方案价格最便宜，但性能受影响较大。

8. 交换机的外形尺寸

如果网络规模较大，或已完成综合布线，工程要求网络设备集中管理，就应该选择 19 英寸宽的机架式交换器，否则可以选择桌面型的交换机，因为桌面型交换机具有更高的性价比。

7.2 路由器及其选型

7.2.1 路由器简介

路由器(Router)又称网关设备(Gateway)是用于连接多个逻辑上分开的网络。所谓逻辑网络是代表一个单独的网络或者一个子网，当数据从一个子网传输到另一个子网时，可通过路由器的路由功能来完成。因此，路由器具有判断网络地址和选择 IP 路径的功能，它能在多网络互联环境中，建立灵活的连接，可用完全不同的数据分组和介质访问方法连接各种子网，路由器只接受源站点或其他路由器的信息。目前路由器已经广泛应用于各行各业，各种不同档次的产品已成为实现各种骨干网内部连接、骨干网间互联和骨干网与互联网互联互通业务的主力军。

路由器是 OSI 七层网络模型中的第 3 层(网络层)设备，当路由器收到任何一个来自网络中的数据包(包括广播包在内)后，首先要将该数据报第 2 层(数据链路层)的信息去掉(称为“拆包”)，并查看第 3 层信息。然后，根据路由表确定数据包的路由，再检查安全访问控制列表；若被通过，再进行第 2 层信息的封装(称为“打包”)，最后将该数据包转发。如果在路由表中查不到对应 MAC 地址的网络，则路由器将向源地址的站点返回一个信息，并把这个数据包丢掉。具体工作过程如图 7-7 所示。

A、B、C、D 四个网络通过路由器连接在一起，现假设网络 A 中一个用户 A1 要向 C 网

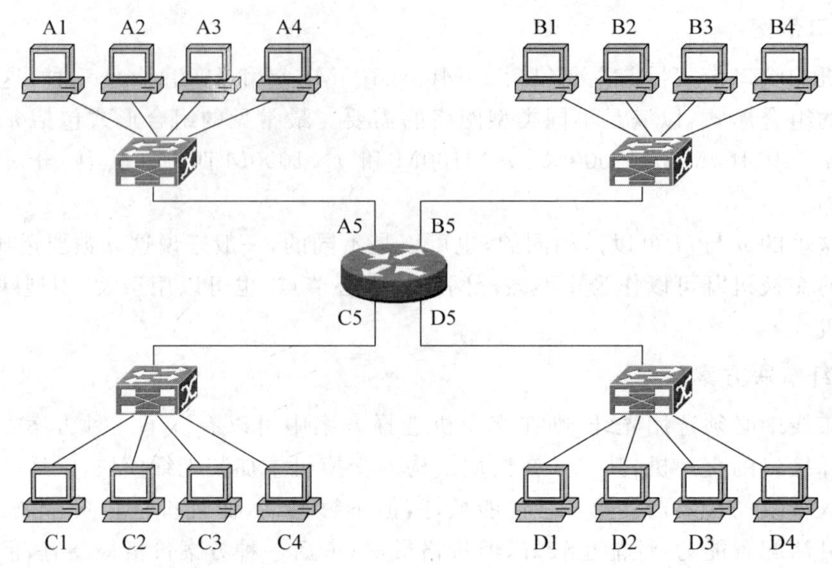

图 7-7 路由器工作过程

络中的 C3 用户发送一个请求信号,该信号传递的步骤如下:

第 1 步:用户 A1 将目的用户 C3 的地址连同数据信息封装成数据帧,并通过集线器或交换机以广播的形式发送给同一网络中的所有节点,当路由器的 A5 端口侦听到这个数据帧后,分析得知所发送的目的节点不是本网段,需要经过路由器进行转发,就把数据帧接收下来。

第 2 步:路由器 A5 端口接收到用户 A1 的数据帧后,先从报头中取出目的用户 C3 的 IP 地址,并根据路由表计算出发往用户 C3 的最佳路径。因为从分析得知到 C3 的网络 ID 号与路由器的 C5 端口所在网络的网络 ID 号相同,所以由路由器的 A5 端口直接发向路由器的 C5 端口应是信号传递的最佳途径。

第 3 步:路由器的 C5 端口再次取出目的用户 C3 的 IP 地址,找出 C3 的 IP 地址中的主机 ID 号,如果在网络中有交换机则可先发给交换机,由交换机根据 MAC 地址表找出具体的网络节点位置;如果没有交换机设备则根据其 IP 地址中的主机 ID 直接把数据帧发送给用户 C3。到此为止,一个完整的数据通信转发过程全部完成。

从上面可以看出,不管网络有多么复杂,路由器所做的工作就是这么几步,所以整个路由器的工作原理基本都差不多。当然在实际的网络中还远比图 7-7 所示的要复杂许多,实际的步骤也不会像上述过程那么简单,但总的过程是相似的。

7.2.2 路由器的分类

路由器发展到今天,为了满足各种应用需求,相继出现了各式各样的路由器,其分类方法也各不相同。

1. 按性能档次划分

按性能档次不同可以将路由器分为高、中和低档路由器,不过不同厂家的划分方法并不完全一致。通常将背板交换能力大于 40Gbps 的路由器称为高档路由器;背板交换能力在 25G～40Gbps 之间的路由器称为中档路由器;低于 25Gbps 的当然就是低档路由器了。当然这只是一种宏观上的划分标准,实际上路由器档次的划分不应只按背板带宽进行,而应根据各种指标综合进行考虑。以市场占有率最大的 Cisco 公司为例,12 000 系列为高端路由器,7500 以下系列路由器为中低端路由器。图 7-8 所示为 Cisco 的高、中、低三种档次的路由器产品。

(a) 高档路由器

(b) 中档路由器

(c) 低档路由器

图 7-8 Cisco 高、中、低档路由器产品

2. 按结构划分

从结构上划分,路由器可分为模块化和非模块化两种结构。模块化结构可以灵活地配置路由器,以适应企业不断增加的业务需求,非模块化的就只能提供固定的端口。通常中高端路由器为模块化结构,低端路由器为非模块化结构。图 7-9 所示为非模块化结构和模块化结构路由器产品。

(a) 非模块化结构路由器

(b) 模块化结构路由器

图 7-9 非模块化结构和模块化结构路由器产品

3. 从功能上划分

从功能上划分,可将路由器分为核心层(骨干级)路由器,分发层(企业级)路由器和访问层(接入级)路由器。

(1) 骨干级路由器。

骨干级路由器是实现企业级网络互联的关键设备,其数据吞吐量较大,在企业网络系统中起着非常重要的作用。对骨干级路由器的基本性能要求是高速度和高可靠性。为了获得高可靠性,网络系统普遍采用诸如热备份、双电源、双数据通路等传统冗余技术,从而使得骨干路由器的可靠性一般不成问题。骨干级路由器的主要瓶颈在于如何快速地通过路由表查找某条路由信息,通常是将一些访问频率较高的目的端口放到 Cache 中,从而达到提高路由查找效率的目的。

(2) 企业级路由器。

企业或校园级路由器连接许多终端系统,连接对象较多,但系统相对简单,且数据流量较小。对这类路由器的要求是以尽量方便的方法,实现尽可能多的端点互联,同时还要求能够支持不同的服务质量。使用路由器连接的网络系统因能够将机器分成多个广播域,所以可以方便地控制一个网络的大小。此外,路由器还可以支持一定的服务等级(服务的优先级别)。由于路由器的每个端口造价相对较贵,在使用之前还要求用户进行大量的配置工作,因此,企业级路由器的成败就在于是否可提供一定数量的低价端口、是否容易配置、是否支持 QoS、是否支持广播和组播等多项功能。

(3) 接入级路由器。

接入级路由器主要应用于连接家庭或 ISP 内的小型企业客户群体。接入路由器要求能够支持多种异构的高速端口,并能在各个端口上运行多种协议。

4. 从性能上划分

从性能上分,路由器可分为线速路由器以及非线速路由器。所谓线速路由器就是完全可以按传输介质带宽进行通畅传输,基本上没有间断和延时。通常线速路由器是高端路由器,具有非常高的端口带宽和数据转发能力,能以媒体速率转发数据包。中低端路由器一般均为非线速路由器,但是一些新的宽带接入路由器也具备线速转发能力。

7.2.3 路由器的性能指标

1. 吞吐量

吞吐量是核心路由器的数据包转发能力。吞吐量与路由器的端口数量、端口速率、数据包长度、数据包类型、路由计算模式(分布或集中)以及测试方法有关,一般泛指处理器处理数据包的能力,高速路由器的数据包转发能力至少能够达到 20Mpps 以上。吞吐量包括整机吞吐量和端口吞吐量两个方面,整机吞吐量通常小于核心路由器所有端口吞吐量之和。

2. 路由表能力

路由器通常依靠所建立及维护的路由表来决定包的转发。路由表能力是指路由表内所容纳路由表项数量的极限。由于在 Internet 上执行 BGP 协议的核心路由器通常拥有数十万条路由表项,所以该项目也是路由器能力的重要体现。一般而言,高速核心路由器应该能够支持至少 25 万条路由,平均每个目的地址至少提供 2 条路径,系统必须支持至少 25 个 BGP 对等以及至少 50 个 IGP 邻居。

3. 背板能力

背板指的是输入与输出端口间的物理通路,背板能力通常是指路由器背板容量或者总线带宽能力,这个性能对于保证整个网络之间的连接速度是非常重要的。如果所连接的两个网络速率都较快,而由于路由器的带宽限制,这将直接影响整个网络之间的通信速度。所以一般来说如果是连接两个较大的网络,且网络流量较大,此时,就应格外注意一下路由器的背板容量。但如果是在小型企业网之间,这个参数就不太重要了,因为一般来说路由器在这方面都能满足小型企业网之间的通信带宽要求。

背板能力主要体现在路由器的吞吐量上，传统路由器通常采用共享背板，但是作为高性能路由器不可避免会遇到拥塞问题，其次也很难设计出高速的共享总线，所以现有高速核心路由器一般都采用可交换式背板的设计。

4. 丢包率

丢包率是指核心路由器在稳定的持续负荷下，由于资源缺少而不能转发的数据包在应该转发的数据包中所占的比例。丢包率通常用作衡量路由器在超负荷工作时核心路由器的性能。丢包率与数据包长度以及包发送频率相关，在一些环境下，可以加上路由抖动或大量路由后进行测试模拟。

5. 时延

时延是指数据包第一个比特进入路由器到最后一个比特从核心路由器输出的时间间隔。该时间间隔是存储转发方式工作的核心路由器的处理时间。时延与数据包的长度以及链路速率都有关系，通常是在路由器端口吞吐量范围内进行测试。时延对网络性能影响较大，作为高速路由器，在最差的情况下，要求对1518字节及以下的IP包时延必须小于1ms。

6. 时延抖动

时延抖动是指时延变化。数据业务对时延抖动不敏感，所以该指标通常不作为衡量高速核心路由器的重要指标。当网络上需要传输语音、视频等数据量较大的业务时，该指标才有测试的必要性。

7. 背靠背帧数

背靠背帧数是指以最小帧间隔发送最多数据包不引起丢包时的数据包数量。该指标用于测试核心路由器的缓存能力，具有线速全双工转发能力的核心路由器，该指标值无限大。

8. 服务质量能力

服务质量能力包括队列管理控制机制和端口硬件队列数两项指标。其中，队列管理控制机制是指路由器拥塞管理机制及其队列调度算法。常见的方法有RED、WRED、WRR、DRR、WFQ、WF2Q等；端口硬件队列数指的是路由器所支持的优先级是由端口硬件队列来保证的，而每个队列中的优先级又是由队列调度算法进行控制的。

9. 网络管理能力

网络管理是指网络管理员通过网络管理程序对网络上资源进行集中化管理的操作，包括配置管理、计账管理、性能管理、差错管理和安全管理。设备所支持的网管程度体现设备的可管理性与可维护性，通常使用SNMPv2协议进行管理。网管力度指示路由器管理的精细程度，如管理到端口、到网段、到IP地址、到MAC地址等，管理力度可能会影响路由器的转发能力。

10. 可靠性和可用性

路由器的可靠性和可用性主要是通过路由器本身的设备冗余程度、组件热插拔、无故障工作时间以及内部时钟精度四项指标来提供保证的。

(1) 设备冗余程度：设备冗余可以包括接口冗余、插卡冗余、电源冗余、系统板冗余和时钟板冗余等。

(2) 组件热插拔：组件热插拔是路由器 24 小时不间断工作的保障。

(3) 无故障工作时间：路由器不间断可靠工作的时间长短。该指标可以通过主要器件的无故障工作时间计算或者大量相同设备的工作情况计算。

(4) 内部时钟精度：拥有 ATM 端口做电路仿真或者 POS 口的路由器互连通常需要同步，在使用内部时钟时，其精度会影响误码率。

7.2.4 主流路由器产品

最近几年，中国路由器市场硝烟四起，众多品牌在这一重要的网络设备市场展开了激烈的竞争。2013 年 1 月，互联网消费调研中心在《2012—2013 中国路由器市场研究年度报告》中给出了 2013 年中国路由器市场品牌关注度比例分布情况，如图 7-10 所示。

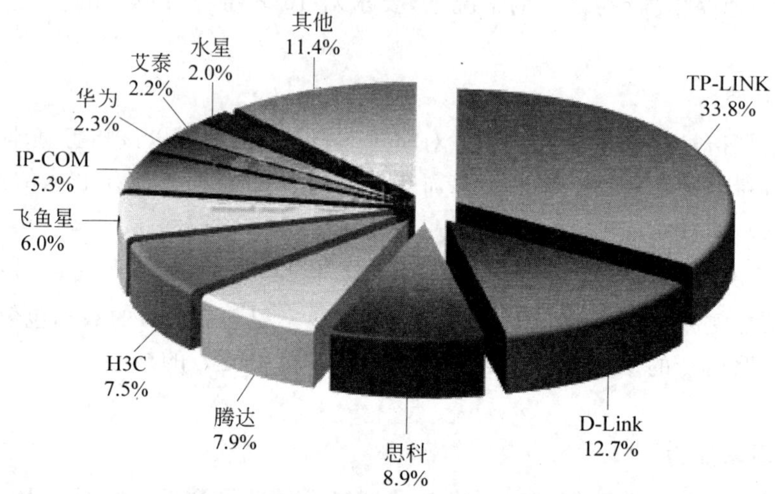

图 7-10 2013 年中国路由器市场品牌关注度比例分布情况

1. TP-LINK 路由器

深圳市普联技术有限公司成立于 1996 年，是专业的网络与通信设备供应商。TP-LINK 坚持自主研发、自主制造、自主营销，在局域网设备和宽带接入终端技术市场领域均处于行业领先地位，是一家正处于高速发展和国际化进程中的国家级高新技术企业。公司在北京、上海、广州、深圳等 16 个中国中心城市设有销售和服务中心，并已在德国、美国、新加坡、香港、印度、俄罗斯设立了直属的海外子公司或代表处。

TP-LINK 的主流路由器产品包括：

(1) 企业级模块化路由器：TP-Link TL-R4000＋、TP-Link TL-R4000。

(2) 企业级非模块化路由器：TP-Link TL-R498T＋。

(3) 网吧专用路由器：TP-Link TL-ER5110、TP-Link ER5120、TP-Link TL-R4419。

2. D-Link 路由器

作为网络通信设备行业全球领导品牌，D-Link 致力于局域网、宽带网、无线网、语音网、网络安全、网络存储、网络监控及相关网络设备的研发、生产和销售，在美国、中国大陆、中国台湾及印度设有研究发展中心，产品遍及全球，并拥有美国、日本、俄罗斯等国的众多世界级客户。

D-Link 的主流路由器产品包括：

(1) 企业级模块化路由器：D-Link DI-2621、D-Link DI-602HB＋。

(2) 企业级非模块化路由器：D-Link DI-602MB＋、D-Link DI-602LB＋。

(3) 网吧专用路由器：D-Link DI-4700、D-Link DI-4500、D-Link DI-4300。

3. 思科路由器

思科公司是美国最成功的公司之一。1984 年由斯坦福大学的一对教授夫妇创办，1986 年生产第一台路由器，让不同类型的网络可以可靠地互相联接，掀起了一场通信革命。在过去 20 多年里，思科几乎成为了"互联网、网络应用、生产力"的同义词，思科公司在其进入的每一个领域都成为市场的领导者。

思科公司的主流路由器产品包括：

(1) Cisco1800 系列：1811、1841。

(2) Cisco2500 系列：2501、2502、2514。

(3) Cisco2600 系列：2610、2611、2620、2621、2651。

(4) Cisco3600 系列：3620、3640、3660。

(5) Cisco3700 系列：3725、3745。

(6) Cisco3800 系列：3825、3845。

(7) Cisco7200 系列：7204、7206、7204VXR、7206VXR。

(8) Cisco7500 系列：7507、7513。

(9) Cisco 12000 系列：12008、12016。

4. H3C 路由器

目前，杭州华三通信技术有限公司(H3C)在中国的北京、杭州和深圳设有研发机构，在北京和杭州设有可靠性试验室以及产品鉴定测试中心。H3C 为构建以业务应用为中心的动态 IT 架构，提出了 IToIP 理念，并基于 IToIP 构建了网络、安全、存储、多媒体四大产品线，实现了从网络设备供应商到 IToIP 整体解决方案供应商的战略跨越，确立了牢固的市场领先地位。

H3C 的主流路由器产品包括：

(1) 电信级路由器：H3C SR6608(AC)。

(2) 企业级路由器：H3C RT-MSR3040-AC-H3、H3C RT-MSR3020-AC-H3、H3C RT-MSR3016-AC-H3。

(3) 宽带路由器：H3C ER3200、H3C ER3100。

5. 华为路由器

华为是全球领先的电信解决方案供应商，华为产品和解决方案涵盖移动、核心网络、局域网络、电信增值业务和终端业务等领域。

华为的主流路由器产品包括：

(1) 核心路由器：华为 Quidway NE20-8、华为 Quidway NE20-4、华为 Quidway NE20-4。

(2) 智能业务中心路由器：华为 Quidway AR46-80、华为 Quidway AR46-20。

(3) 模块化路由器：华为 RT-3680E、华为 RT-3640E、华为 AR 28-31、华为 RT-2630、华为 RT-2620、华为 RT-2509。

6. 锐捷路由器

锐捷网络是业界领先的网络解决方案供应商，锐捷网络在全国拥有 37 个分支机构，营销及服务网络覆盖全国和东南亚、欧洲、南北美洲等国际市场。其业界领先的网络解决方案被广泛应用于政府、金融、教育、医疗、企业、运营商等国内、国际信息化建设领域。

锐捷网络的主流路由器产品包括：

(1) RSR 系列可信多业务路由器：RG-RSR7708、RG-RSR50、RG-RSR30、RG-RSR20、RG-RSR10 等。

(2) NBR 系列路由器：NBR3000、NBR2500、NBR2000、NBR1200G、NBR1100G、NBR1100E、NBR1200、NBR80。

(3) RSR-E 系列路由器：RG-RSR32E、RG-RSR16E、RG-RSR-08E、RG-RSR-04E。

7.2.5 路由器的选购

路由器因为价格昂贵，且配置复杂，所以绝大多数用户对路由器的选购显得非常茫然。路由器的选购主要应从以下几个方面加以考虑。

1. 路由器的管理方式

路由器最基本的管理方式是利用终端(如 Windows 系统所提供的超级终端)通过专用配置线连接到路由器的 Console 端口(配置端口)直接进行配置。因为新购买的路由器配置文件是空的，所以用户购买路由器以后一般都是先使用此方式对路由器进行基本的配置。但仅仅通过这种配置方法还不能对路由器进行全面的配置，以实现路由器的管理功能，只有在基本配置完成后再进行有针对性的项目配置(如通信协议、路由协议配置等)，才可以更加全面地实现路由器的管理功能。还有一种情况，就是有时可能需要改变路由器的许多设置，而管理人员又不在路由器旁边，无法连接专用配置线，这时就需要路由器提供远程 Telnet 程序进行远程配置，或者 Modem 拨号来进行远程登录配置，还可以通过 Web 的方式来实现路由器的远程配置。现在一般的路由器都具有一种或几种远程配置管理方式。

2. 路由器所支持的路由协议

路由器可能连接多个不同类型的网络，其所能支持的通信协议、路由协议也就有可能不一样，这时对于在网络之间起到连接桥梁作用的路由器来说，如果不支持任何一方的协议，就无法实现相应的路由功能，为此在选购路由器时就必须注意路由器所能支持的路由协议有哪些，特别是在广域网中的路由器。同时，在选购路由器时，还要根据目前及将来的企业实际需求,来决定路由器所能支持的协议种类。

3. 路由器的安全性保障

网络安全越来越受到用户的高度重视,而路由器作为个人、事业单位内部网和外部进行连接的设备,能否提供高性能的安全保障极其重要。目前许多厂家的路由器可以通过设置权限列表,来达到控制哪些才可以进出路由器,实现防火墙的某些功能,防止非法用户的入侵。另外一个就是路由器的地址转换(NAT)功能,使用路由器的这种功能,能够很好地屏蔽公司内部局域网的地址,利用地址转换功能将内部网络中的私有地址统一转换成电信部门提供的广域网地址,这样外部用户就无法了解到公司内部网的地址,进一步防止了外部用户的非法入侵。

4. 丢包率

路由器作为报文转发设备存在一个严重的问题就是丢包。丢包率的大小影响着路由器线路的实际工作速度,严重时甚至会使线路中断。小型企业一般来说流量不会很大,所以出现丢包现象的机会也很小,在此方面小型企业不必作太多考虑,而且一般来说常见的路由器在此方面都还是可以接受的。

5. 背板能力

背板能力通常是指路由器背板容量或者总线带宽能力,这个性能对于保证整个网络之间的连接速度是非常重要的。一般来说如果是用路由器来实现两个较大规模的网络之间的连接,且网络流量较大,此时,就应该选择高背板带宽容量的路由器。对于小型企业网络来说,由于网络的数据流量通常较小,常用的路由器基本上都能够满足要求。

6. 吞吐量

路由器的吞吐量是指路由器对报文的转发能力,如较高档次的路由器可以对较大的报文进行正确的快速转发,而较低档次的路由器则只能转发小的报文。对于较大的报文需要拆分成许多小的数据包来分开转发的,这种路由器的包转发能力相对较差。

7. 转发时延

转发时延是指需转发的报文最后一比特进入路由器端口到该报文第一比特出现在端口链路上的时间间隔,这与路由器的背板容量、吞吐量等参数紧密相关。

8. 路由表容量

路由表容量是指路由器运行中可以容纳的路由项数量。一般来说越是高档的路由器路由表容量越大。路由表容量与路由器自身所带的缓存大小有关,由于常见的路由器一般均能满足用户需求,故在选购路由器时,通常不需要太注重这一参数。

9. 可靠性

可靠性是指路由器的可用性、无故障工作时间和故障恢复时间等指标,但这些指标在选购路由器时一般无法进行现场验证,只能通过开发商的介绍以及走访该产品的已有用户。当然,也可以通过选购信誉较好以及先进的品牌作保障。

7.3 宽带路由器选型

7.3.1 宽带路由器简介

宽带路由器是近几年来新兴的一种网络产品，它伴随着宽带的普及应运而生。宽带路由器在一个紧凑的箱子中集成了路由器、防火墙、带宽控制和管理等功能，具备快速转发能力，灵活的网络管理和丰富的网络状态监控等特点。宽带路由器采用高度集成设计，集成有 10/100Mbps 宽带以太网 WAN 接口、并内置多口 100/1000Mbps 自适应交换机，方便多台机器连接内部网络与 Internet。

图 7-11 无线宽带路由器

同时，为了适应当前移动智能设备快速发展的需求，给笔记本、平板电脑、智能手机、智能手表等无线设备提供无线 Wi-Fi 连接，宽带路由器也内置了无线 AP 发射装置，提供小范围（几十到几百米范围）内的无线 Wi-Fi 信号。无线路由器（Wireless Router）好比将单纯性无线 AP 和宽带路由器合二为一的扩展型产品。图 7-11 所示为无线宽带路由器。宽带路由器连接方式如图 7-12 所示。

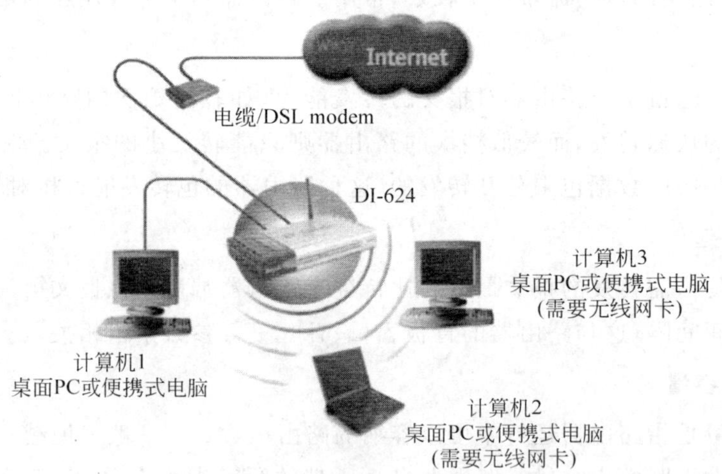

图 7-12 宽带路由器连接方式

宽带路由器有高、中、低档次之分，高档次企业级宽带路由器的价格可达数千，低价宽带路由器已降到百元内，其性能已基本能满足像家庭、学校宿舍、办公室等应用环境的需求，成为家庭、学校宿舍用户的组网首选产品之一。可以广泛应用于家庭、学校、办公室、网吧、小区接入、政府、企业等场合。

7.3.2　宽带路由器的性能指标

随着宽带网络的逐步普及，各厂家纷纷推出功能各异、名目众多的宽带路由器产品，使大多数想要购买路由器但又缺乏基本技术的消费者无从选择，在选购宽带路由器时应考虑的性能指标主要包括如下几项。

1. 处理器主频

宽带路由器的处理器同电脑主板、交换机等产品一样，是路由器最核心的器件，它的好坏直接影响路由器的性能。宽带路由器除了处理器的主频外，Cache 的容量与结构、内部总线结构、是单 CPU 还是多 CPU 分布式处理、运算模式等也都会直接影响处理器的整体性能，关键要看这颗 CPU 到底用的是什么内核，内部结构如何。

2. 内存容量

处理器内存用来存放运算过程中的所有数据，因此内存的容量大小对处理器的处理能力有一定影响。

3. 吞吐量

吞吐量是指路由器每秒能处理的数据量，是路由器性能的直观反映。路由器的吞吐量应该是在网络地址转换（NAT）开启、防火墙关闭的情况下得出的测试数据，这是因为 NAT 是宽带路由器最基本、最核心的功能。

4. 带机数量

宽带路由器的带机数量直接受实际使用环境的网络繁忙程度影响，不同的网络环境带机数量相差很大。比如在网吧里，所有人都在上网聊天、游戏，几乎所有数据都通过 WAN 口，路由器负载很重。而企业网经常同一时间只有小部分人在用网络，而且大部分数据都是在企业网内部流动，路由器负载很轻。在一个 200 台 PC 的企业网性能够用的路由器，放到网吧往往可能连 50 台 PC 都带不动。所以，较为客观的说法应该指明这个带机量是针对哪种类型网络的，而且是根据典型情况估算出来的范围。

另外，有些路由器会提到“最大允许带机量”，这种说法根本不是指路由器的性能，而是 DHCP 最大可以分配的 IP 地址数，这个数值对用户来说毫无意义。

5. WAN 端口数

WAN 端口数决定路由器可以接入的进线数量，比如双 WAN 口路由器可以选择两条接入，如选择电信的 ADSL 接入后，还可以选择联通或者其他运营商的一条接入。多端口数路由器首先性能要够强，相对于出口带宽要有富余，如果本身处理能力有限，多 WAN 端口数就纯粹是一个摆设。

7.3.3　宽带路由器的选购

目前，宽带路由器品牌很多，性能和质量参差不齐，用户在购买产品时，也往往只是看重价格，对于宽带路由器所具有的功能、性能并不十分了解。因此，在选购宽带路由器时，应该注意以下几个问题。

1. 弄清需求最重要

在选择边缘接入型宽带路由器之前,首先要弄清自身需求。因为,市场上各种各样的宽带路由器在性能、功能上都各不相同,适用面也不一样。而且,不同用户有不同的需求,如果盲目地去选择,不仅会造成浪费,还会对上网性能、企业信息安全等产生负面影响。

用户在选择宽带路由器之前,必须弄清楚几个方面的问题:一是终端接入的数量、接入的类型或环境,如 xDSL、Cable Modem、FTTH 或无线接入等;二是应用业务类型,如数据、VoIP、视频或混合应用等;三是对安全的要求,如地址过滤、VPN 等;四是对路由器数据转发速率的要求。

2. 熟悉宽带路由器硬件

宽带路由器的主要硬件包括处理器、内存、闪存、广域网接口和局域网接口。其中,处理器的型号和频率、内存与闪存的大小是决定宽带路由器档次的关键。而广域网接口用于与宽带网入口连接,局域网接口用于连接计算机终端或交换机。

路由器作为一种网间连接设备,一个作用是连接不同的网络,另一个作用是选择信息传送的线路。选择通畅快捷的路径,能大大提高通信速度,减轻网络系统通信负荷,节约网络系统资源,提高网络系统畅通率。

3. 选好宽带路由器功能

随着技术的不断发展,宽带路由器的功能在不断扩展。目前,市场上大部分宽带路由器均能提供 VPN、防火墙、DMZ、按需拨号、支持虚拟服务器、支持动态 DNS 等功能。具体选择具有哪些功能的宽带路由器,需要根据自身需求和投资大小来衡量。

4. 多听专家建议

在选择宽带路由器时,要问清楚支持接入用户的数量。从理论上讲,每台接入路由器能带动 253 台 PC 共享一个 IP 地址,但实际上每个 IP 地址只能支持 10~30 台,一般中高档次的接入路由器可支持 100 台 PC。

另外,选择宽带路由器还要重视品牌,因为品牌产品在售后服务、质量保证上都有承诺,能够大大减少用户在使用中的麻烦。

7.4 服务器选型

7.4.1 服务器简介

服务器英文名称为 Server,是网络环境下为客户提供各种服务的专用计算机,在网络环境中,服务器承担着数据的存储、转发、发布等关键任务,是网络中不可或缺的重要组成部分。因为服务器在网络中是连续不断地工作的,且网络数据流又可能在这里形成一个瓶颈,所以服务器的数据处理速度和系统可靠性要比普通的计算机高得多。服务器上的网络操作系统不仅可以管理网络上的数据,还可以管理用户、用户组、安全和应用程序。

服务器的硬件结构由 PC 发展而来,也包括处理器、芯片组、内存、存储系统以及 I/O

设备等部分。但是和普通 PC 相比，服务器硬件中包含着专门的服务器技术，这些专门的技术保证了服务器能够承担更高的负载，具有更高的稳定性和扩展能力。

与普通 PC 相比，服务器应该具有如下特殊要求：

1. 较高的稳定性

服务器用来承担企业应用中的关键任务，需要长时间的无故障稳定运行。在某些需要不间断服务的领域，如银行、医疗、电信等领域，需要服务器 24×365 运行，一旦出现服务器宕机，后果是非常严重的。这些关键领域的服务器从开始运行到报废可能只开一次机，这就要求服务器具备极高的稳定性，这是普通 PC 无法达到的。

为了实现如此高的稳定性，服务器的硬件结构需要进行专门设计。比如机箱、电源、风扇这些在 PC 上要求并不苛刻的部件在服务器上就需要进行专门的设计，并且提供冗余。服务器处理器的主频、前端总线等关键参数一般低于主流消费级处理器，这样也是为了降低处理器的发热量，提高服务器工作的稳定性。服务器内存技术，如 ECC、Chipkill、内存镜像、在线备份等也提高了数据的可靠性和稳定性。服务器硬盘的热插拔技术、磁盘阵列技术也是为了保证服务器稳定运行和数据的安全可靠而设计的。

2. 较高的性能

除了稳定性之外，服务器对于性能的要求同样很高。因为服务器是在网络计算环境中提供服务的计算机，承载着网络中的关键任务，维系着网络服务的正常运行，所以为了实现提供服务所需的高处理能力，服务器的硬件采用与 PC 不同的专门设计。

(1) 服务器的处理器相对 PC 处理器具有更大的二级缓存，高端的服务器处理器甚至集成了远远大于 PC 的三级缓存，并且服务器一般采用双路甚至多路处理器，来提供强大的运算能力。

(2) 服务器的芯片组不同于 PC 芯片组，服务器芯片组提供了对双路、多路处理器的支持。同时，服务器芯片组对于内存容量和内存数据带宽的支持高于 PC，如 5400 系列芯片组的内存最大可以支持 128GB，并且支持四通道内存技术，内存数据读取带宽可以达到 21GB/s 左右。

(3) 服务器的内存和 PC 内存也有不同。为了实现更高的数据可靠性和稳定性，服务器内存集成了 ECC、Chipkill 等内存检错纠错功能，近年来内存全缓冲技术的出现，使数据可以通过类似 PCI-E 的串行方式进行传输，显著提升了数据传输速度，提高了内存性能。

(4) 在存储系统方面，服务器硬盘为了能够提供更高的数据读取速度，一般采用 SCSI 接口和 SAS 接口，转速通常都在万转或者一万五千转以上。此外服务器上一般会应用 RAID 技术，来提高磁盘性能并提供数据冗余容错。

3. 较高的扩展性能

服务器在成本上远高于 PC，并且承担企业关键任务，一旦更新换代需要投入很大的资金和维护成本，所以相对来说服务器更新换代比较慢。企业信息化的要求也不是一成不变，所以服务器要留有一定的扩展空间。相对于 PC 来说，服务器上一般提供了更多的扩展插槽，并且内存、硬盘扩展能力也高于 PC，如主流服务器上一般会提供 8 个或 12 个内存插槽，提供 6 个或 8 个硬盘托架。

7.4.2 服务器的分类

服务器在网络系统中的应用范围非常广泛，用途各种各样，环境要求、性能要求也各不相同，因此服务器的分类标准也有很多，常见的分类方法主要包括如下几个方面。

1. 按应用层次划分

服务器按其应用层次划分可分为入门级服务器、工作组级服务器、部门级服务器和企业级服务器四类。

(1) 入门级服务器。

入门级服务器通常只使用一块 CPU，并根据需要配置相应的内存和大容量 IDE 硬盘，必要时也会采用 IDE RAID(一种磁盘阵列技术，主要目的是保证数据的可靠性和可恢复性)进行数据保护。入门级服务器主要是针对基于 Windows、Linux 等网络操作系统的用户，可以满足办公室型的中小型网络用户的文件共享、打印服务、数据处理、Internet 接入及简单数据库应用的需求，也可以在小范围内完成诸如 E-mail、Proxy、DNS 等服务。

(2) 工作组级服务器。

工作组级服务器一般支持 1～2 个处理器，可支持大容量的 ECC(一种内存技术，多用于服务器内存)内存，功能全面、可管理性强且易于维护，具备了小型服务器所必备的各种特性，如采用 SCSI 总线的 I/O 系统、SMP 对称多处理器结构、可选装 RAID、热插拔硬盘、热插拔电源等，具有较高的可用性。适用于为中小企业提供 Web、Mail 等服务，也能够用于学校等教育部门的数字校园网、多媒体教室的建设等。

(3) 部门级服务器。

部门级服务器通常可以支持 2～4 个处理器，具有较高的可靠性、可用性、可扩展性和可管理性。首先，集成了大量的监测及管理电路，具有全面的服务器管理能力，可监测如温度、电压、风扇、机箱等状态参数。此外，结合服务器管理软件，可以使管理人员及时了解服务器的工作状况。同时，大多数部门级服务器具有优良的系统扩展性，当用户在业务量迅速增大时能够及时在线升级系统，可保护用户的投资。目前，部门级服务器是企业网络中分散的各基层数据采集单位与最高层数据中心保持顺利连通的必要环节，适合中型企业(如金融、邮电等行业)作为数据中心、Web 站点等应用。

(4) 企业级服务器。

企业级服务器属于高档服务器，普遍可支持 4～8 个处理器，拥有独立的双 PCI 通道和内存扩展板设计，具有高内存带宽，大容量热插拔硬盘和热插拔电源，具有超强的数据处理能力。这类产品具有高度的容错能力、优异的扩展性能和系统性能、极长的系统连续运行时间，能在很大程度上保护用户的投资，可作为大型企业级网络的数据库服务器。

目前，企业级服务器主要适用于需要处理大量数据、高处理速度和对可靠性要求极高的大型企业和重要行业(如金融、证券、交通、邮电、通信等行业)，可用于提供 ERP(企业资源配置)、电子商务、OA(办公自动化)等服务。

2. 按服务器的处理器架构划分

服务器按其处理器的架构(也就是服务器CPU所采用的指令系统)划分可以分为CISC架构服务器、RISC架构服务器和VLIW架构服务器三种。

(1) CISC架构服务器。

CISC的英文全称为Complex Instruction Set Computer,即"复杂指令系统计算机",从计算机诞生以来,人们一直沿用CISC指令集方式。早期的桌面软件是按CISC设计的,并一直延续到现在,所以,微处理器(CPU)厂商一直在走CISC的发展道路,包括Intel、AMD,还有其他一些现在已经更名的厂商,如TI(德州仪器)、Cyrix以及VIA(威盛)等。在CISC微处理器中,程序的各条指令是按顺序串行执行的,每条指令中的各个操作也是按顺序串行执行的。顺序执行的优点是控制简单,但计算机各部分的利用率不高,执行速度慢。CISC架构的服务器主要以IA-32架构(Intel Architecture,英特尔架构)为主,而且多数为中低档服务器所采用。

如果企业的应用都是基于Windows或Linux平台的应用,那么服务器的选择基本上就定位于IA架构(CISC架构)的服务器。如果应用必须是基于Solaris的,那么服务器只能选择SUN服务器。如果应用基于AIX(IBM的Unix操作系统)的,那么只能选择IBM Unix服务器(RISC架构服务器)。

(2) RISC架构服务器。

RISC的英文全称为Reduced Instruction Set Computing,中文即"精简指令集",它的指令系统相对简单,它只要求硬件执行很有限且最常用的那部分指令,大部分复杂的操作则使用成熟的编译技术,由简单指令合成。目前在中高档服务器中普遍采用这一指令系统的CPU,如Compaq(康柏,即新惠普)公司的Alpha、HP公司的PA-RISC、IBM公司的Power PC、MIPS公司的MIPS和SUN公司的Spare。

(3) VLIW架构服务器。

VLIW是英文Very Long Instruction Word的缩写,中文意思是"超长指令集架构",简称为"IA-64架构"。VLIW架构采用了先进的EPIC(清晰并行指令)设计,指令运行速度非常快(每时钟周期IA-64可运行20条指令;CISC可运行1-3条指令;RISC可运行4条指令)。VLIW的最大优点是简化了处理器的结构,删除了处理器内部许多复杂的控制电路,从而使VLIW的结构变得简单,芯片制造成本降低,价格低廉,能耗少,性能显著提高。目前基于这种指令架构的微处理器主要有Intel的IA-64和AMD的x86-64两种。

3. 按服务器的用途划分

服务器按其用途不同可分为通用型服务器和专用型服务器两类。

(1) 通用型服务器。

通用型服务器是可以提供各种服务功能的服务器,当前大多数服务器均是通用型服务器。这类服务器因为不是专为某一功能而设计,所以在设计时就要兼顾多方面的应用需要,服务器的结构相对较为复杂,而且要求性能较高,当然在价格上也就更贵些。

(2) 专用型服务器。

专用型(或称"功能型")服务器是专门为某一种或某几种功能专门设计的服务器,如光盘镜像服务器主要是用来存放光盘镜像文件的，需要配备大容量、高速的硬盘以及光盘镜像软件。FTP 服务器主要用于在网上（包括 Intranet 和 Internet）进行文件传输，这就要求服务器在硬盘稳定性、存取速度、I/O 带宽方面具有明显优势。而 E-mail 服务器则主要是要求服务器配置高速宽带上网工具，硬盘容量要大等。这些功能型服务器的性能要求比较低，因为它只需要满足某些需要的功能应用即可，所以结构比较简单，采用单 CPU 结构即可；在稳定性、扩展性等方面要求不高，价格也便宜许多，相当于 2 台左右的高性能计算机价格。

4. 按服务器的结构划分

服务器按其结构不同可分为塔式服务器、机架式服务器和刀片服务器三种结构。

(1) 塔式服务器。

塔式服务器是目前应用最为广泛、最为常见的一种服务器。塔式服务器从外观上看就像一台体积比较大的 PC，机箱做工一般比较扎实，非常沉重。

塔式服务器由于机箱很大，可以提供良好的散热性能和扩展性能，并且配置可以很高，可以配置多个处理器、多根内存条和多块硬盘，当然也可以配置多个冗余电源和散热风扇。图 7-13 所示为 IBM x3800 服务器，该服务器可以支持 4 个处理器，提供了 16 个内存插槽，内存最大可以支持 64GB，并且可以安装 12 个热插拔硬盘。

图 7-13 IBM 塔式服务器

塔式服务器由于具备良好的扩展能力，配置上可以根据用户需求进行升级，所以可以满足企业大多数应用的需求。塔式服务器是一种通用的服务器，可以集多种应用于一身，非常适合服务器采购数量要求不高的用户。塔式服务器在设计成本上要低于机架式和刀片服务器，所以价格通常也较低，目前主流应用的工作组级服务器一般都采用塔式结构，当然部门级和企业级服务器也会采用这一结构。

塔式服务器虽然具备良好的扩展能力，但是即使扩展能力再强，一台服务器的扩展升级也会有个限度，而且塔式服务器需要占用很大的空间，不利于服务器的托管，所以在需要服务器密集型部署，实现多机协作的领域，塔式服务器并不占优势。

(2) 机架式服务器。

顾名思义，机架式服务器就是“可以安装在机架上的服务器”。机架式服务器相对塔式服务器大大节省了空间占用，节省了机房的托管费用，并且随着技术的不断发展，机架式服务器有着不逊色于塔式服务器的性能，机架式服务器是一种平衡了性能和空间占用的解决方案，如图 7-14 所示。

图 7-14　惠普 DL 360 G5 机架式服务器

机架式服务器是按照机柜的规格进行设计的，可以统一安装在 19 英寸的标准机柜中。机柜的高度以 U 为单位，1U 是一个基本高度单元，为 1.75 英寸，机柜的高度有多种规格，如 10U、24U、42U 等，机柜的深度没有特别要求。通过机柜安装服务器可以使管理、布线更为方便整洁，也可以方便和其他网络设备的连接。

机架式服务器由于机身受到限制，在扩展能力和散热能力上不如塔式服务器，这就需要对机架式服务器的系统结构专门进行设计，如主板、接口、散热系统等，这样就使机架式服务器的设计成本提高，所以价格一般也要高于塔式服务器。

(3) 刀片服务器。

刀片服务器是一种比机架式更为紧凑整合的服务器结构，它是专门为特殊行业和高密度计算环境所设计的。刀片服务器在外形上比机架服务器更小，只有机架服务器的 1/3～1/2，这样就可以使服务器密度更加集中，更大地节省了空间，如图 7-15 所示。

每个刀片就是一台独立的服务器，具有独立的 CPU、内存、I/O 总线，通过外置磁盘可以独立地安装操作系统，可以提供不同的网络服务，相互之间并不影响。刀片服务器也可以像机架服务器那样，安装到刀片服务器机柜中，形成一个刀片服务器系统，可以实现更为密集的计算机部署。如图 7-16 所示。

图 7-15　IBM 刀片服务器

图 7-16　刀片服务器系统

虽然刀片服务器在空间节省、集群计算、扩展升级、集中管理、总体成本等方面相对于另外两种结构的服务器具有很大优势，但是刀片服务器至今还没有形成一个统一的标准，刀片服务器的几大巨头，如 IBM、HP、Sun 各自有不同的标准，之间互不兼容，这样导致了刀片服务器用户选择的空间很狭窄，制约了刀片服务器的发展。

7.4.3　服务器的性能指标

服务器性能指标主要是以系统响应速度和作业吞吐量为代表。响应速度是指用户从输入信息到服务器完成任务给出响应的时间；作业吞吐量是整个服务器在单位时间内完成的任务量。假定用户不间断地输入请求，则在系统资源充裕的情况下，单个用户的吞吐量与响应时间成反比，即响应时间越短，吞吐量越大。

影响服务器性能指标的主要因素包括服务器的 CPU 占用率、服务器的可用内存数以及物理磁盘读写时间等。

7.4.4 主流服务器

网络服务器的品牌众多，目前在国内比较流行的网络服务器品牌主要有 IBM、Dell、HP、Compaq、联想、浪潮、曙光、方正、华硕等。根据互联网消费调研中心 2011 年 1 月所做的《2010—2011 中国服务器市场研究年度报告》可以看出，2010 年，IBM、Dell、HP 这三个品牌在中国服务器市场的关注度之和超过了 75%，其他品牌的关注度相对较小，中国服务器市场竞争呈现少数品牌垄断市场的趋势。

1. IBM System x3550 M2

IBM System x3550 M2 是一款基于最新 Nehalem 架构 1U 机架式服务器。IBM System x3550 M2 标配了 1 颗英特尔四核至强 5504 处理器，主频 2.0GHz，支持 EM64T 技术。标配 2 根由 2GBDDR3 内存组成的双通道为系统提供了双倍的内存带宽，有效地改善了过去内存带宽的瓶颈问题，同时配备双千兆网卡。IBM System x3550 M2 借助至强 5500 系列处理器提供了四核计算能力，通过采用低功耗组件以及智能化散热设计，使产品性能明显提高。

2. 戴尔 R410

戴尔 R410 是一款 1U 机架式服务器，R410 机身小巧，支持双路至强 5500 处理器，计算密度高，适合在空间有限的数据中心或 HPCC 环境中运行计算密集型应用程序。戴尔 R410 搭载 XeonE5504 处理器，最高主频为 2GHz，主板芯片组为 Intel 5500，前端总线为 800MHz，标配 4GB 内存，内存类型为 ECCDDRIII，还有 3 块容量为 500GB 的硬盘。

3. HP xw4600 工作站

HP xw4600 工作站经过精心设计，采用可转换的微型塔式机箱，可满足工程师、设计师、视频编辑人员以及高级用户不断增长的各种计算需求。HP xw4600 工作站采用英特尔 X38 Express 芯片组和英特尔酷睿 2 双核处理器的英特尔酷睿微体系结构，可支持多种显卡、内存和存储设备配置。所有的功能都在安静且可转换的免工具机箱中实现，而且非常便于使用、维护和升级。HP xw4600 适合作为中小企业从事金融服务、产品设计、图形运算群集、多任务或多线程等空间局限环境的工作站应用，以及主流计算机辅助设计、建筑设计、工程与施工设计及平面设计。

4. 华硕 RS520-E6

华硕 RS520-E6 采用 2U 机架式结构，是一款绿色机架式服务器。华硕 RS520-E6 采用四核英特尔至强 E5506 处理器，拥有 2.13GHz 主频和 4MB 三级缓存，QPI 总线速度高达 4.8GT/s，并搭载 1GBDIMMsDDR31066ECC 内存，最高支持 96GB 的超大容量，具有超强的计算能力。RS520-E6 集成 Intel82547LPCI-E 双端口千兆网卡，主板预留 2 个全高全长 PCI-Ex8 插槽和 1 个全高半长 PCI-Ex4 插槽，扩展性能出色。另外，华硕 RS520-E6 采用了一系列节能措施，是一款名副其实的绿色产品。

5. 宝德 GS-1000

宝德 GS-1000 是一款存储服务器，采用嵌入式特别优化内核的操作系统，并采用标准的英特尔服务器技术，同时还在硬件和软件方面进行了针对文件存取性能的优化设计。最大支持 8GB 缓存，提供 2 个千兆网络端口（10Mpbs/100Mpbs/1000Mpbs 自适应），数据传输率 160MB/s。2U 空间高密度设计，12 个磁盘架位，可配置 250GB/400GB/500GB/750GB/1TB 的 SATA 企业级和 300GB/450GB SAS 硬盘，单阵列柜的最大存储能力 12TB。

7.4.5 服务器的选购

服务器可以说是整个局域网的核心，如何选择与网络规模相适应的服务器，是有关决策者和技术人员都要考虑的问题。选购服务器可以从下列几个方面加以考虑。

1. 可靠性

为了保证网络能正常运转，选择的服务器首先要确保稳定可靠，也就是宕机率低。因为一个性能不稳定的服务器，即使配置再高、技术再先进，也不能保证网络正常工作，严重的话可能给使用者造成难以估计的损失，更何况性能稳定的服务器还意味着为公司节省维护费用。但是“稳定可靠”是个十分抽象的名词，似乎每一家服务器厂商都在强调自己的产品十分稳定可靠。用户可以通过整体组装品质、良好的散热设计、权威性评比推荐、整体口碑、实际测试、承诺售后服务内容等几个方面加以判断。

2. 可用性

可用性是以设备处于正常运行状态的时间比例作为衡量指标的，如 99.9%的可用性表示每年有 8 小时的时间设备不能正常运行；99.999%的可用性表示每年有 5 分钟的时间设备不能正常运行。部件冗余是提高可用性的基本方法，通常是对发生故障给系统造成危害最大的那些部件（如电源、硬盘、风扇和 PCI 卡）添加冗余配置，并设计方便的更换结构（如热插拔），从而保证这些设备即使发生故障也不会影响系统的正常运行。

3. 可扩展性

由于网络处在不断发展之中，快速增长的应用不断对服务器的性能提出新的要求，为了减少更新服务器带来的额外开销和对工作的影响，选购的服务器应当具有一定的可扩展性，以便能够适应将来的发展和使用。可扩展性具体表现在两个方面：一是留有富余的机箱可用空间；二是充裕的 I/O 带宽。因为随着处理器运算速度的提高和并行处理器数量的增加，服务器性能的瓶颈将会归结为 PCI 及其附属设备。高扩展性意义在于用户可以根据需要随时增加有关部件，在满足系统运行要求的同时，又能够有效保护用户投资。

4. 可管理性

可管理性旨在利用特定的技术和产品来提高系统的可靠性，降低系统的购买、使用、部署和支持费用。服务器的可管理性主要体现在服务器的管理方式(如远程管理)、系统部件运行状态的自动监视、故障自动报警、冗余组件自动切换等方面,其最显著的作用就是减少维护人员的工时占用和避免系统停机带来的损失。服务器的管理性能直接影响服务器的易用性,系统的可管理性既是IT部门的迫切要求,又对企业经营效益起着非常关键的作用。

5. 以够用为准则

在选购服务器时,由于本身的信息资源以及资金实力有限,不可能一次性投资太多的经费去采购档次很高、技术很先进的服务器。对于中小规模的网络而言,最重要的就是根据实际情况,并参考以后的发展规划,有针对性地选择既能满足目前信息化建设的需要,又不需投入太多资源的解决方法。如果片面去追求高、新、全的服务器,这些拥有先进功能、顶尖技术的服务器不但在价格上要远远高于市场上的普通服务器,更重要的是这些先进的功能对普通用户来说,可能很少用或者根本就用不上。

6. 升级维护成本

许多品牌服务器可能在购买时总价并不高,但却有着十分可观的升级维护成本。例如,一些国外品牌的服务器为了提高市场占有率,将出售的价格压得很低,但是诸如CPU、内存、硬盘和磁盘阵列卡等一些日后维护的配件十分昂贵,在原厂保修到期后的维护成本也十分昂贵,所以这也是一个需要考虑的因素。

7. 能否满足特殊要求

不同网络应用侧重点不同,对服务器性能的要求也不一样。比如在线视频播放服务器要求具有较高的存储容量和数据吞吐率,而Web服务器和电子邮件服务器则要求24小时不间断运行,如果网络服务器中存放的信息属于机密资料,这就要求选择的服务器有较高的安全性。

7.5 网络操作系统选型

7.5.1 网络操作系统简介

网络操作系统是网络的心脏和灵魂,是向网络计算机提供网络通信和网络资源共享功能的操作系统。它是负责管理整个网络资源和网络用户软件的集合。由于网络操作系统是运行在服务器之上的,所以有时称之为服务器操作系统。

网络操作系统与运行在工作站上的单用户操作系统(如Windows XP)或多用户操作系统由于提供的服务类型不同而有差别。一般情况下,网络操作系统是以使网络相关特性达到最佳为目的的。如共享数据文件、软件应用以及共享硬盘、打印机、调制解调器、扫描仪和传真机等。

7.5.2 典型网络操作系统

目前流行的网络操作系统有四大类:Windows操作系统、NetWare操作系统、UNIX

操作系统和 Linux 操作系统。

1. Windows 操作系统

Windows 操作系统是由美国 Microsoft 公司开发的，先后推出了多个版本，而且每个版本都存在自身的特点。Windows 操作系统配置在整个局域网中是最常见的，但由于它的稳定性能不是很高，所以微软的网络操作系统一般只是用在中低档服务器中，高端服务器通常采用 UNIX、Linux 或 Solairs 等非 Windows 操作系统。目前，在局域网中常用的 Windows 操作系统主要有 Windows 2003 Server、Windows 2008 Server 以及最新的 Windows 2012 Server。

2. NetWare 操作系统

NetWare 操作系统是 Novell 公司开发的用于管理网络的操作系统。在 20 世纪 80 年代初，Novell 公司就充分借鉴了 UNIX 操作系统的优点，吸收了 UNIX 的多用户、多任务的功能推出了 NetWare 网络操作系统，该操作系统在 20 世纪 80 年代末到 20 世纪 90 年代初曾是风靡一时的网络操作系统。

NetWare 网络操作系统最大的缺点就是最初的版本没有采用 TCP/IP 协议，而是自己指定了一个 IPX/SPX 协议(Internet Packet Exchange/Sequenced Exchange)。虽然 IPX/SPX 协议实现的功能较多，有较强的适应性，而且可以路由；但是这个协议仍然没有得到大多数设备制造商的支持，并且与 Internet 有所脱节，不能与 Internet 互相，未能赶上 Internet 的流行脚步，直到 20 世纪 90 年代才有集成 TCP/IP 的 NetWare 网络操作系统出现。

3. UNIX 操作系统

UNIX 网络操作系统出现于 20 世纪 60 年代，最初是为第一代网络所开发的，是标准的多用户终端系统。UNIX 操作系统是典型的 32 位多用户、多任务的网络操作系统，它一般主要应用于小型机和大型机上从事工程设计、科学计算、CAD 等工作。

UNIX 网络操作系统的一个最突出的特点就是安全可靠。UNIX 网络操作系统本身就是为多任务和多用户工作环境而开发的，它在用户访问权限、计算机及网络管理方面有着严格的规定，使得 UNIX 有很高的安全性。当然这种优势只是相对的，随着技术的发展，也出现了攻击 UNIX 网络操作系统的病毒，而且网络黑客也可以攻击采用 UNIX 操作系统的网站，可见如何保证网络的安全是网络管理员所必须面对的最具挑战的工作。

UNIX 网络操作系统的另一突出特点就是能够很方便地与 Internet 相连，这是因为 UNIX 网络操作系统本身就是为管理网络而开发的。现在 TCP/IP 协议已成为 UNIX 网络操作系统的基本组成部分，这样 UNIX 网络操作系统就可以很容易地增强和扩展，所以不同的公司都为自己的计算机设计了不同的 UNIX 操作系统。目前市场上流行的主要是 HP、SUN(已被甲骨文公司收购)、IBM 等公司的 UNIX 网络操作系统。但不同公司的 UNIX 网络操作系统的内核互不兼容，不可交换，如 HP 公司的 HP-UX，IBM 公司的 AIX，SUN 公司 Solaris 等。这种互不兼容的局面成了 UNIX 网络操作系统应用推广中的最大障碍。

4. Linux 操作系统

1991 年,芬兰赫尔辛基大学的 Linus Torvalds 利用 Internet 发布了他在 80 386 个人计算机开发的 Linux 操作系统内核的源代码,开创了 Linux 操作系统的历史,也促进了自由软件 Linux 的诞生。随后经过各地 Linux 爱好者不断补充和完善,以及 Linux 编程人员(有许多是原来从事 UNIX 开发的)的不断努力,如今 Linux 家族有近 200 个不同的版本。中文版本的 Linux,如 RedHat Linux、红旗 Linux 等在国内也得到了广大用户的充分肯定。

Linux 网络操作系统具有开放的源代码、可运行在多种硬件平台之上、支持多种网络协议、支持多种文件系统等一系列特点,在国内外得到了广泛应用。尽管 Linux 的发展势头很好,但 Linux 存在的版本繁多,且不同版本之间存在大量的不兼容等缺点也影响了它的应用范围。

总的来说,对特定计算环境的支持使得每一个操作系统都有适合于自己的工作场合,这就是系统对特定计算环境的支持。例如,Windows Professional 适用于桌面计算机,Linux 适用于小型的网络,而 Windows Server 和 UNIX 则适用于大型服务器应用程序。因此,对于不同的网络应用,需要我们有目的地选择合适的网络操作系统。

7.5.3 网络操作系统的选择

网络操作系统是网络中的一个重要部分,它与网络的应用紧密相关。前面所介绍的 4 种网络操作系统所面向的服务领域不同,在很多方面有较大的差异,用户可以结合网络系统的需求适当选择。

1. 成本问题

价格因素是选择网络操作系统的一个主要因素。试想,拥有强大的财力和雄厚的技术支持能力当然可以选择安全、可靠性更高的网络操作系统。但如果不具备这些条件,就应从实际出发,根据现有的财力、技术维护力量,选择经济适用的系统。同时,考虑到成本因素,选择网络操作系统时,也要和现有的网络硬件环境相结合,在财力有限的情况下,尽量不购买需要很大程度地升级硬件的操作系统。在购买成本上,免费的 Linux 当然占有很大的优势,而 Netware 由于适应性较差,仅能在 Intel 等少数几种处理器硬件系统上运行,因而对硬件的要求比较高,可能会引起很大的硬件扩充费用。

在成本问题上,尽管购买操作系统的费用会有所区别,但从长远来看,购买网络操作系统的费用只是整个网络系统成本的一小部分,而网络管理的大部分费用是技术维护的费用。所以,网络操作系统越容易管理和配置,其运行成本越低。一般来说,Windows 网络操作系统比较简单易用,适合于技术维护力量较薄弱的网络环境中,而 UNIX 由于其命令比较难懂,易用性则稍差一些。

其次,是网络操作系统的稳定性和可靠性。对网络而言,稳定性和可靠性的重要性是不言而喻的,网络操作系统的稳定性及可靠性将是一个网络环境得以持续高效运行的有力保证。微软的网络操作系统,一般只用在中低档服务器中,因为其在稳定性和可靠性方面,要逊色很多,而 UNIX 主要的特性是稳定性及可靠性高。

2. 安全性问题

操作系统安全是计算机网络系统安全的基础，一个健壮的网络必须具有一定的防病毒及防外界侵入的能力，因而网络安全性正在受到用户越来越高的重视。从网络安全性来看，Netware 网络操作系统的安全保护机制较为完善和科学；UNIX 的安全性也是有口皆碑的(Linux 也是 UNIX 的变种)；但 Windows 则存在着重大的安全漏洞。无论安全性能如何，各个操作系统都自带有安全服务。比如 Linux、UNIX 网络操作系统提供了用户账号、文件系统权限和系统日志文件；Netware 也提供了 4 级的安全系统：登录安全、权限安全、属性安全、服务安全；Windows server 提供了用户账号、文件系统权限、Registry 保护、审核、性能监视等基本安全机制。

3. 可集成性与可扩展性问题

可集成性就是对硬件及软件的容纳能力，硬件平台无关性对系统来说非常重要。现在一般构建网络都有多种不同应用的要求，因而具有不同的硬件及软件环境，而网络操作系统作为这些不同环境集成的管理者，应该有较强的管理各种软硬件资源的能力。

由于 Netware 硬件适应性较差，所以其可集成性也就较差。UNIX 系统一般都是针对自己的专用服务器和工作站进行优化，其兼容性也较差；而 Linux 对 CPU 的支持比 Windows 要好得多。在对 TCP/ IP 的支持程度方面，这几种主流操作系统都是比较优秀的。

4. 兼容性问题

网络系统应当是开放的系统，只有开放才能兼容并蓄，才能真正实现网络的功能。当用户应用的需求增大时，网络处理能力也要随之增加、扩展，这样可以保证用户在早期的投资不至于浪费，也为今后的发展打好基础。

5. 可维护性问题

在购买网络操作系统时，还要考虑维护的难易程度。前面已经提过，从用户界面和易用性来看，Windows 网络操作系统明显优于其他的网络操作系统。

目前，大部分网络操作系统提供的管理工具已经能够满足网络管理员的大部分需求，所以一般都不用再购买第三方软件。

总之，在购买网络操作系统时，最重要的还是要和自己的网络环境相结合。如中小型企业及网站建设中，多选用 Windows 网络操作系统；做网站的服务器和邮件服务器时多选用 Linux；在工业控制、生产企业、证券系统的环境中，多选用 Netware；而在安全性要求很高的情况下，如金融、银行、军事及大型企业网络上，则推荐选用 UNIX。

7.6 设计实训

7.6.1 实训项目背景

某公司拥有一栋独立的楼宇办公，共拥有 8 个部门，公司包括领导部、行政管理部、人事部、后勤部、开发部、市场销售部、设计策划部、售后服务部，总共300多位员工。分别是领导部5人，行政管理部20人，人事部10人，后勤部10人，开发部200人，市场营销部20人，设计策划部20人，售后服务部30人。公司有服务器5台，分别是数据库服务器、网站服务器、文件服务器、公司OA服务器、邮件服务器，服务器主要满足公司内部办公需求。要求每个部门拥有独立子网，服务器组也单独一个子网。公司网络与因特网连接，因特网也可以访问公司内部服务器。

要求根据以上网络项目分析选择合适的网络设备并进行项目预算。

7.6.2 实训目的

(1) 能根据网络工程项目进行网络产品合适选型。
(2) 能根据产品的类型选择品牌及具体产品。
(3) 能完成网络产品数量的计算。
(4) 能完成网络工程设备预算。

7.6.3 实训内容

1. 交换机选择(品牌、型号及数量)

交换机类型	品 牌	型 号	数 量	单 价

2. 路由器选择(品牌、型号及数量)

路由器类型	品 牌	型 号	数 量	单 价

3. 服务器选择(品牌、型号及数量)

服务器类型	品 牌	型 号	数 量	单 价

4. 网络设备预算

产品类型	产品数量	产品总价
交换机		
路由器		
服务器		
总价		

7.6.4 实训讨论

(1) 选择以上类型及品牌交换机的理由。
(2) 选择以上类型及品牌路由器的理由。
(3) 选择以上类型及品牌服务器的理由。

7.7 习 题

一、选择题

1. 不同的网络设备和网络互联设备实现的功能不同,主要取决于该设备工作在OSI网络模型的第几层,下列( )设备工作在数据链路层。

A. 网桥和路由器　　B. 网桥和集线器
C. 网关和路由器　　D. 网卡和网桥

2. 以下( )不是路由器的功能。

A. 安全性与防火墙　　B. 路径选择
C. 隔离广播　　D. 第二层的特殊服务

3. 以太网交换机可以堆叠主要是为了( )。

A. 将几台交换机堆叠成一台交换机　　B. 增加端口数量
C. 增加交换机的带宽　　D. 以上都是

4. 路由器(Router)是用于连接( )逻辑上分开的网络。

A. 1个　　B. 2个　　C. 多个　　D. 无数个

5. 路由器必须对IP合法性进行验证,如果IP数据报不合法,则( )。

A. 要求重发　　B. 丢弃
C. 不考虑　　D. 接受,但进行错误统计

6. 在OSI的( )使用的互联设备是路由器。

A. 物理层　　B. 数据链路层　　C. 网络层　　D. 传输层

7. 在局域网中使用交换机( )。

A. 可以增加广播域的数量　　B. 可以减少广播域的数量
C. 可以增加冲突域的数量　　D. 可以减少冲突域的数量

8. 企业 Intranet 要与 Internet 互联,必需的互联设备是(　　)。

A. 中继器　　B. 调制解调器　　C. 交换器　　D. 路由器

9. 以下(　　)操作系统不属于网络操作系统。

A. Linux　　B. UNIX

C. Windows 8　　D. Windows Server 2012

10. 以下(　　)操作系统不属于类 UNIX 系统。

A. HP-UX　　B. AIX　　C. Solaris　　D. ORACEL

11. Windows Server 2008 最多支持(　　)个 CPU。

A. 2　　B. 8　　C. 32　　D. 64

12. 拥有 32 个以太接口的千兆以太网交换机连接了 16 台计算机,当满负荷传输时,每个端口最大的传输速率是(　　)。

A. 31.25Mbps　　B. 62.5Mbps　　C. 100Mbps　　D. 1000Mbps

二、问答题

1. 交换机在网络中的主要作用是什么?
2. 交换机是怎样分类的? 各有什么特点?
3. 交换机的主要性能指标包括哪些?
4. 交换机的数据包转发方式有哪几种? 各有什么特点?
5. 什么是交换机的 MAC 地址数?
6. 什么是交换机的背板带宽?
7. 简述交换机的工作原理。
8. 路由器的主要功能包括哪些?
9. 简述路由器的工作原理。
10. 路由器是如何分类的?
11. 路由器的性能指标有哪些?
12. 选购路由器主要应从哪几个方面考虑?
13. 服务器应该具有哪些特殊要求?
14. 服务器是如何分类的?
15. 服务器的性能指标主要有哪些?
16. 选购服务器主要应考虑哪些问题?
17. 服务器操作系统主要有哪些? 举例说明。
18. 选择操作系统主要应考虑哪些因素?
19. 宽带路由器的性能指标主要有哪些?
20. 选购宽带路由器需要注意哪些问题?

第 8 章　物联网及智能家居

学习场景

世界上的万事万物，小到手表、钥匙，大到汽车、楼房，只要嵌入一个微型感应芯片，把它变得智能化，这个物体就可以"自动开口说话"。再借助无线网络技术，人们就可以和物体"对话"，物体和物体之间也能"交流"，这就是物联网。如果物联网再搭上互联网这个桥梁，在世界任何一个地方我们都可以即时获取万事万物的信息。可以这么说，物联网加上互联网等于智慧地球。

学习目标

- 掌握物联网概念。
- 掌握物联网的发展及应用。
- 掌握物联网主要技术及体系结构。
- 掌握智能家居概念及主要组成。
- 掌握 ZigBee 无线传输技术。
- 了解海尔 U-home 智能家居系统。
- 了解智能家居系统方案设计过程。

8.1　物联网技术

8.1.1　什么是物联网

物联网(Internet of Things，IoT) 是"万物沟通"的，具有全面感知、可靠传送、智能处理特征的连接物理世界的网络，实现任何时间、任何地点及任何物体的连接，实现人类社会与物理世界的有机结合，使人类可以以更加精细和动态的方式管理生产和生活，提高整个社会的信息化能力。图 8-1 所示为互联网到物联网发展过程。

1. 物联网的起源

物联网的理念最早出现于比尔·盖茨 1995 年《未来之路》一书，只是当时受限于无线网络、硬件及传感设备的发展，并未引起世人重视。1998 年，美国麻省理工学院(MIT)创造性地提出了当时被称作 EPC 系统的"物联网"的构想。1999 年，"物联网"的概念由美国麻省理工学院的 Auto-ID 实验室首先提出。其提出的物联网概念以 RFID 技术和无线

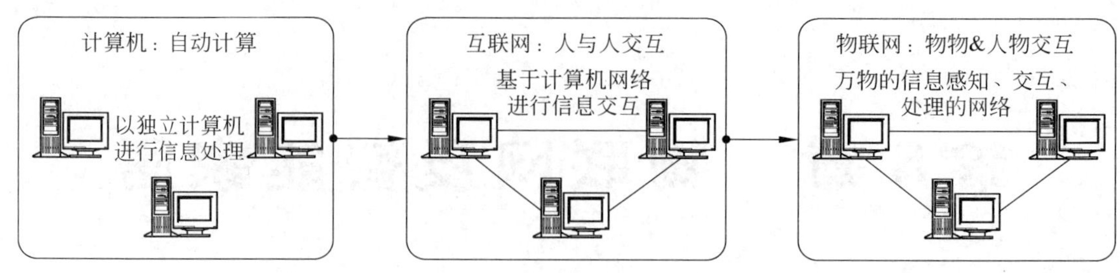

图 8-1 从互联网到物联网

传感网络作为支撑。2005 年，国际电信联盟(ITU)发布了《ITU 互联网报告 2005：物联网》，正式提出物联网的概念。报告指出，无所不在的"物联网"通信时代即将来临，世界上所有物体都可以通过互联网主动进行信息交换，射频识别技术、传感器技术、纳米技术、智能嵌入技术将得到更加广泛的应用。2008 年 11 月，IBM 提出"智慧地球"构想，从此作为经济振兴战略。

2. 物联网概念

物联网指通过信息传感设备，按照约定的协议，把任何物品与互联网连接起来，进行信息交换和通信，以实现智能化识别、定位、跟踪、监控和管理的网络。它是在互联网基础上延伸和扩展的网络。物联网的概念有狭义和广义之分。狭义物联网即"联物"，基于物与物间通信，实现"万物网络化"。广义物联网即"融物"，是物理世界与信息世界的完整融合，形成现实环境的完全信息化，实现"网络泛在化"，并因此改变人类对物理环境的理解和交互方式。

中国物联网联盟将物联网定义为当下几乎所有技术与计算机、互联网技术的结合，实现物体与物体之间、环境以及状态信息实时的共享以及智能化的收集、传递、处理、执行。广义上说，当下涉及信息技术的应用，都可以纳入物联网的范畴。

物联网是基于互联网、传统电信网等信息承载体，让所有能够独立寻址的普通物理对象实现互联互通的网络，具有智能、先进、互联的重要特征。

国际电信联盟(ITU)对物联网做了如下定义：把任何物品通过二维码识读设备、射频识别(RFID)装置、红外感应器、全球定位系统和激光扫描器等信息传感设备，按约定的协议，把任何物品与互联网相连接，进行信息交换和通信，以实现智能化识别、定位、跟踪、监控和管理的网络。

3. 物联网现状及发展

(1) 国外物联网现状。

当前，全球主要发达国家和地区均十分重视物联网的研究并纷纷制订与物联网相关的信息化战略。世界各国的物联网基本都处在技术研发与试验阶段，美、日、韩、欧盟等都投入巨资深入研究探索物联网，并相继推出区域战略规划。

① 美国。

奥巴马总统就职后，很快回应了 IBM 所提出的"智慧地球"，将物联网发展计划上升为美国的国家级发展战略。该战略一经提出，在全球范围内得到极大的响应，物联网荣升

2009 年最热门话题之一。那么什么是“智慧地球”呢？就是把感应器嵌入和装备到电网、铁路、桥梁、隧道、公路、建筑、供水系统、大坝、油气管道等各种物体中，并且普遍连接，形成“物联网”，然后将“物联网”与现有的互联网整合起来，实现人类社会与物理系统的整合。智慧地球的核心是以更智慧的方法通过利用新一代信息技术来改变政府、公司和人们相互交互的方式，以便提高交互的明确性、效率、灵活性和响应速度。智慧方法具体来说是以三个方面为特征的，即更透彻的感知、更全面的互联互通、更深入的智能化。

② 欧盟。

欧盟围绕物联网技术和应用做了不少创新性工作。2006 年成立了专门进行 RFID 技术研究的工作组。该工作组于 2008 年发布了《2020 年的物联网——未来路线》，2009 年 6 月又发布《物联网——欧洲行动计划》，对物联网未来发展以及重点研究领域给出了明确的路线图。

③ 日韩。

2009 年 8 月，日本将 u-Japan 升级为 i-Japan 战略，提出“智慧泛在”构想，将物联网列为国家重点战略之一，致力于构建个性化的物联网智能服务体系。2009 年 10 月，韩国颁布《物联网基础设施构建基本规划》，将物联网市场确定为新的增长动力，并提出到 2012 年实现“通过构建世界最先进的物联网基础设施，打造未来超一流信息通信技术强国”的目标。

法国、德国、澳大利亚、新加坡等国也在加紧部署物联网发展战略，加快推进下一代网络基础设施的建设步伐。各国竞相争夺信息技术制高点。

(2) 国内物联网发展现状。

我国在物联网领域的布局较早，中科院早在 10 年前就启动了传感网研究。在物联网这个全新的产业中，我国技术研发水平处于世界前列，中国与德国、美国、韩国一起，成为国际标准制定的四个发起国和主导国之一，其影响力举足轻重。

2009 年 8 月，温家宝总理在无锡视察时指出，要在激烈的国际竞争中，迅速建立中国的传感信息中心或“感知中国”中心。物联网被正式列为国家五大新兴战略性产业之一，并写入政府工作报告中。2009 年 11 月，总投资超过 2.76 亿元的 11 个物联网项目在无锡成功签约。2010 年工信部和发改委出台了系列政策支持物联网产业化发展，我国已经规划了 38 600 亿元的资金用于 2020 年之前物联网产业的发展。

中国“十二五”规划明确提出，发展宽带融合安全的下一代国家基础设施，推进物联网的应用。物联网将会在智能电网、智能交通、智能物流、智能家居、环境与安全检测、工业与自动化控制、医疗健康、精细农牧业、金融与服务业、国防军事十大领域进行重点部署。

(3) 全球物联网应用情况。

目前，全球物联网应用基本还处于起步阶段，主要以 RFID、传感器、M2M 等应用项目来体现，大部分是试验性或小规模部署的，处于探索和尝试阶段，覆盖国家或区域性大规模应用较少。

基于 RFID 的物联网应用相对成熟，RFID 在金融(手机支付)、交通(不停车付费等)、物流(物品跟踪管理)等行业已经形成了一定的规模性应用，其市场应用包括标签、阅读器、基础设施、软件和服务等方方面面，但自动化、智能化、协同化程度仍然较低。无线传感器应用仍处于试验阶段，全球范围内基于无线传感器的物联网应用部署规模并不大，很多系统都在试验阶段。

发达国家物联网应用整体上较领先。美、欧及日韩等信息技术能力和信息化程度较高的国家在应用深度、广度以及智能化水平等方面处于领先地位。美国是物联网应用最广泛的国家，物联网已在军事、电力、工业、农业、环境监测、建筑、医疗、空间和海洋探索等领域投入应用，其 RFID 应用案例占全球 60%。欧盟物联网应用大多围绕 RFID 和 M2M 展开，在电力、交通以及物流领域已形成了一定规模的应用。

我国物联网应用已开展了一系列试点和示范项目，在电网、交通、物流、智能家居、节能环保、工业自动控制、医疗卫生、精细农牧业、金融服务业、公共安全等领域取得了初步进展。其中 RFID 技术目前主要应用在电子票证/门禁管理、仓库/运输/物流、车辆管理、工业生产线管理、动物识别等。相关部门投入大量资金实施了目前世界上最大的 RFID 项目(更换第二代居民身份证)。我们所熟知的交通一卡通、校园一卡通等也是应用了此项技术。但目前我国物联网还处在零散应用的产业启动期，距离大规模产业化推广还存在很大差距。

8.1.2 物联网组成

1. 物联网核心技术

物联网核心技术包括射频识别装置、WSN 网络、红外感应器、传感器、全球定位系统、Internet 与移动网络，网络服务，行业应用软件。在这些技术中，又以底层嵌入式设备芯片开发最为关键，引领整个行业的上游发展。其中物联网核心技术里比较重要的是 RFID 技术、WSN 技术、传感器。

(1) RFID 技术。

RFID(Radio Frequency Identification)，即射频识别，俗称电子标签。

RFID 射频识别是一种非接触式的自动识别技术，它通过射频信号自动识别目标对象并获取相关数据，识别工作无须人工干预，可工作于各种恶劣环境。RFID 技术可识别高速运动物体并可同时识别多个标签，操作快捷方便。

短距离射频产品不怕油渍、灰尘污染等恶劣的环境，可在这样的环境中替代条码，例如，用在工厂的流水线上跟踪物体。

长距射频产品多用于交通上，识别距离可达几十米，如自动收费或识别车辆身份等。RFID 解决方案是 RFID 技术供应商针对行业发展特点制定的 RFID 应用方案，可根据不同企业的实际要求“量身定做”。RFID 解决方案可按照行业进行分类，如物流、防伪防盗、身份识别、资产管理、动物管理、快捷支付等。

RFID 技术的基本工作原理并不复杂：标签进入磁场后，接收解读器发出的射频信号，凭借感应电流所获得的能量发送出存储在芯片中的产品信息(无源标签或被动标签，Passive Tag)，或者主动发送某一频率的信号(有源标签或主动标签，Active Tag)；解读器读取信息并解码后，送至中央信息系统进行有关数据处理。

最基本的 RFID 系统由三部分组成。

① 标签(Tag，即射频卡)：由耦合元件及芯片组成，标签含有内置天线，用于和射频天线进行通信。

RFID 标签如图 8-2 所示。

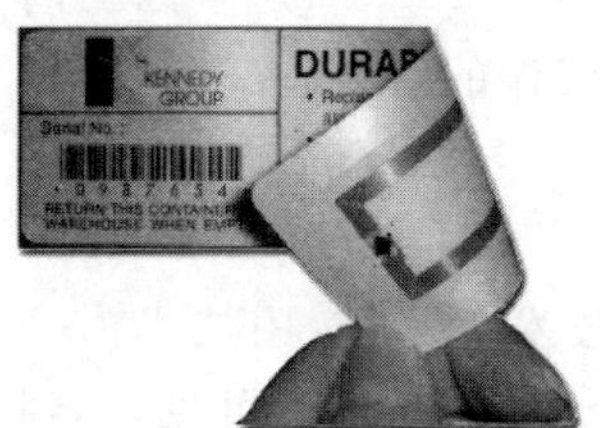

智能标签　　UHF电子标签卡　　UHF金属电子标签

图 8-2　多种不同类型的 RFID 电子标签

② 阅读器：读取(在读写卡中还可以写入)标签信息的设备。如图 8-3 所示。

图 8-3　RFID 阅读器

③ 天线：在标签和读取器间传递射频信号。如图 8-4 所示。

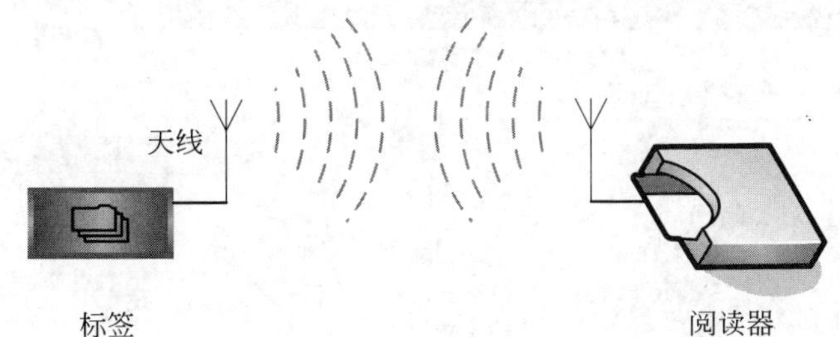

图 8-4　RFID 天线实现无线数据传输

(2) WSN 技术。

无线传感器网络(Wireless Sensor Network,WSN)是由部署在监测区域内大量的廉价微型传感器节点组成,通过无线通信方式形成的一个多跳的自组织的网络系统,其目的是协作地感知、采集和处理网络覆盖区域中被感知对象的信息,并发送给观察者。传感器、感知对象和观察者构成了无线传感器网络的三个要素。

(3) 传感器。

温度传感器是一种将温度变化转换为电量变化装置。将温度变化转换为热电势变化的称热电偶传感器。将温度变化转换为电阻变化的称为热电阻传感器。金属热电阻式传感器简称为热电阻，半导体热电阻式传感器简称为热敏电阻。温度传感在工业生产、科学研究、民用生活等许多领域得到广泛应用。电阻式传感器广泛用于－200～960℃范围内的温度，是利用导体或半导体的电阻随温度变化而变化的性质而工作的，用仪表测量出热电阻的阻值变化，从而得到与电阻值对应的温度值。

（4）嵌入式系统技术。

嵌入式系统是综合了计算机软硬件、传感器技术、集成电路技术、电子应用技术为一体的复杂技术。经过几十年的演变，以嵌入式系统为特征的智能终端产品随处可见，小到人们身边的MP3，大到航天航空的卫星系统。嵌入式系统正在改变着人们的生活，推动着工业生产以及国防工业的发展。如果把物联网用人体做一个简单比喻，传感器相当于人的眼睛、鼻子、皮肤等感官，网络是神经系统用来传递信息，嵌入式系统则是人的大脑，在接收到信息后要进行分类处理。这个例子很形象地描述了传感器、嵌入式系统在物联网中的位置与作用。

2. 物联网体系结构

物联网具备三个特征：一是全面感知，即利用RFID、传感器、二维码等随时随地获取物体的信息；二是可靠传递，通过各种电信网络与互联网的融合，将物体的信息实时准确地传递出去；三是智能处理，利用云计算、模糊识别等各种智能计算技术，对海量数据和信息进行分析和处理，对物体实施智能化的控制。

在业界，大家公认物联网有三个层次，底层是用来感知数据的感知层；第二层是网络层；第三层是具体服务的应用层。物联网体系结构如图8-5所示。

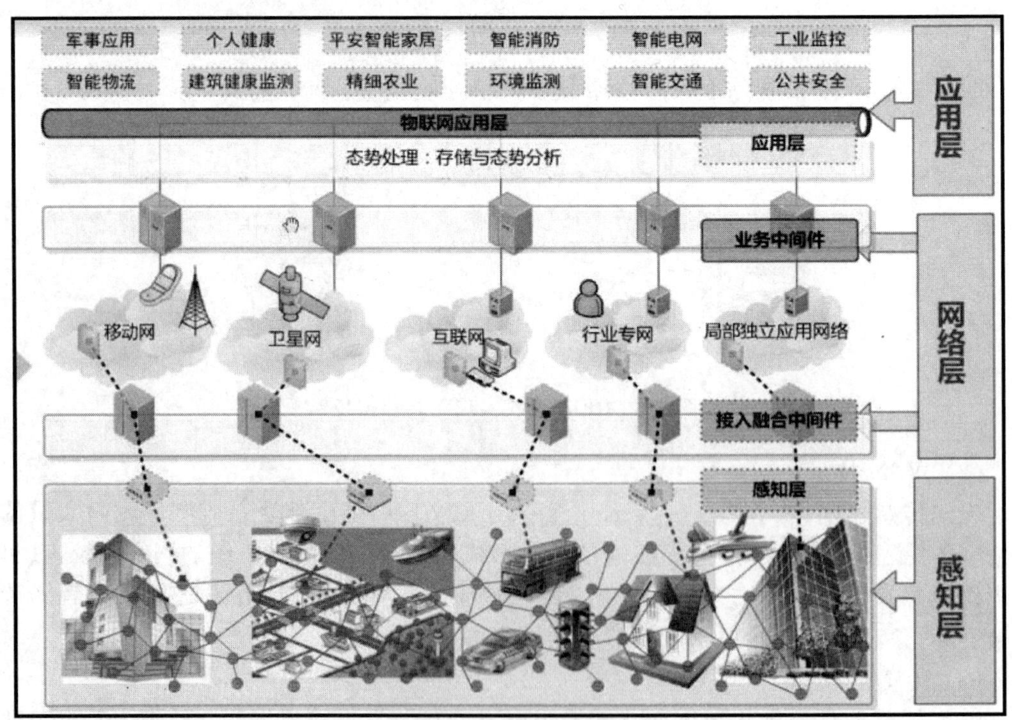

图8-5 物联网体系结构

（1）感知层是让物品“说话”的先决条件，主要用于采集物理世界中发生的物理事件和数据，包括各类物理量、身份标识、位置信息、音频、视频数据等。物联网的数据采集涉及传感器、RFID、多媒体信息采集、二维码和实时定位等技术。感知层又分为数据采集与执行、短距离无线通信两个部分。数据采集与执行主要是运用智能传感器技术、身份识别以及其他信息采集技术，对物品进行基础信息采集，同时接收上层网络送来的控制信息，执行相应动作。这相当于给物品赋予了嘴巴、耳朵和手，既能向网络表达自己的各种信息，又能接收网络的控制命令，完成相应动作。短距离无线通信能完成小范围内的多个物品的信息集中与互通功能，相当于物品的脚。物联网感知层作用及实现方式如图 8-6 所示。

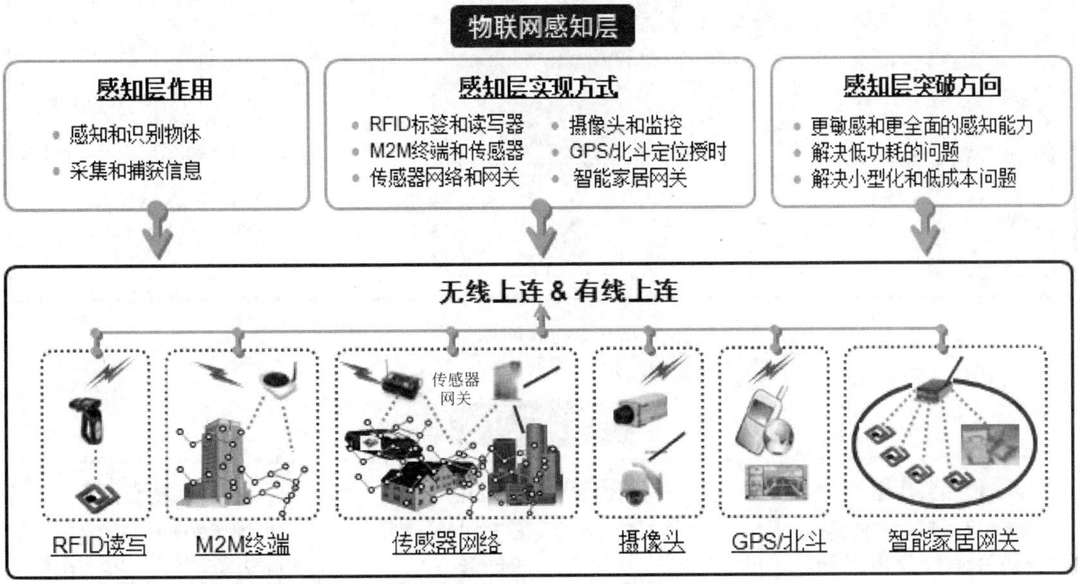

图 8-6　物联网感知层

（2）网络层完成大范围的信息沟通，主要借助于已有的广域网通信系统（如 PSTN 网络、3G/4G 移动网络、互联网等），把感知层感知到的信息快速、可靠、安全地传送到地球的各个地方，使物品能够进行远距离、大范围的通信，以实现在地球范围内的通信。这相当于人借助火车、飞机等公众交通系统在地球范围内的交流。网络层是物联网成为普遍服务的前提，必须关注规模扩展机遇，重点是接入网络和业务支撑平台，物联网网络层作用及层次如图 8-7 所示。

（3）应用层完成物品信息的汇总、协同、共享、互通、分析、决策等功能，相当于物联网的控制层、决策层。物联网的根本还是为人服务，应用层完成物品与人的最终交互，前面两层将物品的信息大范围地收集起来，汇总在应用层进行统一分析、决策，用于支撑跨行业、跨应用、跨系统之间的信息协同、共享、互通，提高信息的综合利用度，最大程度地为人类服务。其具体的应用服务又回归到前面提到的各个行业应用，如智能交通、智能医疗、智能家居、智能物流、智能电力等。应用层是物联网的智能中枢，主要应用和方向如图 8-8 所示。

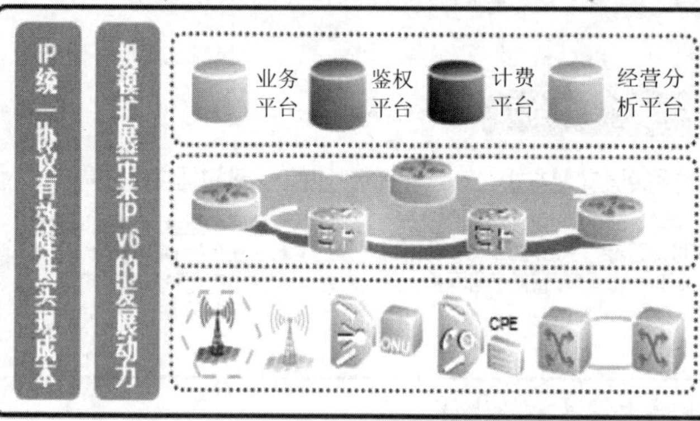

图 8-7 物联网网络层

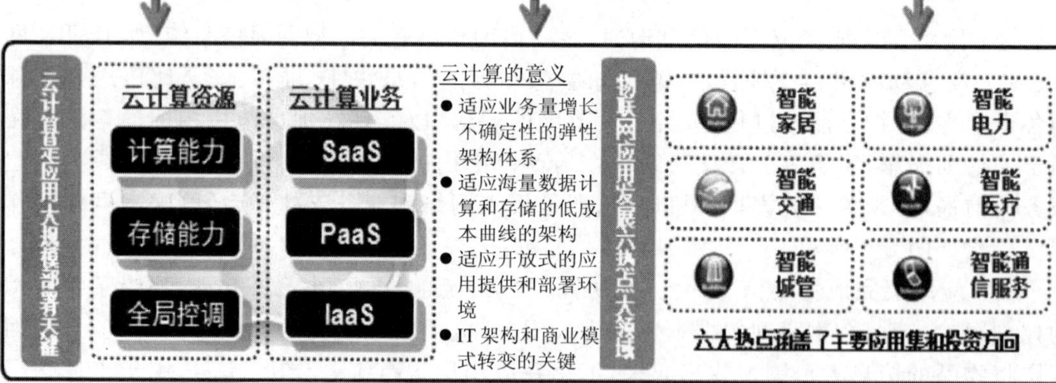

图 8-8 物联网应用层

8.1.3　物联网的应用领域

在国家大力推动工业化与信息化两化融合的大背景下，物联网将是工业乃至更多行业信息化过程中一个比较现实的突破口。一旦物联网大规模普及，无数的物品需要加装更加小巧智能的传感器，用于动物、植物、机器等物品的传感器与电子标签及配套的接口装置数量将大大超过目前的手机数量。按照目前对物联网的需求，在近几年内就需要按亿计的传感器和电子标签。专家预计，2020 年，内嵌芯片、传感器、无线射频的"智能物件"将超过 1000 亿个，物联网将会发展成为一个上万亿元规模的高科技市场，这将大大推进信息技术元件的生产，给市场带来巨大商机。

物联网用途广泛，遍及智能交通、环境保护、政府工作、公共安全、平安家居、智能家居、工业监测、老人护理、个人健康、花卉栽培、水系监测、食品溯源、敌情侦查和情报搜集等多个领域。

物联网把新一代 IT 技术充分运用在各行各业之中，具体地说，就是把感应器嵌入和装备到电网、铁路、桥梁、隧道、公路、建筑、供水系统、大坝、油气管道等各种物体中，然后将"物联网"与现有的互联网整合起来，实现人类社会与物理系统的整合，在这个整合的网络当中，存在能力超级强大的中心计算机群，能够对整合网络内的人员、机器、设备和基础设施实施实时的管理和控制，在此基础上，人类可以更加精细与动态的方式管理生产和生活，达到"智慧"状态，提高资源利用率和生产力水平，改善人与自然的关系，我们的地球在物联网的作用下将成为全新的"智慧地球"，如图 8-9 所示。

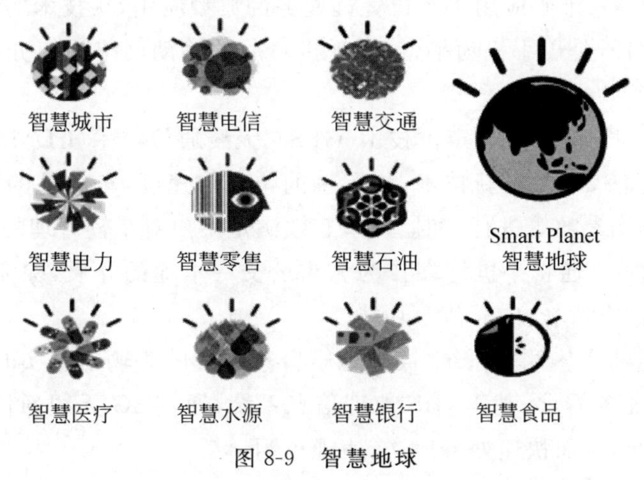

图 8-9　智慧地球

1. 智能家居

智能家居产品融合自动化控制系统、计算机网络系统和网络通信技术于一体，将各种家庭设备（如音视频设备、照明系统、窗帘控制、空调控制、安防系统、数字影院系统、网络家电等）通过智能家庭网络联网实现自动化，通过中国电信的宽带、固话和 3G 无线网络，可以实现对家庭设备的远程操控。与普通家居相比，智能家居不仅提供舒适宜人且高品位的家庭生活空间，实现更智能的家庭安防系统，还将家居环境由原来的被动静止结构转变为具有能动智慧的工具，提供全方位的信息交互功能。

2. 智能城市

智能城市产品包括对城市的数字化管理和城市安全的统一监控。前者利用"数字城市"理论，基于3S(地理信息系统GIS、全球定位系统GPS、遥感系统RS)等关键技术，深入开发和应用空间信息资源，建设服务于城市规划、城市建设和管理；服务于政府、企业、公众；服务于人口、资源环境、经济社会的可持续发展的信息基础设施和信息系统。后者基于宽带互联网的实时远程监控、传输、存储、管理的业务，利用中国电信无处不达的宽带和3G网络，将分散、独立的图像采集点进行联网，实现对城市安全的统一监控、统一存储和统一管理，为城市管理和建设者提供一种全新、直观、视听觉范围延伸的管理工具。

3. 智能交通

智能交通系统包括公交行业无线视频监控平台、智能公交站台、电子票务、车管专家和公交手机一卡通等业务：

(1) 公交行业无线视频监控平台利用车载设备的无线视频监控和GPS定位功能，对公交运行状态进行实时监控。

(2) 智能公交站台通过媒体发布中心与电子站牌的数据交互，实现公交调度信息数据的发布和多媒体数据的发布功能，还可以利用电子站牌实现广告发布等功能。

(3) 电子门票是二维码应用于手机凭证业务的典型应用，从技术实现的角度，手机凭证业务就是手机凭证，是以手机为平台，以手机身后的移动网络为媒介，通过特定的技术实现完成凭证功能。

(4) 车管专家利用全球卫星定位技术(GPS)、无线通信技术(CDMA)、地理信息系统技术(GIS)、中国电信3G等高新技术，将车辆的位置与速度，车内外的图像、视频等各类媒体信息及其他车辆参数等进行实时管理，有效满足用户对车辆管理的各类需求。

(5) 公交手机一卡通将手机终端作为城市公交一卡通的介质，除完成公交刷卡功能外，还可以实现小额支付、空中充值等功能。

测速E通通过将车辆测速系统、高清电子警察系统的车辆信息实时接入车辆管控平台，同时结合交警业务需求，基于GIS地理信息系统，通过3G无线通信模块实现报警信息的智能、无线发布，从而快速处置违法、违规车辆。

4. 智能医疗

智能医疗系统借助简易实用的家庭医疗传感设备，对家中病人或老人的生理指标进行自测，并将生成的生理指标数据通过中国电信的固定网络或3G无线网络传送到护理人或有关医疗单位。根据客户需求，中国电信还提供相关增值业务，如紧急呼叫救助服务、专家咨询服务、终生健康档案管理服务等。智能医疗系统真正解决了现代社会子女们因工作忙碌无暇照顾家中老人的无奈，可以随时表达孝子情怀。

5. 智能物流

智能物流打造了集信息展现、电子商务、物流配载、仓储管理、金融质押、园区安保、海关保税等功能为一体的物流园区综合信息服务平台。信息服务平台以功能集成、效能综合为主要开发理念，以电子商务、网上交易为主要交易形式，建设了高标准、高品位的综合信息服务平台，并为金融质押、园区安保、海关保税等功能预留了接口，可以为园区客户及管理人员提供一站式综合信息服务。

6. 智能环保

智能环保产品通过对实施地表水水质的自动监测，可以实现水质的实时连续监测和远程监控，及时掌握主要流域重点断面水体的水质状况，预警预报重大或流域性水质污染事故，解决跨行政区域的水污染事故纠纷，监督总量控制制度落实情况。例如，太湖环境监控项目，通过安装在环太湖地区的各个监控的环保和监控传感器，将太湖的水文、水质等环境状态提供给环保部门，实时监控太湖流域水质等情况，并通过互联网将监测点的数据报送至相关管理部门。

8.1.4 物联网需注意的问题

我们在理解作为智慧地球概念实现的技术载体——物联网的核心内涵时要注意以下三个问题。

(1) 不能把传感网或 RFID 网等同于物联网。事实上传感技术也好，RFID 技术也好，都仅仅是信息采集技术之一。除传感网和 RFID 技术外，GPS、红外、激光、扫描等所有能够实现自动识别与物物通信的技术都可以成为物联网的信息采集技术。传感网、RFID 网只是物联网的一种应用，不是物联网的全部。

(2) 不能把物联网当成互联网一样无边无际的无限延伸，不能把物联网当成所有物的完全开放、全部互联、全部共享的互联网平台。实际上物联网不是简单的全球共享互联网的无限延伸，即使互联网也不仅仅指通常认为的国际共享的计算机网络，互联网也有广域网和局域网、内网与外网、公用和专用之分。物联网既可以是平常意义上的互联网向物的延伸，也可以根据现实需要及产品应用组成局域网、专业网。现实中没必要也不可能使全部物品联网，也没有必要使专业网、局域网都连接到全球互联网共享平台。今后的物联网与互联网会有很大不同，类似智慧物流、智能交通、智能电网、智能小区这样的物联网更适合采取局域网或专网的形式，这可能是很大的一块应用空间。

(3) 不能认为物联网就是物物互联的无所不在的网络，不能认为物联网是空中楼阁，是目前很难实现的技术。事实上物联网是实实在在的，很多初级的物联网应用早就在为我们服务。物联网理念就是在很多现实应用基础上推出的聚合型、集成型创新，是对早就存在的具有物物互联的网络化、智能化、自动化系统的概括与提升，它从更高的角度提升了我们的认识。

8.2 智能家居应用

8.2.1 智能家居概述

1. 智能家居概念

智能家居又称智能住宅，英文名称为 Smart Home。智能家居是一个以住宅为平台安装有智能家居系统的居住环境。智能家居集成是利用综合布线技术、网络通信技术、安全防范技术、自动控制技术、音视频技术将家居生活有关的设备进行集成。

最著名的智能家居要算比尔·盖茨的豪宅。比尔·盖茨在他的《未来之路》一书中以很大篇幅描绘他正在华盛顿湖建造的私人豪宅，他描绘他的住宅是“由硅片和软件建成的”并且要“采纳不断变化的尖端技术”。经过 7 年的建设，1997 年，比尔·盖茨的豪宅终于建成。他的这个豪宅完全按照智能住宅的概念建造，不仅具备高速上网的专线，所有的门窗、灯具、电器都能够通过计算机控制，而且有一个高性能的服务器作为管理整个系统的后台，通过加触摸屏、无线遥控器、电话、互联网或者语音识别控制家用设备，更可以执行场景操作，使多个设备形成联动。

目前通常把智能家居定义为利用电脑、网络和综合布线技术，通过家庭信息管理平台将与家居生活有关的各种子系统有机地结合的一个系统。也就是说，首先，它们都要在一个家居中建立一个通信网络，为家庭信息提供必要的通路，在家庭网络的操作系统的控制下，通过相应的硬件和执行机构，实现对所有家庭网络上的家电和设备的控制和监测。其次，它们都要通过一定的媒介平台，构成与外界的通信通道，以实现与家庭以外的世界沟通信息，满足远程控制/监测和交换信息的需求。它们的最终目的都是为满足人们对安全、舒适、方便和符合绿色环境保护的需求。

2. 智能家居主要功能

(1) 智能灯光控制。

实现对全宅灯光的智能管理，可以用遥控等多种智能控制方式实现对全宅灯光的遥控开关、调光、全开全关及“会客、影院”等多种一键式灯光场景效果的实现；并可用定时控制、电话远程控制、电脑本地及互联网远程控制等多种控制方式实现功能，从而达到智能照明的节能、环保、舒适、方便的功能。智能灯光控制具有以下几个方面的优点。

① 控制：就地控制、多点控制、遥控控制、区域控制等。

② 安全：通过弱电控制强电方式，控制回路与负载回路分离。

③ 简单：智能灯光控制系统采用模块化结构设计，简单灵活、安装方便。

④ 灵活：根据环境及用户需求的变化，只需做软件修改设置就可以实现灯光布局的改变和功能扩充。

(2) 智能电器控制。

智能电器控制采用弱电控制强电方式，既安全又智能，可以用遥控、定时等多种智能控制方式实现对家里饮水机、插座、空调、地暖、投影机、新风系统等进行智能控制，避免饮水机在夜晚反复加热影响水质，在外出时断开插排通电，避免电器发热引发安全隐患，以及对空调、地暖进行定时或者远程控制，让您到家后马上享受舒适的温度和新鲜的空气。智能电器控制具有以下几个方面的优点。

① 方便：就地控制、场景控制、遥控控制、电话/电脑远程控制、手机控制等。

② 控制：通过红外或者协议信号控制方式，安全方便不干扰。

③ 健康：通过智能检测器，可以对家里的温度、湿度、亮度进行检测，并驱动电器设备自动工作。

④ 安全：系统可以根据生活节奏自动开启或关闭电路，避免不必要的浪费和电气老化引起的火灾。

(3) 安防监控系统。

随着人们居住环境的升级，人们越来越重视个人安全和财产安全，对人、家庭以及住宅小区的安全方面提出了更高的要求；同时，经济的飞速发展伴随着城市流动人口的急剧增加，给城市的社会治安增加了新的难题，要保障小区的安全，防止偷抢事件的发生，就必须有安全防范系统，人防的保安方式难以适应要求，智能安防已成为当前的发展趋势。

视频监控系统已经广泛地存在于银行、商场、车站和交通路口等公共场所，但实际的监控任务仍需要较多的人工完成，而且现有的视频监控系统通常只是录制视频图像，提供的信息是没有经过解释的视频图像，只能用作事后取证，没有充分发挥监控的实时性和主动性。为了能实时分析、跟踪、判别监控对象，并在异常事件发生时提示、上报，为政府部门、安全领域及时决策、正确行动提供支持，视频监控的“智能化”就显得尤为重要，其优点有以下几个方面。

① 安全：安防系统可以对陌生人入侵、煤气泄漏、火灾等情况及时发现并通告。

② 简单：操作非常简单，可以通过遥控器或者门口控制器进行布防或者撤防。

③ 实用：视频监控系统可以依靠安装在室外的摄像机有效地阻止小偷行窃，并且事后给警方提供证据。

(4) 家庭背景音乐。

家庭背景音乐是在公共背景音乐的基本原理基础上结合家庭生活的特点发展而来的新型背景音乐系统。简单地说，就是在家庭任何一间房子里，比如花园、客厅、卧室、酒吧、厨房或卫生间，将MP3、FM、DVD、电脑等多种音源进行系统组合，让每个房间都能听到美妙的背景音乐，音乐系统既可以美化空间，又起到很好的装饰作用，其优点有以下几个方面。

① 独特：与传统音乐不同，专门针对家庭进行设计。

② 效果：采用高保真双声道立体声喇叭，音质效果非常好。

③ 简单：控制器人性化设计，操作简单，无论老人小孩都会操作。

④ 方便：人性化、主机隐蔽安装，只需通过每个房间的控制器或者遥控器就可以控制。

(5) 智能视频共享。

智能视频共享系统是将数字电视机顶盒、DVD机、录像机、卫星接收机等视频设备集中安装于隐蔽的地方，系统可以让客厅、餐厅、卧室等多个房间的电视机共享家庭影音库，并可以通过遥控器选择自己喜欢的音源，采用这样的方式既可以让电视机共享音视频设备，又不需要重复购买设备和布线，既节省了资金又节约了空间，其优点有以下几个方面。

① 简单：布线简单，一根线可以传输多种视频信号，操作更方便。

② 实用：无论主机在哪里，一个遥控器就可以对所有视频主机进行控制。

③ 安全：采用弱电布线，网线传输信号，永不落伍，即使以后升级还是用网线。

（6）可视对讲系统。

可视对讲产品已比较成熟，成熟案例随处可见，这其中有大型联网对讲系统，也有单独的对讲系统，比如别墅用的，其中又分一拖一、一拖二、一拖三等；一般实现的功能是可以呼叫、可视、对讲等功能，但是通过"品奇居"的整合部已经将很多不同平台的产品实现了统一，增强了整套系统控制部分的优势，让室内主机也可以控制家里的灯光和电器了。

（7）家庭影院系统。

对于高档别墅或者公寓的户型，客厅或者影视厅一般为 $20m^2$ 左右，是目前最主要的建筑面积之一，客厅或者视听室自然是家里最气派的地方，除了要宽敞舒服，也得热闹娱乐才行，要满足这样的要求，"家庭云平台"是家庭影院必不可少的"镇宅之宝"，其优点有以下几个方面。

① 简单：操作非常简单，一键可以启动场景，如音乐模式、试听模式、卡拉 OK、电影模式等。

② 实用：拥有私人电影院，自己就是导演，在家可以随时看大片，节约宝贵时间。

③ 气派：通过千兆交换机连接到各个房间，即可通过遥控器/平板在不同的房间操作投影仪、电视机，分享私家影库。

备注：可配合智能灯光、电动窗帘、背景音乐进行联动控制。

3. 智能家居实际应用效果

当住宅实施智能家居集成后，每天离家去上班时，可启动安防系统，家立即成了安全的堡垒，不论是谁要试图闯入，防盗装置都会立即启动，门窗处在高度警戒状态。当红外线传感器检测到盗贼身体信息时，将向主控系统发出关闭指令，窗门自动关闭，并以高亮度红色警灯闪烁示警，如果盗贼继续动作，此时智能报警系统会警笛声大作，同时将警情报到主人的电话上，或报到保安处。还可以通过网络监控摄像机进行远程实时监控，并拍下盗贼作案过程以保留证据。

当主人在家里时，还可以启动监护系统，门窗会根据室内的空气质量自动打开通风。如果遇到大风来临或雨雪将至，门窗还会自动关闭。如果有小孩想爬窗而出，也无须担心，因为窗门在此时会及时关上。还有，当不小心忘了关燃气时，门窗和换气扇还会在毫无觉察的情况下打开……

该系统的功能还远远不止这些，还可以通过遥控器或电话（手机）远程控制家里的所有电器，享受一键在手的智能生活。

8.2.2 智能家居的数据传输技术

一般家庭网络通信有以下 4 个特点：传输的数据量小、信息的实时性高、网络容量大、数据安全可靠。

在智能家居系统中，无线网络技术应用于家庭网络已成为势不可挡的趋势，这不仅仅因为无线网络可以提供更大的灵活性、流动性，省去了花在综合布线上的费用和精力，而且它更符合家庭网络通信的4个特点，同时随着无线网络技术的进一步发展，尤其ZigBee技术的成熟，必将大大促进家庭智能化、网络化的进程。

ZigBee技术是一种近距离、低复杂度、低功耗、低速率、低成本的双向无线通信技术。主要用于距离短、功耗低且传输速率不高的各种电子设备之间进行数据传输，以及典型的有周期性数据、间歇性数据和低反应时间数据传输的应用。

蜜蜂在发现花丛后会通过一种特殊的肢体语言来告知同伴新发现的食物源位置等信息，这种肢体语言就是ZigZag行舞蹈，是蜜蜂之间一种简单传达信息的方式。借此意义ZigBee作为新一代无线通信技术的命名。在此之前ZigBee也被称为HomeRF Lite、RF-EasyLink或FireFly无线电技术，统称为ZigBee。

简单地说，ZigBee是一种高可靠的无线数传网络，类似于CDMA和GSM网络。ZigBee数传模块类似于移动网络基站，通信距离从标准的75m到几百米、几千米，并且支持无限扩展。与移动通信的CDMA网或GSM网不同的是，ZigBee网络主要是为工业现场自动化控制数据传输而建立，因而，它必须具有简单、使用方便、工作可靠、价格低的特点。而移动通信网主要是为语音通信而建立，每个基站价值一般都在百万元人民币以上，而每个ZigBee"基站"却不到1000元人民币。

随着我国物联网正进入发展的快车道，ZigBee也正逐步被国内越来越多的用户接受。ZigBee技术也已在部分智能传感器场景中得到了应用。如在北京地铁9号线隧道施工过程中的考勤定位系统便采用的是ZigBee，ZigBee取代传统的RFID考勤系统实现了无漏读、方向判断准确、定位轨迹准确和可查询。

通常，符合如下条件之一的应用，就可以考虑采用ZigBee技术进行无线传输：

(1) 设备成本很低，传输的数据量很小。

(2) 设备体积很小，不便放置较大的充电电池或者电源模块。

(3) 没有充足的电力支持，只能使用一次性电池。

(4) 无法做到频繁地更换电池或者反复地充电或者很困难。

(5) 需要较大范围的通信覆盖，网络中的设备非常多，但仅仅用于监测或控制。

8.2.3　智能家居组成

完整的智能家居系统包括4个部分：智能家居主控系统(智能网关)、智能家居家电(信息家电)系统、家庭网络控制系统及各应用子系统。前3个部分功能上各司其职，控制和管理智能家居的各个应用子系统(安防系统、智能影音系统、资源共享系统、智能灯光系统等)，逻辑上构成一个完整的控制实体，形成整个系统为人们提供智能、舒适、安全的家庭环境，同时提供远程信息监控能力。智能家居的主要组成部分如图8-10所示。

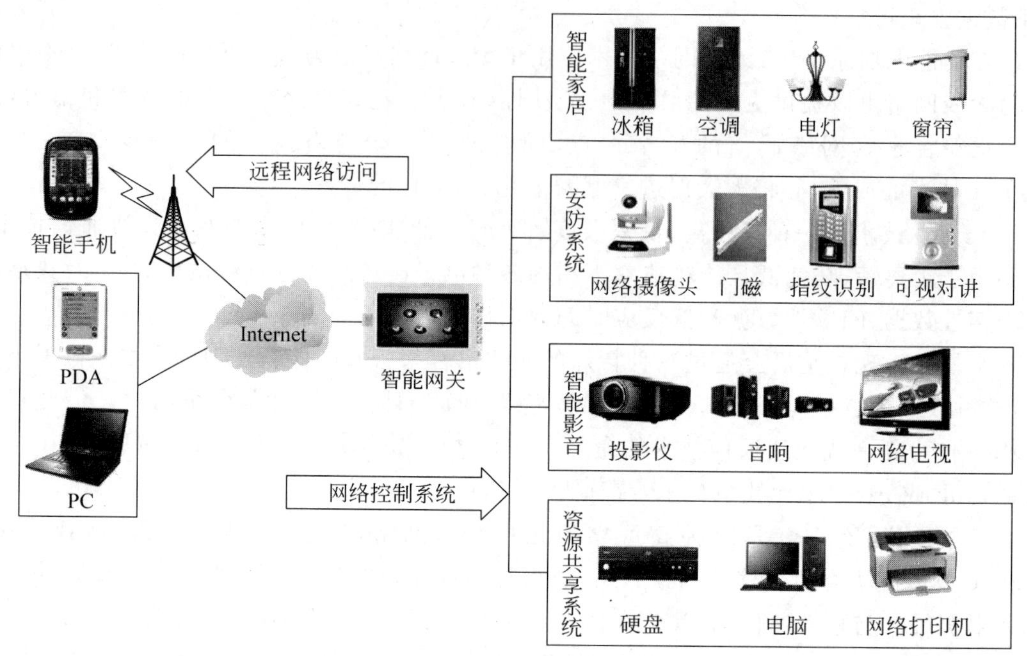

图 8-10 智能家居主要组成

1. 智能家居主控系统(智能网关)

智能网关利用微处理电子技术集成或控制家中的电子电器产品和其他系统,例如,照明灯、电脑设备、安防系统、暖气及冷气系统、家庭影音系统等。智能网关主要是以一个中央微处理机接收来自相关电子电器产品的信息后,再以既定的程序发送适当的信息给其他电子电器产品用以控制和管理整个智能家居平台。中央微处理机必须通过许多界面来控制家中的电器产品,这些界面可以是键盘,也可以是触摸式荧幕、按钮、电脑、电话机、手机程序等;消费者可发送信号至中央微处理机,或接收来自中央微处理机的信号。

智能网关是智能家居的一个重要系统,随着网络技术及智能家居的普遍应用,网络家电/信息家电的成熟,家庭自动化的许多产品功能将融入这些新产品中去,从而使单纯的家庭自动化产品在系统设计中越来越少,其核心地位也将被家庭网络/家庭信息系统所代替。它将作为家庭网络中的控制网络部分在智能家居中发挥作用。

2. 家庭网络控制系统

首先要把家庭网络和纯粹的“家庭局域网”分开,家庭局域网是指连接家庭里的 PC、各种外设及与因特网互联的网络系统,它只是家庭网络的一个组成部分。家庭网络是在家庭范围内(可扩展至邻居,小区)将 PC、家电、安全系统、照明系统和广域网相连接的一种新技术。当前在家庭网络所采用的连接技术可以分为“有线”和“无线”两大类。有线方案主要包括双绞线或同轴电缆连接、电话线连接、电力线连接等;无线方案主要包括红外线连接、ZigBee 无线连接,以及基于 RFID 技术的连接和基于 PC 的无线连接等。

家庭网络相比传统的办公网络,加入了很多家庭应用产品和系统,如家电设备、照明系统,因此相应技术标准也错综复杂,这里面也牵涉太多知名的网络厂家和家电厂家的利益，家庭网络的发展趋势是将智能家居中其他系统融合进去，最终一统天下。

3. 智能家居家电(3C 或者 IA)

智能家居家电也称信息家电，信息家电是利用电脑、电信和电子技术与传统家电(包括白色家电，即电冰箱、洗衣机、微波炉等和黑色家电，即电视机、录像机、音响、VCD、DVD 等)相结合的创新产品，是为数字化与网络技术更广泛地深入家庭生活而设计的新型家用电器。信息家电包括 PC、机顶盒、HPC、DVD、超级 VCD、无线数据通信设备、视频游戏设备、WEBTV、INTERNET 电话等，所有能够通过网络系统交互信息的家电产品，都可以称之为信息家电。音频、视频和通信设备是信息家电的主要组成部分。另一方面，在传统家电的基础上，将信息技术融入传统的家电当中，使其功能更加强大，使用更加简单、方便和实用，为家庭创造更高品质的生活环境。比如模拟电视发展成数字电视，VCD 变成 DVD，电冰箱、洗衣机、微波炉等变成数字化、网络化、智能化的信息家电。

信息家电由嵌入式处理器、相关支撑硬件(如显示卡、存储介质、IC 卡或信用卡等读取设备)、嵌入式操作系统以及应用层的软件包组成。信息家电把 PC 的某些功能分解出来，设计成应用性更强、更家电化的产品，使普通居民步入信息时代的步伐更为快速，是具备高性能、低价格、易操作特点的 Internet 工具。信息家电的出现将推动家庭网络市场的兴起，同时家庭网络市场的发展又反过来推动信息家电的普及和深入应用。

另外，远程控制子系统满足家庭网络和公共网络的联网控制功能。孤立的家庭网络使智能家居大打折扣，而和 4G 移动网络和 Internet 互联，又使智能家居别样精彩。

8.2.4 海尔 U-home 介绍

海尔智能家居是海尔集团在信息化时代推出的一个重要业务单元。它以 U-home 系统为平台，采用有线与无线网络相结合的方式，把所有设备通过信息传感设备与网络连接，从而实现了“家庭小网 ”、“社区中网 ”、“世界大网 ”的物物互联，并通过物联网实现了 3C 产品、智能家居系统、安防系统等的智能化识别、管理以及数字媒体信息的共享。海尔智能家居使用户在世界的任何角落、任何时间，均可通过打电话、发短信、上网等方式与家中的电器设备互动。

海尔公司先后建立了强大的 U-home 研发团队和世界一流的实验室。拥有高素质智能家电专业设计团队，从事智能家电、数字变频、无线高清、音视频解码、网络通信等芯片以及 UWB、蓝牙、RF、电力载波等技术的研发，并整合全球资源网络，与多家国际知名企业建立联合开发试验室，提出了智能家居、远程医疗、网络超市、故障反馈、智能安防、智能酒店等解决方案。在智能家电的研制和生产方面公司拥有多项专利和自主专有技术，负责起草家庭网络国家标准并提报国际标准。海尔 U-home 平台如图 8-11 所示。

同时，海尔利用强大的集团优势，将 U-home 智能家居系统与海尔其他多个应用系统平台进行融合，并结合社区管理、同城生活等应用，真正将 U-home 智能家居与日常生活对接，建立起未来智能化的生活模式。如图 8-12 所示。

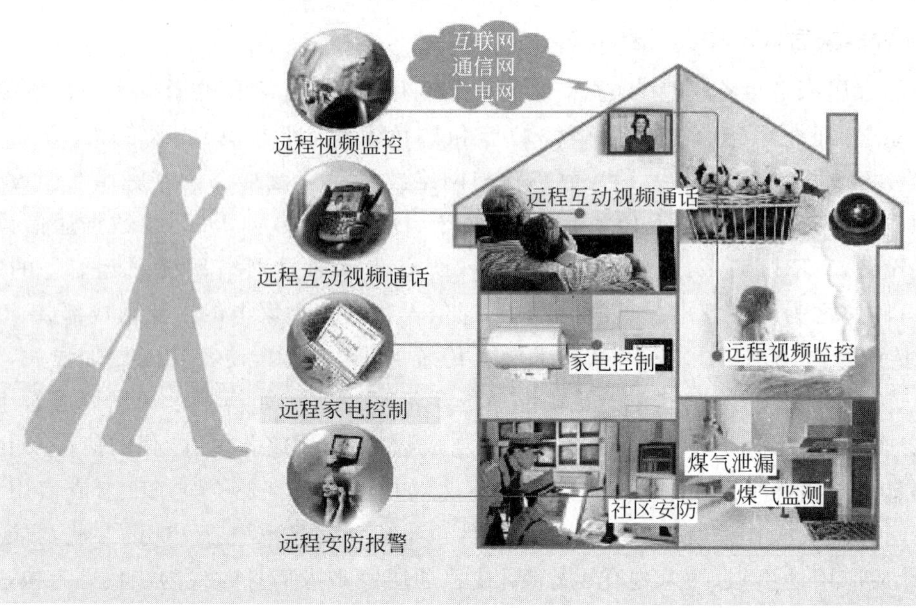

图 8-11 海尔 U-home 智能家居平台

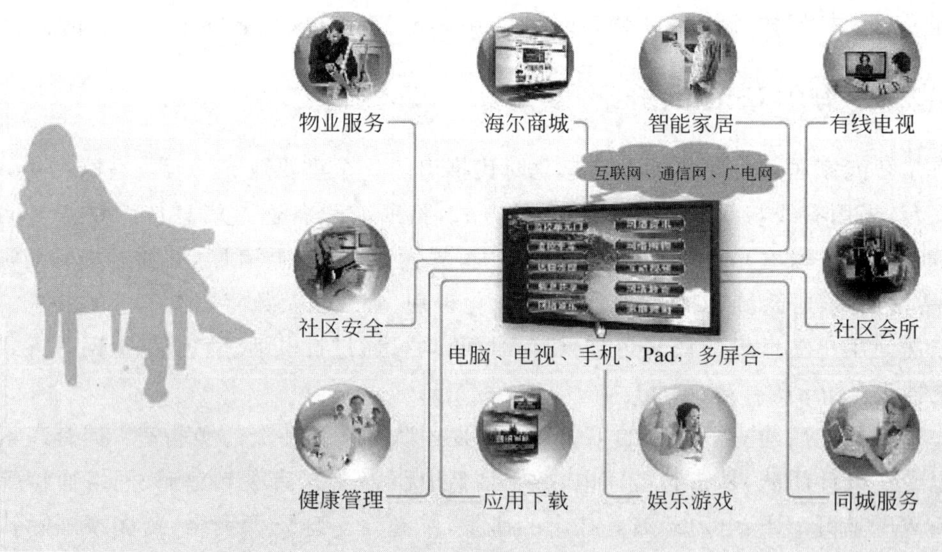

图 8-12 U-home 与未来智能化生活模式

8.3　智能家居信息平台解决方案

8.3.1　项目简介

本智能化工程设计按照系统功能可以划分为智能家居控制、智能安防控制、灯光控制、家电智能控制、防盗报警、视频监控、环境监测等系统，它们在智能平台管理下有机联动运行，而不是互不相干的独立系统。

8.3.2　方案设计原则

1. 要求

(1) 设计重点是室内周边的监控和防盗报警。

(2) 通过互联网可以对室内实施远程监控。

(3) 对住宅内房间设置火险自动报警系统。

(4) 室内电器、灯光、窗帘自动或远程控制。

(5) 对家用电器设备的远程智能控制等。

2. 系统设计原则

(1) 强化智能家居概念，构建安防、智能化一体的有机系统。

(2) 满足业主对居家生活安全的高标准需求，打造智能家居系统。

(3) 功能强大，自动化程度高，无须专人值守，24 小时不间断运行，稳定可靠。

(4) 主要监控部分全部采用无线设备，便于二次维护和升级，也避免了对房屋主体的改造和拆卸。

(5) 主要入网设备采用移动的 TD-SCDMA、GPRS 产品或者联通的 W-CDMA 产品和无线传感器模块以及灯控设备等。

8.3.3　智能家居系统配置

1. 系统架构

(1) 系统以室内主机为核心，构建智能化综合安全管理和远程控制体系。以互联网将室内主机和各种报警终端以及电器控制终端有机连接。通过室内主机、PC、手持智能网关对所有设备实施操作管理。

(2) 系统遵循 TCP/IP 标准互联网通信协议和 232(485)标准串行通信协议，另具有 Wi-Fi、3G、联网功能，在任何有网络的地方均可实现设备互动。

(3) 室内局域网与智能家居网相互兼容，并行运行，为系统的远程网络控制提供通道。

(4) 所有智能家居系统产品内部协议向外开放，均有强大的软件支持，具有较好升级扩展功能。

(5) 系统分为有线和无线并行，主方案采用无线系统。

2. 功能设置

(1) 智能家居控制：一键式操作，随心调控影音设备背景音乐、窗帘开关、灯光开关等状况，模拟智能家电控制。

(2) 智能安防控制：省心模式，享受安全，采用智能无线烟雾。

(3) 灯光控制系统：物联网演示开发平台集成了对灯光的无线智能控制，使用遥控器可以实现对灯光无线智能控制。通过不同的灯光场景，诸如早起、回家、离家 3 种场景，可以营造各种主题氛围和灯光场景。

(4) 家电控制系统：系统可以对家用电器进行无线控制，可模拟控制冰箱以及电视等家电的开关和智能调节。

(5) 安防报警系统：在启用安防模式的情况下，一旦有人非法闯入或开门，则红外、门磁等传感器会产生告警信号报警，另外，该演示开发平台还配备烟雾报警器功能，在火灾发生时发出报警信号。

(6) 多功能遥控器：要求采用跳频技术避免同频干扰，以及加密算法和校验方式，提供 DEBUG 接口可对遥控器进行二次编程和开发。

(7) 无线门磁：探测门的开启状态，如果开启则发送告警信号，用于家庭安全系统，避免外人非法闯入。

(8) 烟雾探测器：烟雾超过安全值会报警。

3. 系统平台配置清单

系统平台配置清单如表 8-1 所示。

表 8-1 系统平台配置清单

产品名称	数量	功能说明
家庭信息机(室内主机)	1 台	为本系统的智能控制中心，显示和控制所有设备。集 3G 可视电话、智能安防、智慧家居、手机联动、信息发布平台、Wi-Fi 无线上网、手机视频监控等功能于一体
3G 智能门口机	1 台	7 寸数字液晶屏，用于和室内机、管理机通话，智能开关门等
遥控器及紧急按钮	3 个	实现对模式控制的转换及发送紧急报警信号
无线门磁	1 个	探测门的开启状态，如果开启则发送告警信号
无线红外家电转发器	1 个	控制家电，如电视、空调
监控摄像头	2 个	监控视频画面
视频监控器	1 套	监控视频画面
视频连接线	20m	视频影像传输
煤气泄漏探测器	1 个	煤气浓度超过安全值会报警
烟雾探测器	1 个	烟雾超过安全值会报警
豪华版双开互联智能开关	1 个	实现对灯光的控制及远程控制
豪华版三开互联智能开关	2 个	实现对灯光的控制及远程控制

续表

产品名称	数量	功能说明
窗帘轨道	5m	客厅使用遥控窗帘(采用的是塑胶材质,5m)
窗帘电机	1个	客厅使用遥控窗帘(40W)
智能排插	2个	通过控制电器电源的开关
无线窗磁	1个	探测窗户的开启状态,如果开启则发送告警信号
智能浇花器	1个	以智能方式控制,实现自动浇花
智能加湿器	1个	增加空气温度
无线温度湿度探头	1个	测量室内温湿度
土壤水分探测器	1个	测量土壤中的水分

4. 系统拓扑图

系统拓扑图如图 8-13 所示。

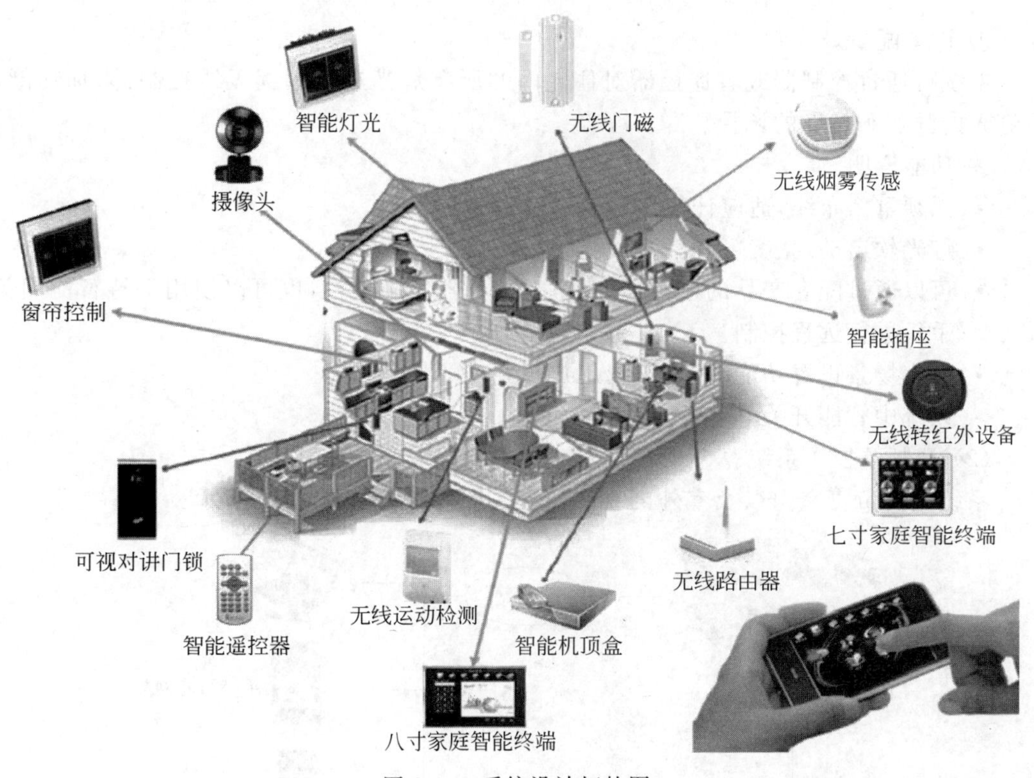

图 8-13　系统设计拓扑图

5. 子系统配置

(1) 照明子系统。

系统实现住宅内所有灯光照明的智能管理。工作原理如图 8-14 所示。

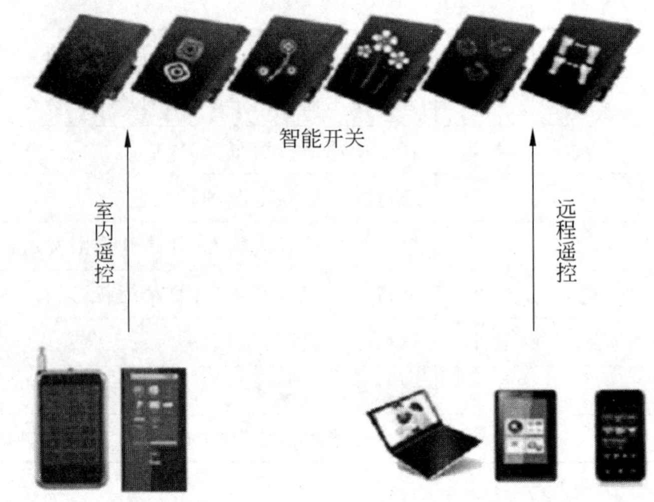

图 8-14　照明子系统

① 设备配置。

系统可通过控制器或者遥控器对住宅内的所有灯光进行远程无线控制，附加功能涉及灯光的强弱和亮度的调控。

② 功能说明。

- 无须重新布线，适应任何负载及灯具，触摸式开关。
- 灯光软启动，亮度可调。
- 可以通过配套产品的遥控器、家电总控制器实施遥控，也可以使用手持智能网关、手机进行远程控制。
- 具有场景设置功能，任意设置用户想要的场景。
- 系统中智能开关具有停电自锁功能。

(2) 视频监控子系统。

系统主要负责室内以及室外的视频监控。工作原理如图 8-15 所示。

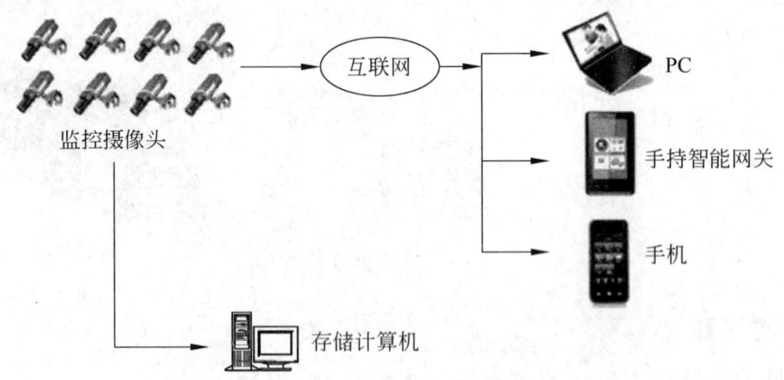

图 8-15　视频监控子系统

① 设备配置。

系统设置若干个监控摄像头台，主要负责监控演示厅内部的区域。

② 功能说明。

- 全方位监控室内主要区域。
- 每一路摄像头不间断录像，用户可以根据自己需要将视频数据存储在计算机中。
- 通过互联网在全球任何可以上网的地方看到监视区域的画面。
- 与报警探测器联动，抓拍报警瞬间的现场图片，发送到移动终端上，为准确判断警情提供充分的依据，并有效减少误报。
- 手持终端支持移动3G的接入和视频的传输，可供客户选择，对于重要地方实施实时远程无线监控。

(3) 安防报警子系统。

系统可设置4路有线防区、若干路无线防区接入家居智能平台，如图8-16所示。

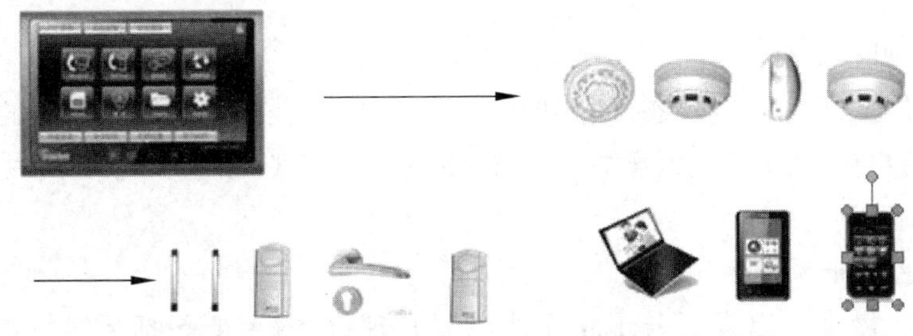

图8-16 安防报警子系统

① 设备配置。

- 室内报警(永久布防)：设置无线燃气探测器、燃气切断阀和无线烟火报警器各1个。
- 设置有线紧急报警按钮1个，人员可随身携带无线紧急报警按钮3个。
- 演示厅周围：红外对射和摄像头联动报警，发送图片到移动终端上；门窗设置门(窗)磁报警器各1个。

② 功能说明。

- 具有胁迫报警功能。
- 有人非法闯入周边围墙、门窗被非法入侵、燃气泄漏、出现火警时，立即报警。
- 发出报警声，拨打预先设定的电话通知主人。
- 预先存储普通报警电话，不同种类的报警分别处理。
- 电话、互联网、触摸屏、遥控器共计4种设防、撤防手段。
- 与摄像机、灯光联动，准确显示报警的具体位置和报警性质。

(4) 环境监测子系统。

环境监测子系统是由室内主机和湿度探测器、温度控测器、甲醛探测器、土壤水分探测器、自动喷灌设备、一氧化碳探测器、室内光照探头等构成。探测器将探测到的信息集中显示到室内主机上，室内主机会自动向用户发出提示。

① 设备配置。

环境探头若干个，用于探测家居环境，大部分采用无线环境探头，如无线温度湿度探头、无线烟感探头等。如图 8-17 所示。

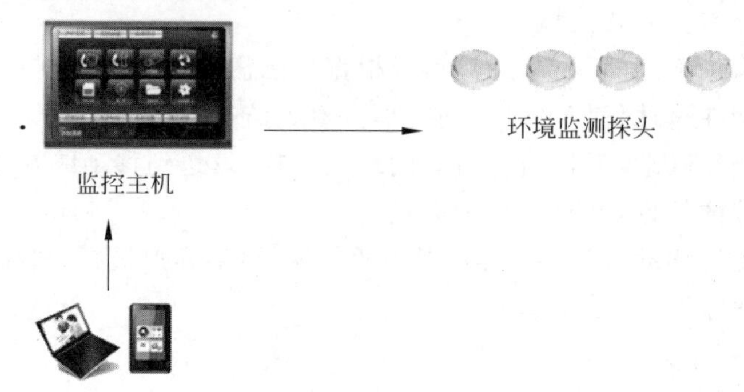

图 8-17　环境监测子系统

② 功能说明。

对用户居住空间的环境状态 24 小时监测，一旦发现存在对健康不利的因素，立即发出报警，提示用户做出应对。报警提示通过室内主机、PC 和手持智能网关发出，确保万无一失。

(5) 智能遥控子系统。

系统原理上最多可以设置若干路无线电器管理设备，主要包括无线灯光控制器、无线窗帘控制器、无线—红外转换器(空调、电视)等，这些设备以无线通信方式接受家居智能中心的控制指令。如图 8-18 所示。

图 8-18　智能遥控子系统

① 设备配置。

- 智能开关若干个，代替传统琴键开关。
- 家电总控制器 1 个。
- 遥控器和控制器若干个。

② 功能说明。

遥控器和控制器可以远程控制电视、电扇、窗帘、空调、灯光的工作状态和场景设置，也可以通过手持智能网关、计算机以及手机远程控制。

8.4 习 题

一、判断题

1. RFID 是一种接触式的识别技术。 ( )

2. 物联网是继计算机、互联网和移动通信之后的又一次信息产业的革命性发展，目前物联网被正式列为国家重点发展的战略性新兴产业之一。 ( )

3. 物联网的实质是利用射频自动识别(RFID)技术通过计算机互联网实现物品(商品)的自动识别和信息的互联与共享。 ( )

4. 射频识别技术(Radio Frequency Identification，RFID)实际上是自动识别技术(Automatic Equipment Identification，AEI)在无线电技术方面的具体应用与发展。 ( )

5. 在海尔的 U-HOME 系统中用户只能通过 iPhone 手机等智能手机和电脑对家中的设备进行远程控制与管理。 ( )

6. 感知层是物联网获取识别物体采集信息的来源，其主要功能是识别物体采集信息。 ( )

二、选择题

1. 物联网的概念，最早是由美国的麻省理工学院在( )年提出来的。

A. 1998 B. 1999 C. 2000 D. 2002

2. 2009 年 10 月( )提出了“智慧地球”。

A. IBM B. 微软 C. 三星 D. 国际电信联盟

3. 2009 年 8 月 7 日温家宝总理在江苏无锡调研时提出( )概念。

A. 感受中国 B. 感应中国 C. 感知中国 D. 感想中国

4. RFID 卡的读取方式是( )。

A. CCD 或光束扫描 B. 电磁转换

C. 无线通信 D. 电擦除、写入

5. RFID 属于物联网的( )。

A. 感知层 B. 网络层 C. 业务层 D. 应用层

6. 以下( )不属于物联网三层体系结构。

A. 感知层 B. 网络层 C. 传输层 D. 应用层

7. 物联网是把( )技术融为一体，实现全面感知、可靠传送、智能处理为特征的，连接物理世界的网络。

A. 传感器及 RFID 等感知技术 B. 通信网技术

C. 互联网技术 D. 智能运算技术

8. (　　)描述的不是智能电网。

A. 发展智能电网,更多地使用电力代替其他能源,是一种“低碳”的表现

B. 将家中的整个用电系统连成一体,一个普通的家庭就能用上“自家产的电”

C. 家中空调能够感应外部温度自动开关,并能在自动调整室内温度

D. 通过先进的传感和测量技术、先进的设备技术、控制方法以及先进的决策支持系统技术等,实现电网的可靠、安全、经济、高效、环境友好和使用安全的目标

9. 物联网中常提到的 M2M 概念不包括(　　)。

A. 人到人(Man to Man)　　B. 人到机器(Man to Machine)

C. 机器到人(Machine to Man)　　D. 机器到机器(Machine to Machine)

10. 下列(　　)不属于物联网十大应用范畴。

A. 智能电网　　B. 医疗健康　　C. 智能通信　　D. 金融与服务业

11. (　　)无线传输技术是智能家居系统主要采用的传输技术。

A. Wi-Fi　　B. ZigBee　　C. 3G　　D. 蓝牙

12. 运用云计算、数据挖掘以及模糊识别等人工智能技术,对海量的数据和信息进行分析和处理,对物体实施智能化的控制,指的是(　　)。

A. 可靠传递　　B. 全面感知　　C. 智能处理　　D. 互联网

三、问答题

1. 什么是物联网?简单描述物联网的发展过程。

2. 物联网的体系结构主要分哪几层?各层的主要功能是什么?

3. 传统智能家居跟物联网智能家居有什么差异?

4. 智能家居主要采用的无线通信技术是什么?该种无线通信技术主要特点是什么?产生的辐射对人体有影响吗?

5. 什么是 RFID?该系统由哪些硬件组成?简单描述该系统的工作原理。

6. 简单描述智能家居系统的主要功能和组成部分。

7. 除了正文中提到的海尔 U-home 智能家居系统,网上查找两三个当前市场上比较流行的智能家居系统,并介绍该智能家居系统的特点。

8. 举例说明我们身边的物联网应用情况,即不同行业如何进行物联网实施。

第 9 章　校园网络规划建设方案

学习场景

随着学校教育手段的现代化，越来越多的学校已经开始将学校的管理和教学过程向信息化方向发展，校园网的有无以及水平的高低也成为评价学校及学生选择学校的新标准之一，此时，校园网上的应用系统就显得尤为重要。开展校园网络建设，旨在推动学校信息化建设，其最终的建设目标是建设借助信息化教育和管理手段的高水平智能化、数字化的教学园区网络，完成统一软件资源平台的构建，实现统一网络管理、统一软件资源系统，实现网络远程教学、在线服务、教育资源共享等各种应用。

学习目标

- 掌握校园网（企业网）方案设计的流程。
- 掌握根据校园网设计要求完成需求分析。
- 掌握校园网网络拓扑图设计。
- 掌握网络设备分类及选型。
- 掌握主要网络设备连接及配置。

9.1　校园网设计要求

某学院校区内有教学楼一栋，实验实训楼一栋，共两栋建筑物。

教学楼呈一字型，长约 120m，宽约 20m，有 5 层，每层大约具有 21 个房间，层高 3.5m，每个房间长大约 10m，宽大约 9m，走廊约 2m，主配线间设在 3 楼（321）。

实验实训楼呈一字型，长约 100m，宽约 20m，有 6 层，每层大约具有 16 个房间，其中 3 楼为学院计算机机房，共 15 个计算机机房。层高 3.5m，每个房间长大约 11m，宽大约 7.5m，走廊约 2m，主配线间设在 3 楼（321）。

实验实训楼与教学楼相距 100m，电缆布线沟为 500m。

校园网建设的具体需求：

（1）学院采用 1000m 做骨干，100m 到桌面。

（2）校园网内具有 WWW 服务器、FTP 服务器、DNS 服务器、VOD 点播服务器、办公 OA 服务器，设有基于 SAN 架构的磁盘阵列用于数据存储，提供一些培训常用的资料下载、网络管理等。

(3) 校园网采用路由器+防火墙结构进行接入,内部网络采用3层结构连接网络互联设备(交换机、路由器、防火墙)。

(4) 所有实验室各自划分VLAN,各系办公室各自划分VLAN,行政办公室为一个VLAN,教室为一个VLAN,服务器组为一个VLAN。

(5) 做好路由器与防火墙之间的安全通信工作,防止搭线窃听、IP盗用。

(6) 交换机的要求:所有的交换机均屏蔽echo协议,屏蔽135、136、137、138、139、389、445、4444常用端口,屏蔽TFTP协议。

(7) 所有实验室各自划分VLAN,相互之间不能互访,不能访问其他区域,只能上网。

(8) 各系办公室各自划分VLAN,相互之间不能互访,不能访问行政办公VLAN,能上网,可以访问教室的VLAN。

(9) 网络中心设在实训楼的321和教学楼的321,实训楼与教学楼相距100m,两楼用光纤连接。

(10) 选择客户机TCP/IP配置的最佳方案,以最大限度地减少IP地址的冲突和管理员的工作量,采用192.168.0.0的内部IP地址分配。

9.2 项目需求分析

在校园网络中,视频、音频、数据集于一身,如果保证不了高带宽,又有多种视频、音频、数据流混杂在一起进行传输,就没法对流做出最高优先级和次高优先级及低优先级的分类,就不能保证重要业务的畅通,会造成网络延迟、服务不可用。所以要想真正改变网络的效率,更有效地保证应用服务的运营,需要通过端到端的QoS、智能到边缘的方式来保证。通过智能到边缘、端到端的应用方式,可以减少对网络核心设备的消耗,保证网络的有效畅通。可以对园区网应用中的多媒体视频点播、数据备份、文献传递、E-mail、数据库服务器等服务流进行详细的分类,划分优先级,尽可能地避免发生拥塞,同时充分利用现有的带宽,保证网络的高效运行。

在园区网络中,存在多样的网络设备及系统应用环境,要考虑在用户迅速增长的情况下,网络设备的可扩展性,保证网络畅通。所以万兆骨干网络平台就应具有良好的兼容性和可扩展性,能与当前校园网络无缝衔接,同时预留空间符合当前和以后的信息建设需要。

在校园网络建设中存在多用户,多服务的现状,对网络系统要求具有高效率等,以保证大数据量访问下有效的处理能力。针对需求设备要能对数据做到分布式处理的情况,这样的分布式处理可以节省主交换引擎的消耗,在独立的板卡上就能做出对数据的识别,比在中央处理器识别要快得多。在大量的数据应用上,数据传输的过程中,要保证所有硬件设备都可以进行快速的转发,要具备高背板带宽(交换容量),所有端口都能保证线速转发。这种分布式处理可以极大地提高整体处理能力,保证网络畅通。

网络环境稳定可靠是现在争相谈论的话题。现在的网络中运行了众多重要应用及服务,要保证7×24小时不间断的服务,就要完全保证网络设备全天候的可用性。即使在设备出现问题时切换到备用设备的过程，也要保证较小的延迟，以满足网络应用中有效畅通的需要。在这样的需求中利用交换引擎、电源等关键部件的冗余，以及支持IEEE 802.1D、IEEE 802.1W、IEEE 802.1S的多Vlan生成树协议，保证链路级的冗余和负载均衡，通过支持VRRP、OSPF等3层路由协议保证路由级的冗余，支持load balancing技术实现应用级的冗余备份和负载均衡。全方位地保证设备、网络、应用系统的可靠性。

在校园网络中，对于校园网的安全保障十分重要：校园网的信息点分布很广，与一般企业网比较，校园网用户的流动性大，信息点存在随意接入使用的问题。学生及外来不明身份的用户，在校园网中找到任何一个信息点，就可以进入校园网，肆意干扰和破坏校园网网络平台及应用系统的正常运行。另外，还需要考虑与外网及内网不同应用系统之间的安全访问控制。为了在发生安全事件后能够有效、快捷地处理事故，采用上网审计手段是十分必要的。

9.3　网络拓扑设计及原则

9.3.1　网络拓扑设计

局域网采用星型网络拓朴结构。星型拓朴结构为现在较为流行的一种网络结构，它是以一台中心处理机(通信设备)为主而构成的网络，其他入网机器仅与该中心处理机有直接的物理链路，中心处理机采用分时或轮询的方法为入网机器服务，所有的数据必须经过中心处理机。由于所有节点的往外传输都必须经过中央节点处理，因此，对中央节点的要求比较高。

优点是网络结构简单，易于维护，便于管理(集中式)；每台入网机均需以物理线路与处理机互连，线路利用率低；处理机负载重(需处理所有的服务)，因为任何两台入网机之间交换信息，都必须通过中心处理机；入网主机故障不影响整个网络的正常工作；对该网络支持的设备生产厂商有较好的技术支持。

局域网内的所有工作节点通过双绞线与交换机相连形成一个星型网络。办公电脑建议采用品牌的商用机，商用机运行比较稳定，而且比较耐用，运算速度较快，较适合开发使用。

9.3.2　网络设计原则

校园网络系统的建设在实用的前提下，应当在投资保护及长远性方面做适当考虑，在技术上、系统能力上要保持5年左右的先进性。并且从学校的利益出发，从技术上讲应该采用标准、开放、可扩充的、能与其他厂商产品配套使用的设计。

根据校园网的总体需求，结合对应用系统的考虑，校园网络建设的设计目标是高性能、高可靠性、高稳定性、高安全性、易管理的万兆骨干网络平台。

遵循以下的原则进行网络设计。

1. 实用性和经济性

网络建设应始终贯彻面向应用，注重实效的方针，坚持实用、经济的原则，保护用户的投资。

2. 先进性和成熟性

网络建设既要采用先进的概念、技术和方法，又要注意结构、设备、工具的相对成熟。不但能反映当今的先进水平，而且具有发展潜力，能保证在未来若干年内占主导地位。要保证学校网络建设的领先地位，应采用万兆以太网技术来构建网络主干线路。

3. 可靠性和稳定性

在考虑技术先进性和开放性的同时，还应从系统结构、技术措施、设备性能、系统管理、厂商技术支持及保修能力等方面，确保系统运行的可靠性和稳定性，达到最大的平均无故障时间，锐捷网络作为国内知名品牌，其产品的可靠性和稳定性都比较好。

为了保证骨干网络平台的健壮性和链路冗余性，建议网络实施时在学校启用千兆备份线路。在学校启用物理链路冗余机制，保证任何一条线路出现故障后骨干网络平台的可用性。

4. 安全性和保密性

在网络设计中，既要考虑信息资源的充分共享，更要注意信息的保护和隔离。因此系统应分别针对不同的应用和不同的网络通信环境，采取不同的措施，包括端口隔离、路由过滤、防 DDoS 拒绝服务攻击、防 IP 扫描、系统安全机制、多种数据访问权限控制等。锐捷网络充分考虑安全性，针对各种应用，有多种保护机制，如划分 VLAN、IP/MAC 地址绑定(过滤)、ACL、路由过滤、防 DDoS 拒绝服务攻击、防 IP 扫描、802.1x 认证机制、SSH 加密连接等具体技术，提升整个网络的安全性。

5. 可扩展性和可管理性

由于信息技术和人们对于新技术的需求发展都非常迅速，为了避免不必要的重复投资，必须选择具有一定扩展能力的设备，能够保证在网络规模逐渐扩大的时候，不需要增加新的设备，而只需要增加一定数量的模块就行。最好能够做到在网络技术进一步发展，现有模块不支持新技术的情况下，只需要更换相应模块，而不需要更换整个设备。

为了适应网络结构变化的要求，必须充分考虑以最简便的方法、最低的投资，实现系统的扩展和维护。为了便于扩展，对于核心设备必须采用模块化高密度端口的设备，便于将来升级和扩展。

先进的设备必须配合先进的管理和维护方法，才能够发挥最大的作用。全线采用基于 SNMP 标准的可网管产品，达到全程网管，降低人力资源的费用，提高网络的易用性、可管理性，同时又具有很好的可扩充性。

9.4 网络方案设计

9.4.1 网络结构分析

1. 骨干层

网络中心节点及其他核心节点作为校园网络系统的心脏，必须提供全线速的数据交换，当网络流量较大时，对关键业务的服务质量提供保障。另外，作为整个网络的交换中心，在保证高性能、无阻塞交换的同时，还必须保证稳定可靠的运行。

因此在网络中心的设备选型和结构设计上必须考虑整体网络的高性能和高可靠性。具体来说，对核心节点的交换机有两个基本要求：一是高密度端口情况下，还能保持各端口的线速转发；二是关键模块必须冗余，如管理引擎、电源、风扇。

由于校园网建设最终必将采用万兆技术，因此需要考虑到核心设备对万兆的支持能力。

综上所述，主干核心交换机属于高端系列的产品，所以核心交换机建议采用多业务万兆核心路由交换机。可以根据用户的需求灵活配置，灵活构建弹性可扩展的网络。多业务万兆核心路由交换机高背板带宽和二/三层包转发速率为用户提供高速无阻塞的交换。强大的交换路由功能、安全智能技术为用户提供了完整的端到端解决方案，是大型网络核心骨干交换机的理想选择。

校区网络中心采用 RG-S6810E 多业务万兆核心路由交换机作为核心交换机。核心层交换机跟汇聚接入层交换机之间的千兆链路可以捆绑，从而实现带宽的灵活扩展。

2. 接入层

接入层网络由楼栋交换节点和楼层交换节点组成，接入层网络应该可以满足各种客户的接入需要，而且能够实现客户化的接入策略、业务 QOS 保证、用户接入访问控制等。

楼层交换节点采用千兆智能堆叠交换机，提供智能的流分类和完善的 QoS 特征。为各类型网络提供完善的端到端的服务质量、丰富的安全设置和基于策略的网管，最大化满足高速、融合、安全的园区网新需求；本方案中各接入层交换机通过千兆链路上联到各汇聚层设备，对下联的桌面设备提供全双工的百兆连接，为各类用户提供无阻塞的交换性能。

3. 校园网出口

因为校园网出口采用以太网，所以采用路由器 + 防火墙的方式，起到如下作用，即防火墙提供强有力的服务器、内网安全保护、IDS 等安全特性；路由器提供出口路由功能，数据处理能力强，具有强大的 NAT 功能。

9.4.2 网络架构设计

基于目前学校规模及发展的角度考虑，骨干网络采用单核心双引擎或双核心单引擎的拓扑结构，保证核心的稳定；在两栋实训楼采用万兆的 3 层汇聚设备，实训楼 6506 千兆连接接入交换机；服务器千兆接入到核心交换机上；百兆到桌面。

为了以后扩展的需要，所以采用 RG-WALL 1000 防火墙，并将校内的对外服务器与防火墙的 DMZ 区相连，保证良好的安全性；同时双核心时做 VRRP，防火墙双百兆连接核心，单百兆连接 Internet。

出于管理和安全方面考虑，在全网可采用 IP＋MAC 绑定方式，全网分布式采用 ACL，并按照部门划分 VLAN，划分相应的权限，保证学生机房用机对教学办公网没有访问权限，只能访问校内服务器及外网；IP 分配则是在办公区采用静态 IP 划分，在学生区及移动性较大的办公区可补充性采用 DHCP 动态获得 IP 地址。

按照核心的架构，采用单引擎单核心，核心和引擎之间做冗余备份。实训楼的汇聚设备可采用双链路连接核心设备，作链路的冗余备份，如果其中任何一条链路出现故障，所有数据会切换到另外的链路上，保证校园网的畅通。

网络拓扑规划图如图 9-1 所示。

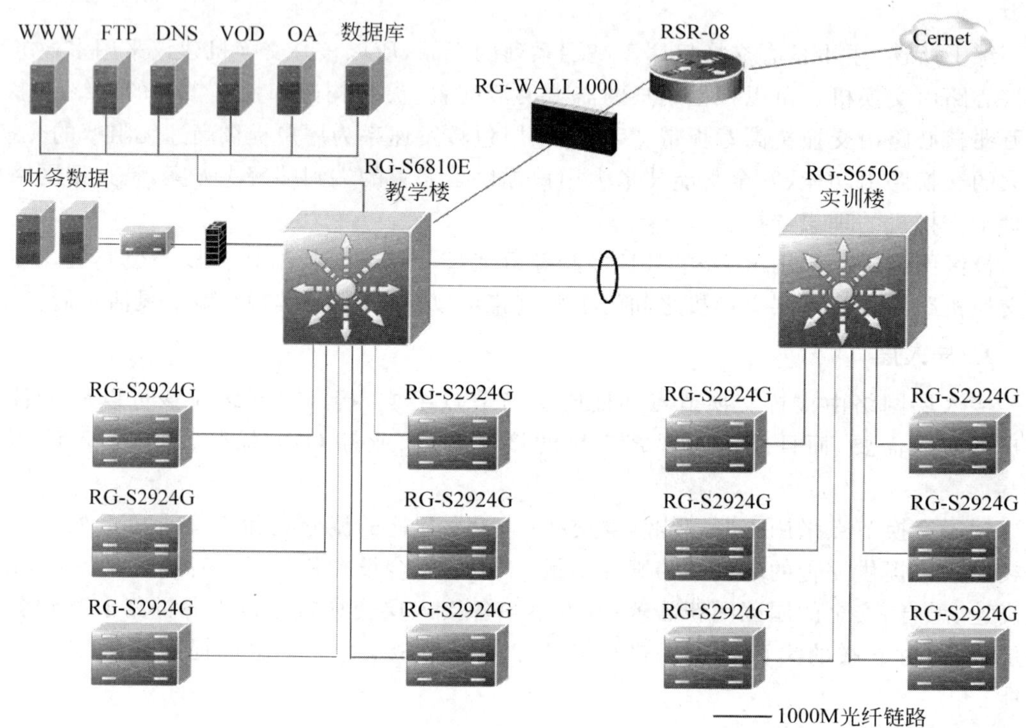

图 9-1 网络拓扑规划图

9.4.3 扩展的考虑

在未来的升级考虑中，可将核心与汇聚间千兆备份线路带宽升级至 10Gbps，以提高备份线路的连接带宽。

实训楼交换机可扩充为 96 个千兆口，拥有很强的接入扩展功能。

9.4.4 网络 VLAN 的设计

1. VLAN 划分的作用

在校园网络的整个网络规划当中，VLAN 的划分是非常重要的部分，很好地利用 VLAN 技术的功能，能起到事半功倍的效果，对整个网络的性能也是事关重要的。主要有以下几点：

(1) VLAN 划分，可以避免广播风暴。在骨干网络中广播风暴尤为突出，多媒体、视频点播等很容易引起广播信息。划分之后，VLAN 广播只在子网中进行，不会做无意义的广播，消除了广播风暴产生的条件。

(2) VLAN 划分，可以增加网络的安全性。在不同的 VLAN 之间不能随意通信，只限于本子网间的通信，不会对其他的子网产生干扰。要进行访问，需要通过 3 层交换，这样信息流就得到相当好的控制。

(3) 网络管理系统采用完全独立的 IP 子网和 VLAN，实现对所有网络设备进行更加安全的管理，建立 VLAN 和 IP 子网的对应关系。

(4) 提高管理效率，实现虚拟的工作组，减少站点的移动和改变的开销。

(5) VLAN 间的子网访问，可以在 3 层交换机上实现，子网间的通信也可以在汇聚设备上实行，分流核心交换机的 3 层交换，优化组网。

2. 以不同使用群体划分 VLAN 的好处

根据以往网络管理经验和骨干网络建设的实际情况，建议骨干网络 VLAN 划分规划以“灵活划分、方便管理”为基本原则，以不同的使用群体为 VLAN 范围划分。这样划分 VLAN 的好处有：

(1) 方便管理。为了更好地进行 VLAN 规划的实施，在网络实施前期，要对网络中不同区域的 VLAN 设置进行详细的规划，细化到接入层网络，这样在骨干网络中如果以用户群体来划分 VLAN，不但可以避免前期配置设备的复杂烦琐，而且可以减轻管理和后期维护工作。这是由于相同的用户群体可能在不同的物理位置，导致整个网络中 VLAN 划分复杂。所以建议骨干网络 VLAN 划分前进行详尽规划，这样既可以减少广播域，又可达到方便管理的效果，对于后期网络维护和升级也具有十分现实的意义。

(2) 易于实施。按群体划分 VLAN 在工程实施中十分方便，不会造成 VLAN 划分复杂失误而使得网络出现不通的现象，便于工程快速实施和网络中心整体规划。

(3) VLAN 间路由采用 3 层交换设备进行 VLAN 路由，以便不同 VLAN 间进行访问，对于学校重要网络资源，建议采用专家级 ACL(可同时基于 VLAN 号、以太网类型、MAC 地址、IP 地址、TCP/UDP 端口号、时间灵活组合限定的硬件 ACL)来进行访问权限设定，保障重要资料不被非法访问。

9.4.5　网络 QoS 设计

为确保用户各种关键业务的正常开展，必须采取全面而系统的 QoS 设计(提供端到端 QoS 服务)，以保证重要的数据流在网络发生拥塞时获得有保证的吞吐量和最低的延时。为了保证端到端用户的服务质量，就要求端到端数据流经的所有网络设备都支持实施的 QoS 策略。核心设备是多个服务器接入的设备，并且担负着全网数据的交换，QoS 的能力影响着全网的服务质量保障能力。

许多交换机都具有丰富的 QoS 功能，能确保重要业务量不受延迟或丢弃，同时又充分利用现有的带宽以保证网络的高效运行。

例如，将下载一个大型文件的任务设置到交换机一个端口，而在该交换机的另外一个端口进行语音通信，为减少语音通信时延，保证通话质量，可在整个网络中对各种业务进行分类和优先级划分。例如，Web浏览，可以作为低优先级对待，或者“尽力而为”地进行处理。QoS工作原理如图9-2所示。

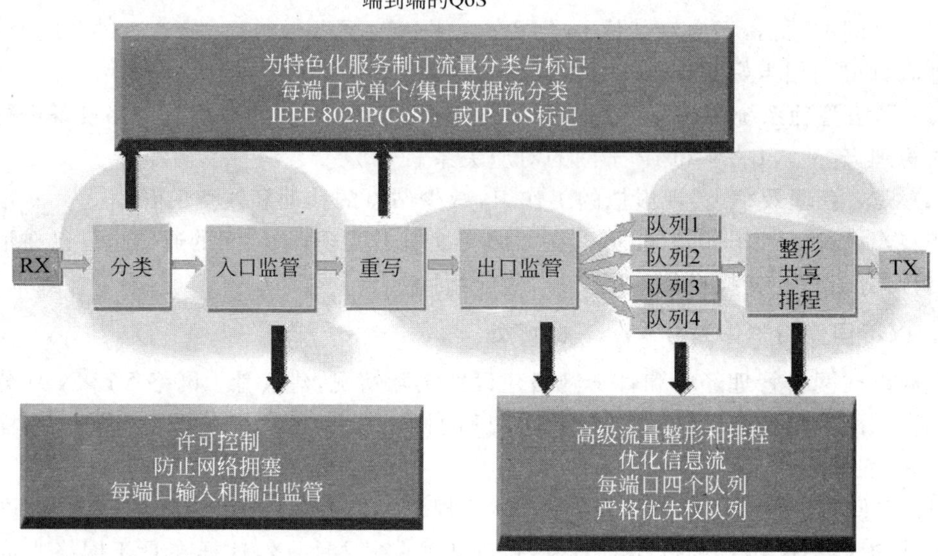

图9-2 QoS工作原理

在骨干网网络中，由于信息资源集中于骨干网网络中心，为保证全网的QoS，要求资源中心核心交换机、分中心交换机和接入交换机均支持第三层的QoS标注方案，而2层的IEEE 802.1P标记对于骨干网络这样的网络并没有实际意义，因为IEEE 802.1P的标记不能在交换机之间传递，只能在本机上有用。

RG-S6810E多业务万兆核心路由交换机支持基于DiffServ标准为核心的QoS保障系统，支持IP TOS、SP、WRR等完整的QoS策略，实现基于全网系统多业务的QoS逻辑。另外，提供灵活的端口队列管理机制，端口多级拥塞设置。具备MAC流、IP流、应用流、时间流等多层流分类和流控制能力，实现带宽控制、转发优先级等多种流策略，支持网络根据不同的应用，以及不同应用所需要的服务质量特性提供服务。

通过从核心到接入设备全程对QoS的良好支持，全部硬件提供2～4层数据流交换，实现应用感知的功能，给多媒体办公应用提供透明的QoS保障，确保真正实现端到端的QoS。

9.4.6 网络安全设计

构建全程全网的访问控制体系是网络安全防范和保护的主要策略，它的主要任务是保证网络资源不被非法使用和访问，是保证网络安全最重要的核心策略之一。

1. 接入安全

RG-S2924G是一种全千兆安全智能接入交换机，在提供高性能、高带宽的同时，提供智能的流分类、完善的服务质量(QoS)和组播应用管理特性。可以根据网络的实际使用环境,实施灵活多样的安全控制策略,有效防止和控制病毒传播和网络攻击,控制非法用户接入和使用网络,保证合法用户合理化使用网络资源,充分保障网络高效安全以及网络合理化的使用和运营。

2. 访问安全

锐捷 RG-S6800E 多业务万兆核心路由交换机支持 IEEE 802.1Q VLAN,可使用 VLAN 划分隔离用户访问。同时还支持 VLAN 隧道技术,可实现跨校区的 VLAN 功能。并且锐捷 RG-S6800E 多业务万兆核心路由交换机支持完善的 ACL,可以基于 MAC、IP、TCP/UDP 端口号进行流量控制,以有效地防范和控制网络蠕虫病毒(如冲击波)的传播和危害。

ACLs 的全称为接入控制列表(Access Control Lists),可以对数据流进行过滤以限制网络中的通信数据类型及网络的使用者或使用设备。在数据流通过交换机时对其进行分类过滤,并对从指定接口输入的数据流进行检查,根据匹配条件(condition)决定是允许其通过(permit)还是丢弃(deny)。

对于不同访问权限的区域采用 ACL 访问控制来对不同访问资源进行权限控制。

应用 ACL 可以有效地防范"冲击波"等蠕虫病毒;支持 IEEE 802.1X 技术,满足 6 元素绑定接入限制;支持 IGMP 源端口检查及源 IP 检查,可有效控制非法组播源,提高网络安全;IGMP V3 支持通告主机希望接收的多播源的地址,避免非法的组播数据流占用网络带宽;通过 PVLAN(保护端口)隔离用户之间信息互通,不占用 VLAN 资源;提供 SSH 的加密登录和管理功能,避免管理信息明文传输引发的潜在威胁;Telnet/Web 登录的源 IP 限制功能,避免非法人员对网络设备的管理。

3. 病毒防御

锐捷网络设备能够提供病毒防御功能,使某些特定病毒不能任意传播。主要提供以下几个功能:

(1) 预防 PC 感染类似"冲击波、震荡波"的病毒。

(2) 如果某台机器感染病毒,能够实现中毒机器隔离,限制同一网段中病毒的传播。

(3) 支持防止 DDoS 攻击,防止 IP 段恶意扫描等抗攻击特性。

9.4.7 服务器要求

校园网的实际需求是数据计算量大,实现多种服务,如 Web 服务、OA 应用平台、FTP 服务、防病毒等。为此,应用服务器和数据库要分离,防止应用服务器被攻击后,影响数据库安全。

服务器主要用于学校校务、学籍、人事、政教等方面管理,实现学校的办公自动化,各系统之间实现充分的资源共享,提高办公及管理效率。还可以提供资料库管理,所有相关资料都可通过网络系统检索和使用。通过 Internet/LAN 向教师及学生、学生家长提供尽可能多的信息。信息服务不仅是提供 E-mail、FTP、Telnet、WWW 等简单服务,还包括如教学资料、教学课件、图书馆图书资料的远程查询、远程视频点播、远程电子阅览室、教育论坛、网上教学以及学生的网上交流、网上聊天等。对于这些网络服务,可以根据各部门需求，选择或组织编写一些应用系统软件。

9.5 设备选择

9.5.1 路由器的选择

锐捷 RSR30-44 路由器是高性能、通用的骨干汇聚路由器，具有高背板带宽、高包转发率、结构紧凑、端口密度高等特点，并能提供全范围的光纤和铜缆接口。RSR30-44 路由器具有强大的业务能力，可以满足目前所有的城域汇聚和接入需求，提供多协议标准交换（MPLS)第二层或第三层隧道技术、动态带宽控制和面向连接的数据收集体系。作为多协议标记(MPLS)PE 路由器，它使提供商的基于 MPLS 的业务具有高度的可扩展性和可靠性。通过使用 VPLS，可以利用原有网络和以太网基础设施提供 VOIP、互联网接入、视频以及多点虚拟专用网(VPN)等融合业务。

锐捷 RSR30-44 路由器支持包括 TDM、POS、ATM 和千兆位以太网，部署在各种应用中。RSR30-44 路由器可用于搭建骨干汇聚路由器和核心层网络，为用户提供综合的、高性能的、功能强大的服务，并提供高可用性网络所需的冗余支持。路由器详细参数如表 9-1 所示。

有 9-1 路由器详细参数

设 备 性 能	
交换容量	128Gbps
包处理能力	16.7Mpps
ACL	2 万条
路由表	50 万条
流表	最多可达 2 000 000 个第 4 层应用数据流 最多可达 3 500 000 个第 2 层 MAC 地址
MTBF	>200 000h(预测)
协 议 支 持	
路由协议	OSPF、IS-IS、BGP、RIPv2、静态路由
组播协议	IGMP、PIM-DM/SM、DVMRP、RP
地址管理	静态、DHCP 中继
MPLS	MPLS LSR 和 LER 支持、2547-bis MPLS L3 VPN、Martini MPLS L2 VLL、MPLS 透明局域网业务 TLS、MPLS 快速重路由
特色支持	NAT、Load balancing、VSRP、Web cache redirection、策略路由、HPS
管理方式	线速全组 RMON/RMON2、简单网络管理协议(SNMP)管理、SSH、RADIUS、TACACS+、RS-232、命令行接口(CLI)

续表

物理指标	
尺寸	高 8.75in×宽 17.25in×深 12.25in (22.23cm×43.82cm×31.12cm)
质量	44.5lb(20.2kg)
环境规格	
操作温度	0～40℃(32℉～104℉)
存储温度	－40～70℃(－40℉～158℉)
相对操作湿度	10%～90%(非冷凝)
相对存储湿度	5%～95%(非冷凝)
电源规格	
交流电源	输入电压：100～240VAC 输入电流：12～6A 频率：50～60Hz
直流电源	输入电压：－48～－60VDC 输入电流：27A
标准和规范	
安全性	UL60950、CAN/CSA-C22.2 No. 60950、EN60950、IEC950、72/73/EEC
电磁兼容性	FCC Part 15、CSA C108.8、EN55022、VCCI、EN55024、89/336/EEC
ETSI	ETSI EN 300-386、EN 300-109、ETS 300-753
NEBS	NEBS Level 3、GR-1089、GR-63

9.5.2 交换机的选择

1. 核心交换机

RG-S6800E 是基于 NP＋ASIC 构架的新一代多业务万兆核心路由交换机，RG-S6800E 在保障高性能大容量的基础上提供强大的安全防护能力，并且拥有业务按需叠加扩展能力，达到业务和性能并重的设计需求。目前提供 10 竖插槽设计和 6 横插槽设计两种主机：RG-S6810E 和 RG-S6806E。

RG-S6800E 系列多业务万兆核心路由交换机提供 2.4Tbps/1.2Tbps 背板带宽，并支持将来扩展到 4.8Tbps/2.4Tbps 的能力，高达 857Mpps/428Mpps 的二/三层包转发速率可为用户提供高速无阻塞的数据交换，强大的交换路由功能、安全智能技术可同锐捷各系列交换机配合，为用户提供完整的端到端解决方案，是大型网络核心骨干和大流量节点交换机的理想选择。

RG-S6800E 交换机通过先进的第三代高性能引擎可硬件支持策略路由、IPV6 等协议，并可扩展支持 MPLS、load balancing、NAT、VPN、Firewall、IDS、Web cache redirect 等丰富的业务功能，满足客户环境灵活而复杂的不同应用需求。核心交换机详细参数如

表 9-2 所示。

表 9-2 核心交换机详细参数

技术参数	RG-S6810E	RG-S6806E
模块插槽	10 个(2 个用于管理引擎模块)	6 个(2 个用于管理引擎模块)
背板	(1) 6T(可扩展 3.2Tbps) (2) 4Tbps(可扩展 4.8Tbps)(V3.x)	800Gbps(可扩展 1.6Tbps) 1.2Tbps(可扩展 2.4Tbps)(V3.x)
交换容量	800Gbps 1.2Tbps(V3.x 引擎)	400Gbps 600Gbps(V3.x 引擎)
包转发速率	L2/L3：572Mpps L2/L3：857Mpps(V3.x 引擎)	L2/L3：286Mpps L2/L3：428Mbps(V3.x 引擎)
路由表项	256kbps	
IEEE 802.1Q VLAN	4kbps	
L2 协议	IEEE 802.3、IEEE 802.3u、IEEE 802.3z 、IEEE 802.3ab、IEEE 802.3ae、IEEE 802.3ak、IEEE 802.3x、IEEE 802.3ad、IEEE 802.1p、IEEE 802.1x、IEEE 802.1Q、IEEE 802.1d、IEEE 802.1W、IEEE 802.1S 、Port Mirror、Igmp Snooping 、Jumbo Frame(9KB)、QinQ、GVRP	
L3 协议	BGP4、IS-IS、OSPF、RIPV1、RIPV2、IGMP v1/v2/v3、DVMRP、PIM-SSM/SM/DM、LPM Routing、Policy-based Routing、ECMP、WCMP、VRRP	
病毒攻击防护	全面的 ACL(基于以太网类型、协议、VLAN、MAC、IP、TCP/UDP 端口号、时间等)、防源 IP 地址欺骗、防 DoS/DDoS 攻击，防 IP 扫描	
管理方式	SNMP v1/v2/v3、Telnet、Console、Web、RMON、SSH	
其他协议	SNTP、DHCP Client、DHCP Relay、DNS Client、ARP Proxy、Radius、IPV6、MPLS、Load Balancing、EAPS、NAT、VPN、Firewall、IDS、Web Cache Redirect、Syslog	
尺寸(长×宽×高)	448 mm×437mm×956mm	508mm×437 mm×647mm
电源	100～240VAC,50～60Hz,功率：1200W	
MTBF	>200 000h	
温度	工作温度：0～40℃ 存储温度：－40～70℃	
湿度	工作湿度：10%～90% RH 存储湿度：5%～95% RH	

2. 汇聚层交换机

RG-S6506 是锐捷网络推出的万兆骨干路由交换机，拥有 6 个模块扩展槽，提供管理模块冗余，支持万兆、千兆和百兆模块线速转发，可以根据用户的需求灵活配置，构建弹性可扩展的现代 IP 网络。

RG-S6506 交换机高达 768GB 的背板带宽和 286Mpps 的二/三层包转发速率可为用

户提供高速无阻塞的线速交换，强大的交换路由功能、安全智能技术可同锐捷各系列交换机配合，为用户提供完整的端到端解决方案，是小型网络核心和大型网络骨干交换机的理想选择。汇聚层交换机详细参数如表 9-3 所示。

表 9-3　汇聚层交换机详细参数

背 板 构 架	分布式 CROSSBAR
模块插槽	6 个(2 个用于管理引擎模块)
背板	192Gbps 768Gbps(V3. x)
交换容量	192Gbps 576Gbps(第二代管理引擎)
包转发速率	L2/L3:143Mpps L2/L3:286Mpps(第二代管理引擎)
MAC 地址	64kbps
IEEE 802.1Q VLAN	4kbps
L2 协议	IEEE 802.3、IEEE 802.3u、IEEE 802.3z 、IEEE 802.3ab、IEEE 802.3ae、IEEE 802.3ak、IEEE 802.3x、IEEE 802.3ad、IEEE 802.1p、IEEE 802.1x、IEEE 802.1Q、IEEE 802.1d、IEEE 802.1W、IEEE 802.1S 、Port Mirror、Igmp Snooping 、Jumbo Frame(9Kbytes)、QinQ、GVRP
L3 协议	OSPF、RIPV1、RIPV2、IGMP v1/v2/v3、BGP4、DVMRP、PIM-SSM/SM/DM、LPM Routing、ECMP、WCMP、VRRP
Ipv6 协议	静态路由、等价路由、策略路由、ICMPv6、ICMPv6 重定向、DHCPv6、ACLv6、MLDv1/v2、PIM-SMv6、PIM-DMv6、PIM-SSMv6、OSPFV3、RIPng、手工隧道、ISATAP、6to4 隧道
病毒攻击防护	全面的 ACL(基于以太网类型、协议、VLAN、MAC、IP、TCP/UDP 端口号、时间等)、防源 IP 地址欺骗(Souce IP Spoofing)、防 DoS 攻击(Synflood,Smurf)、防扫描(PingSweep)
管理方式	SNMP v1/v2/v3、Telnet、Console、WEB、RMON
其他协议	SNTP、EAPS、DHCP Client、DHCP Relay、DNS Client、ARP Proxy、Radius、Syslog
尺寸(长×宽×高)	440mm×540mm×559mm
电源	100～240VAC,50～60Hz,功率：600W
MTBF	>200 000h

3. 接入层交换机

RG-S2924G 特有的 CPU 保护控制机制，对发送到 CPU 的数据进行带宽控制，以避免非法者对 CPU 的恶意攻击，充分保障了交换机的安全。

RG-S2924G 为方便不同管理员的使用习惯，提供了多种形式的管理工具，如 SNMP、

Telnet、Web 和 Console 口等。

RG-S2924G 以极高的性价比为各类型网络提供完善的端到端的 QoS 服务质量、灵活丰富的安全策略管理和基于策略的网管，最大化满足高速、高效、安全、智能的企业网新需求。

支持生成树协议 IEEE 802.1D、IEEE 802.1w、IEEE 802.1s，完全保证快速收敛，保证网络的稳定运行和链路的负载均衡，合理使用网络通道，提供冗余链路利用率。接入层交换机详细参数如表 9-4 所示。

表 9-4 接入层交换机详细参数

技 术 参 数	
产品型号	RG-S2924G
固定端口	24 个 10/100/1000Mbps 接口，4 个复用的 SFP 千兆光纤接口
可用 SFP 模块	Mini-GBIC-SX：单口 1000BASE-SX mini GBIC 转换模块(LC 接口)； Mini-GBIC-LX：单口 1000BASE-LX mini GBIC 转换模块(LC 接口)； Mini-GBIC-LH：单口 1000BASE-LX mini GBIC 转换模块(LC 接口)，40km； Mini-GBIC-ZX50：单口 1000BASE-ZX mini GBIC 转换模块(LC 接口)，50km； Mini-GBIC-ZX80：单口 1000BASE-ZX mini GBIC 转换模块(LC 接口)，80km
端口交换容量	48Gbps
包转发速率	36Mpps
MAC	16kbps
IEEE 802.1Q VLAN	4kbps
IPv4 ACL	支持多种硬件 ACL： 标准 IP ACL(基于 IP 地址的硬件 ACL)、扩展 IP ACL(基于 IP 地址、传输层端口号的硬件 ACL)、MAC 扩展 ACL(基于源 MAC 地址、目的 MAC 地址和可选的以太网类型的硬件 ACL)、基于时间 ACL、专家级 ACL(可同时基于 VLAN 号、以太网类型、MAC 地址、IP 地址、TCP/UDP 端口号、协议类型、时间灵活组合的硬件 ACL)
IPv6 ACL & QoS	支持硬件 IPv6 ACL：支持源/目的 IPv6 地址、源/目的端口、IPv6 报文头的流量类型(Traffic class)、时间选项的硬件 IPv6 ACL 和 IPv6 QoS
L2 协议	IEEE 802.3、IEEE 802.3u、IEEE 802.3z、IEEE 802.3ab、IEEE 802.3ae、IEEE 802.3ak、IEEE 802.3x、IEEE 802.3ad、IEEE 802.1p、IEEE 802.1Q(GVRP)、IEEE 802.1d、IEEE 802.1w、IEEE 802.1s、I
管理协议	SNMPv1/v2C/v3、Web(Java)、CLI(Telnet/Console)、RMON(1,2,3,9)、SSH、Syslog、NTP、SNTP
其他协议	DHCP Relay
Jumbo Frame	支持
尺寸(长× 宽× 高)	440mm×260 mm×44mm
电源	160～240VAC，50～60Hz

9.5.3 防火墙

为了以后扩展的需要，所以采用了 RG-WALL 1000。RG-WALL 1000 采用锐捷网络独创的分类算法设计的新一代安全产品——第三类防火墙，支持扩展的状态检测技术，具备高性能的网络传输功能；同时在启用动态端口应用程序(如 VoIP，H323 等)时，可提供强有力的安全信道。

采用锐捷独创的分类算法使得 RG-WALL 产品的高速性能不受策略数和会话数多少的影响，产品安装前后丝毫不会影响网络速度；同时，RG-WALL 在内核层处理所有数据包的接收、分类、转发工作，因此不会成为网络流量的瓶颈。另外，RG-WALL 具有入侵监测功能，可判断攻击并且提供解决措施，且入侵监测功能不会影响防火墙的性能。RG-WALL 的主要功能包括扩展的状态检测功能、防范入侵及其他(如 URL 过滤、HTTP 透明代理、SMTP 代理、分离 DNS、NAT 功能和审计/报告等)附加功能。防火墙详细参数如表 9-5 所示。

表 9-5　防火墙详细参数

RG-WALL 1000 千兆防火墙/VPN 网关	
端口	固化 2 个 10/100Base-T＋2 个 10/100/1000Base-T 接口，可选配最多 4 个千兆电口/千兆 SX/LX 光口
最大并发连接数	1 000 000
吞吐量	1.8Gbps
(最大)策略数	65 535
VPN 并发通道数	10 000
VPN 吞吐量 (SHA-1,3-DES)	400Mbps
尺寸	标准 19in 宽度，2U 高度
电气性能	电源类型：AC 100～240V/50～60Hz
	电源功率：200W
工作环境	操作环境：温度 0～40℃，湿度 0%～80%
	存储环境：温度－40℃～80℃，湿度 0%～95%
技术性能	MTBF(平均故障间隔时间)：≥100 000h

9.5.4 服务器

天阔 A620R-F10 服务器是曙光天阔服务器系列产品中，面向行业市场中等网络规模用户开发的一款部门级服务器产品。此款服务器支持双路 Intel Xeon 64b 处理器，主频可达 3.6GHz 以上，最大支持 512GB DDRIII 内存，为用户带来“海量处理”的应用体验。

天阔 A620R-F10 服务器以处理能力、可用性及可管理性等方面的强大优势，为电信、

ISP/ICP/ASP 等行业用户提供了一款系统性能、可用性最佳的部门级服务器精品。天阔 A620R-F10 服务器完全兼容 Windows 2003/2008、RedHat Linux、SUN Solaris、UNIX 等多种操作系统平台，用户可以根据自己的需求在各种平台上构筑自己的网络及应用。

天阔 A620R-F10 服务器提供了塔式天阔 A620R-F10 服务器及机架式天阔 A620R-F10 服务器两种机型，灵活满足不同用户环境下对部门级服务器的应用需求。服务器详细参数如表 9-6 所示。

表 9-6 服务器详细参数

设备类型	部门级服务器
CPU 类型	Xeon E7-4809
CPU 频率	3.6GHz
三级缓存	10MB
CPU 核心	4 核
目前 CPU 数	2
最大 CPU 数	4
内存类型	ECC DDR3
标准内存容量	8GB
最大内存容量	512GB
主板芯片组	Intel C606 芯片组
PCI 插槽类型/数量	3 根 PCI-E 3.0 ×16 3 根 PCI-E 3.0 ×8
主板 I/O 接口	2×串口(其中一个需从主板引出)；1×并口；1×VGA 接口；2×USB2.0 接口(后置)；2×USB2.0 接口(前置)；2×RJ-45 网口；1×键盘接口；1×鼠标接口
硬盘类型	SAS
是否支持热插拔硬盘	支持
硬盘标配容量	1TB
RAID 模式	RAID 0,1,5,6
外部驱动器架数	52X CD-ROM
显示卡	集成 ATI 图形控制器
网卡型号	集成两个千兆网卡(RJ-45 接口)
系统风扇	每处理器独立散热风扇；机箱中部 3 个系统风扇；机箱后部 1 个系统风扇
机箱尺寸	4U
电源功率	550W
电源数量最大/标配	单电源
支持操作系统	UNIX/LINUX/Windows 2003/Windows2008

9.5.5 设备详细配置

1. 交换机配置

交换机配置,如表 9-7 所示。

表 9-7 交换机配置

设备型号 RG-S6810E	端口连接设备		IP	VLAN ID
	设备名称	接口号		
g.5/1	RG-S6506	g.5/1		TRUNK
g.5/2	RG-S6506	g.5/2		TRUNK
g.5/3	RG-WALL 1000	F1	172.16.1.1/30	
g.5/4	WWW 服务器		192.168.99.1/24	VLAN 99
g.5/5	FTP 服务器		192.168.99.2/24	VLAN 99
g.5/6	DNS 服务器		192.168.99.3/24	VLAN 99
g.5/7	VOD 服务器		192.168.99.4/24	VLAN 99
g.5/8	OA 服务器		192.168.99.5/24	VLAN 99
g.5/9	SQL 服务器		192.168.99.6/24	VLAN 99
g.5/10	防火墙(财务)	F0	172.16.1.9/30	
g.5/11	RG-S2924G(一楼)	F1/1		TRUNK
g.5/12	RG-S2924G(二楼)	F1/1		TRUNK
g.5/13	RG-S2924G(三楼)	F1/1		TRUNK
g.5/14	RG-S2924G(四楼)	F1/1		TRUNK
g.5/15	RG-S2924G(五楼)	F1/1		TRUNK
g.5/16	RG-S2924G(备用)	F1/1		TRUNK
设备管理段			192.168.101.0/24	
设备型号 RG-S6506	端口连接设备		描述	
	设备名称	接口号		
g.5/1	RG-S6810E	g.5/1	TRUNK	
g.5/2	RG-S6810E	g.5/2	TRUNK	
g.5/3	RG-S2924G(一楼)	F1/1	TRUNK	
g.5/4	RG-S2924G(二楼)	F1/1	TRUNK	
g.5/5	RG-S2924G(三楼)	F1/1	TRUNK	
g.5/6	RG-S2924G(四楼)	F1/1	TRUNK	
g.5/7	RG-S2924G(五楼)	F1/1	TRUNK	
g.5/8	RG-S2924G(六楼)	F1/1	TRUNK	
设备管理段			192.168.101.0/24	
备注				

2. 防火墙、路由器、服务器配置

防火墙、路由器、服务器配置,如表 9-8 所示。

表 9-8 服务器、路由器、防火墙配置

服 务 器			
服务器名	IP 段	映射 IP	VLAN ID
WWW	192.168.99.1/24	221.212.138.163/28	99
FTP	192.168.99.2/24	221.212.138.164/28	99
DNS	192.168.99.3/24	221.212.138.165/28	99
VOD	192.168.99.4/24	221.212.138.166/28	99
OA	192.168.99.5/24	221.212.138.167/28	99
数据库	192.168.99.6/24	221.212.138.168/28	99
财务数据	192.168.100.0/24		100
防火墙(RG-WALL 1000)			
接口	IP 地址	连接的设备	
F0	172.16.1.2/30	RSR-08	
F1	172.16.1.5/30	RG-S6810E	
F2			
F3			
管理 IP	192.168.101.100		
	192.168.101.101		
user			
pass			
路由器(RSR-30-44)			
接口	IP 地址	连接的设备	
S1/1	221.212.138.162/28	INTERNET	
F1/1	172.16.1.1/30	RG-WALL 1000	
防火墙(财务)			
接口	IP 地址	连接的设备	
F0	172.16.1.10/30	RG-S6810E	
F1	172.16.1.13/30	财务	

9.6 实　训

一、实验题

1. 请将方案中涉及的网络设备更换成华为、D-LINK、H3C、思科等品牌的合适产品，并到网上咨询相应产品价格，完成产品价格预算。

2. 使用 Microsoft Office Visio 2010 完成方案中所涉及的拓扑图的制作。

3. 根据路由器 WAN 口的 IP 地址 221.212.138.162/28，计算本学院分配到的公网 IP 地址的网段，并说明网络号、网关地址、广播地址、可用 IP 地址。

4. 综合布线网线长度的计算公式

(1) 根据图纸或现场勘测结果，确定线缆实际走线路由。

(2) 根据线缆实际走线路由计算点位最大长度 MAX 和最小长度 MIN。

(3) 单条线缆平均长度计算公式：l＝(最大长度 MAX＋最小长度 MIN)/2×1.1＋6。

(4) 楼层用线量 $L=[0.55(\text{MAX}+\text{MIN})+6]\times N$，$N$ 为楼层信息点数。

(5) 市场常见品牌每箱网线 305m。

在本方案中，按每个房间(包括办公室、实验室、教室、机房)安装 4 个网络信息点考虑，并且每个机房有 50 台计算机，根据以上计算公式，计算本方案中楼宇布线网线总用线量，以及机房内部布线总用线量。并选择合适品牌合适类型的网线，网上咨询每箱网线价格，完成综合布线网线预算。

二、方案设计

考察自己学院的网络建设需求情况，根据所学知识，结合本章内容，完成一份自己学院网络规划设计方案及建设预算。

第 10 章　网络管理常用命令

学习场景

信息化时代，企业计算机网路的稳定安全运行对于企业的发展是非常重要的。但计算机网络在使用过程中会出现各种无法预知的故障，影响企业计算机网络及应用系统的正常运行，网络管理员必须尽快判断网络的故障原因并解决问题，虽然现在有各种网络管理软件可以方便地进行全方位的网络管理，但掌握一些常用的网络管理命令对网络故障的判断有非常大的帮助，命令的使用仍然是许多资深网管员最喜欢使用的方法。

学习目标

- 掌握 ping 命令的功能及基本使用方法。
- 掌握 ipconfig 命令的功能及基本使用方法。
- 掌握 ARP 命令的功能及基本使用方法。
- 掌握 netstat 命令的功能及基本使用方法。
- 了解 route、nslookup、tracert 命令的功能及基本使用方法。
- 会使用常用网管命令进行网络故障的排查诊断。

10.1　ping 命令的使用

ping 是潜水艇人员的专用术语，表示回应的声纳脉冲，在网络中 ping 是一个十分好用的 TCP/IP 工具，它主要的功能是用来检测网络的连通情况和分析网络速度。下面对 ping 命令的基本功能和使用方法作详细的介绍。

10.1.1　ping 命令基本介绍

ping(Packet Internet Groper)是 Windows 下的一个命令，在 UNIX 和 Linux 下也有这个命令。ping 也属于一个通信协议，是 TCP/IP 协议的一部分。ping 是个使用频率极高的实用程序，用于确定本地主机是否能与另一台主机交换(发送与接收)数据报，根据返回的信息，就可以推断 TCP/IP 参数是否设置得正确以及运行是否正常。利用 ping 命令可以检查网络是否连通，可以很好地帮助我们分析和判定网络故障。

作为一个网络管理员，ping 命令是第一个必须掌握的 DOS 命令，它所利用的原理是这样的，利用网络上机器 IP 地址的唯一性，给目标 IP 地址发送一个数据包，再要求对方返回一个同样大小的数据包来确定两台网络机器是否连接相通，时延是多少。

1. ping 命令启动

以 Windows 系统操作为例，首先需要打开 DOS 命令界面，通过单击“开始”→“运行”选项，输入 cmd 命令，如图 10-1 所示。

运行
Windows 将根据你所输入的名称，为你打开相应的程序、文件夹、文档或 Internet 资源。
打开(O):
CMD
确定
取消
浏览(B)...

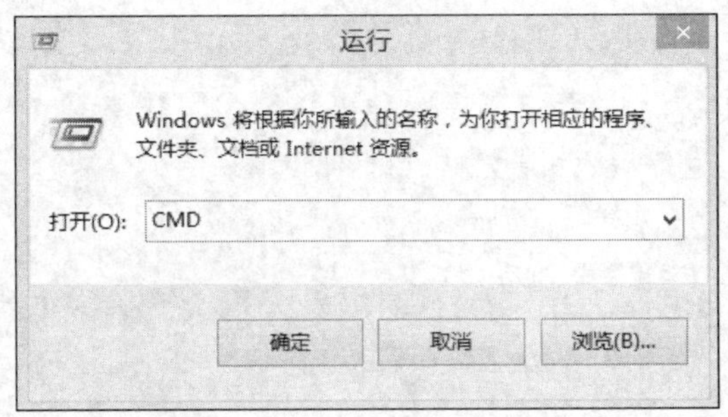

图 10-1　启动 CMD. EXE

然后单击“确定”按钮，弹出 DOS 操作界面，如图 10-2 所示。

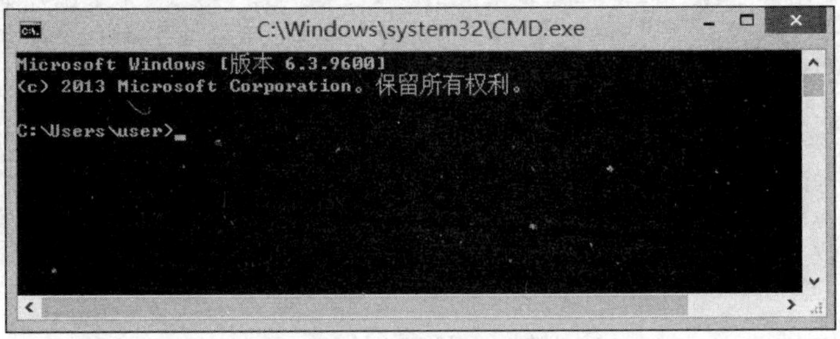

C:\Windows\system32\CMD.exe
Microsoft Windows [版本 6.3.9600]
(c) 2013 Microsoft Corporation。保留所有权利。
C:\Users\user>

10-2　DOS 命令界面

在 DOS 命令提示符下输入 ping www. sina. com 命令，测试访问新浪网站的网络是否可达。如图 10-3 所示。

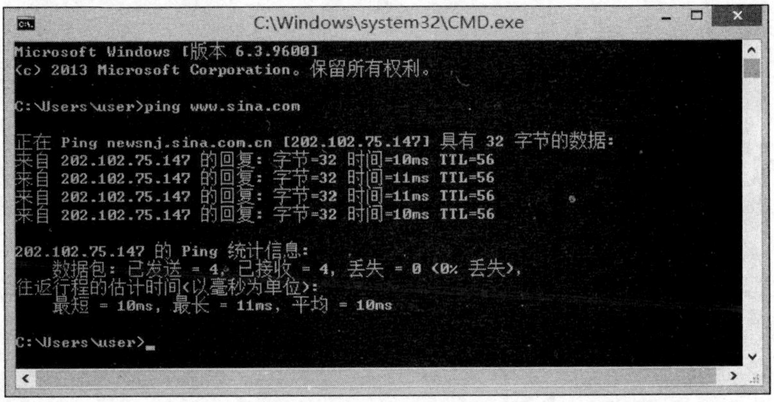

C:\Windows\system32\CMD.exe
Microsoft Windows [版本 6.3.9600]
(c) 2013 Microsoft Corporation。保留所有权利。
C:\Users\user>ping www.sina.com
正在 Ping newsnj.sina.com.cn [202.102.75.147] 具有 32 字节的数据:
来自 202.102.75.147 的回复: 字节=32 时间=10ms TTL=56
来自 202.102.75.147 的回复: 字节=32 时间=11ms TTL=56
来自 202.102.75.147 的回复: 字节=32 时间=11ms TTL=56
来自 202.102.75.147 的回复: 字节=32 时间=10ms TTL=56
202.102.75.147 的 Ping 统计信息:
数据包: 已发送 = 4，已接收 = 4，丢失 = 0 (0% 丢失)，
往返行程的估计时间(以毫秒为单位):
最短 = 10ms，最长 = 11ms，平均 = 10ms
C:\Users\user>

图 10-3　测试是否能访问新浪网

2. ping 命令详解

如图 10-4 所示，在命令提示符下输入 ping /? 命令，可获得 ping 命令的使用帮助。

```
C:\Windows\system32\CMD.exe

C:\Users\user>ping/?

用法: ping [-t] [-a] [-n count] [-l size] [-f] [-i TTL] [-v TOS]
           [-r count] [-s count] [[-j host-list] | [-k host-list]]
           [-w timeout] [-R] [-S srcaddr] [-c compartment] [-p]
           [-4] [-6] target_name

选项:
    -t             Ping 指定的主机，直到停止。
                   若要查看统计信息并继续操作，请键入 Ctrl+Break;
                   若要停止，请键入 Ctrl+C。
    -a             将地址解析为主机名。
    -n count       要发送的回显请求数。
    -l size        发送缓冲区大小。
    -f             在数据包中设置"不分段"标记(仅适用于 IPv4)。
    -i TTL         生存时间。
    -v TOS         服务类型(仅适用于 IPv4。该设置已被弃用，
                   对 IP 标头中的服务类型字段没有任何
                   影响)。
    -r count       记录计数跃点的路由(仅适用于 IPv4)。
    -s count       计数跃点的时间戳(仅适用于 IPv4)。
    -j host-list   与主机列表一起使用的松散源路由(仅适用于 IPv4)。
    -k host-list    与主机列表一起使用的严格源路由(仅适用于 IPv4)。
    -w timeout     等待每次回复的超时时间(毫秒)。
    -R             同样使用路由标头测试反向路由(仅适用于 IPv6)。
                   根据 RFC 5095，已弃用此路由标头。
                   如果使用此标头，某些系统可能丢弃
                   回显请求。
    -S srcaddr     要使用的源地址。
    -c compartment 路由隔离舱标识符。
    -p             Ping Hyper-V 网络虚拟化提供程序地址。
    -4             强制使用 IPv4。
    -6             强制使用 IPv6。


C:\Users\user>_
```

图 10-4 ping 命令使用帮助

如上所示，ping 命令的用法如下：

```
ping [-t] [-a] [-n count] [-l length] [-f] [-i ttl] [-v tos] [-r count] [-s count] [-j computer-list] | [-k computer-list] [-w timeout] destination-list
```

ping 命令主要参数功能如下：

-t：ping 指定的计算机直到中断。

-a：将地址解析为计算机名。

-n：count 发送 count 指定的 ECHO 数据包数。默认值为 4。

-l：length 发送包含由 length 指定的数据量的 ECHO 数据包，默认为 32 字节；最大值是 105 527。

-f：在数据包中发送"不要分段"标志，数据包就不会被路由上的网关分段。

-i：ttl 将"生存时间"字段设置为 ttl 指定的值。

-v：tos 将"服务类型"字段设置为 tos 指定的值。

-r：count 在"记录路由"字段中记录传出和返回数据包的路由，count 可以指定最少 1 台，最多 9 台计算机。

-s：count 指定 count 指定的跃点数的时间戳。

-j：computer-list 利用 computer-list 指定的计算机列表路由数据包，连续计算机可以被中间网关分隔(路由稀疏源)IP 允许的最大数量为 9。

-k：computer-list 利用 computer-list 指定的计算机列表路由数据包，连续计算机不能被中间网关分隔(路由严格源)IP 允许的最大数量为 9。

-w：timeout 指定超时间隔，单位为毫秒。

destination-list：指定要 ping 的远程计算机。

10.1.2　ping 命令使用说明

1. ping IP

ping 就是对一个目标地址(IP 地址或者网址)发送测试数据包 ICMP，看对方主机是否有响应并统计响应时间，以此测试网络通断、网络速度以及网络稳定情况。

如图 10-5 所示，在某台主机上执行命令：ping www.sina.com，屏幕上就会显示如下信息：

"正在 ping newsnj.sina.com.cn [202.102.75.147] 具有 32 字节的数据：

来自 202.102.75.147 的回复：字节=32 时间=10ms TTL=510

来自 202.102.75.147 的回复：字节=32 时间=11ms TTL=510

来自 202.102.75.147 的回复：字节=32 时间=11ms TTL=510

来自 202.102.75.147 的回复：字节=32 时间=10ms TTL=510"

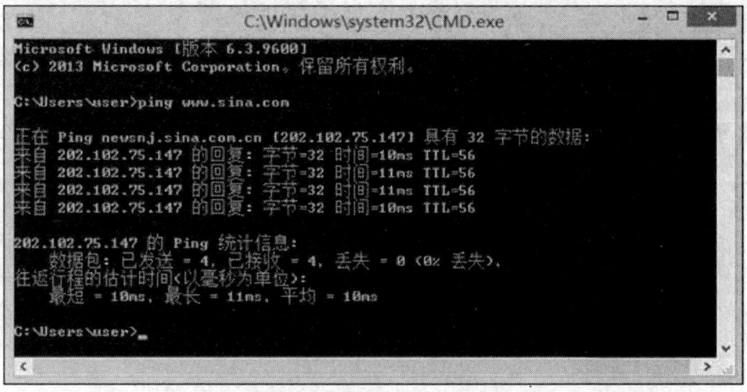

图 10-5　网络可达返回信息

从图 10-5 可以看出，使用 ping 命令，主机默认向目标地址发送 4 个 ICMP 数据包，数据包默认大小为 32 字节，目标主机在接收到 ICMP 数据包后也会返回 4 个 ICMP echo 响应数据包。根据上面返回的信息，time=10ms 是响应时间，这个时间越小，说明目标主机返回数据包速度越快，即连接这个目标地址速度越快。

如目标主机无法连通，则显示图 10-6 所示信息。

2. ping IP -t

-t：表示将不间断向目标 IP 发送数据包，直到我们强迫其停止。

使用 ping IP 命令主机只向目标主机发送 4 个 ICMP 数据包，只能用来判断网络的通断，无法测试网络的稳定性和丢包率，需要结合 - t 参数一起使用，不停的 ping 对方主机，

```
C:\Windows\system32\CMD.exe
C:\Users\user>ping 192.168.100.1

正在 Ping 192.168.100.1 具有 32 字节的数据:
请求超时。
请求超时。
请求超时。
请求超时。

192.168.100.1 的 Ping 统计信息:
    数据包: 已发送 = 4, 已接收 = 0, 丢失 = 4 (100% 丢失),

C:\Users\user>_
```

图 10-6　网络不通返回信息

直到你按下 Control-C 结束，最终根据发送和返回的数据包得出网络的丢包率，测试网络的稳定性，如图 10-7 所示。

```
C:\Windows\system32\CMD.exe
Microsoft Windows [版本 6.3.9600]
(c) 2013 Microsoft Corporation。保留所有权利。

C:\Users\user>ping www.sina.com.cn -t

正在 Ping newsnj.sina.com.cn [202.102.75.147] 具有 32 字节的数据:
来自 202.102.75.147 的回复: 字节=32 时间=514ms TTL=56
来自 202.102.75.147 的回复: 字节=32 时间=683ms TTL=56
来自 202.102.75.147 的回复: 字节=32 时间=374ms TTL=56
来自 202.102.75.147 的回复: 字节=32 时间=285ms TTL=56
来自 202.102.75.147 的回复: 字节=32 时间=356ms TTL=56
来自 202.102.75.147 的回复: 字节=32 时间=359ms TTL=56
来自 202.102.75.147 的回复: 字节=32 时间=107ms TTL=56
来自 202.102.75.147 的回复: 字节=32 时间=276ms TTL=56
来自 202.102.75.147 的回复: 字节=32 时间=363ms TTL=56
来自 202.102.75.147 的回复: 字节=32 时间=181ms TTL=56
来自 202.102.75.147 的回复: 字节=32 时间=256ms TTL=56
来自 202.102.75.147 的回复: 字节=32 时间=265ms TTL=56
来自 202.102.75.147 的回复: 字节=32 时间=656ms TTL=56
来自 202.102.75.147 的回复: 字节=32 时间=485ms TTL=56
来自 202.102.75.147 的回复: 字节=32 时间=382ms TTL=56
来自 202.102.75.147 的回复: 字节=32 时间=25ms TTL=56

202.102.75.147 的 Ping 统计信息:
    数据包: 已发送 = 16, 已接收 = 16, 丢失 = 0 (0% 丢失),
往返行程的估计时间(以毫秒为单位):
    最短 = 25ms, 最长 = 683ms, 平均 = 347ms
Control-C
^C
C:\Users\user>_
```

图 10-7　使用 -t 参数连续 ping 远程主机

3. ping IP -l 数据包大小

-l：定义发送数据包的大小，最大可以定义到 104KB，该参数主要用来检验网络对于大数据包的转发能力。

例如，输入 ping www. sina. com -l 1000，如图 10-8 所示，就会向新浪网址发送数据长度为 1000B 的数据包请求。

如果将上面的两条命令结合起来，按如下格式进行输入运行：ping IP -t -l 数据长度，这就产生了可怕的 PING 洪水攻击。例如，我们可以输入：ping 同 192. 1108. 1. 2 -t -l 105500 这条命令，此主机就会不停地发送数据长度为 105 500 字节消息请求。当然仅在某一台计算机上运行此命令并不会产生什么效果，但如果成百台(或更多)的计算机运行

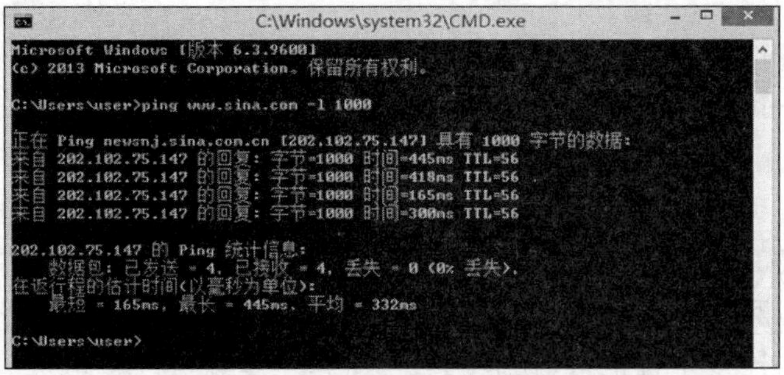

```
C:\Windows\system32\CMD.exe
Microsoft Windows [版本 6.3.9600]
(c) 2013 Microsoft Corporation。保留所有权利。

C:\Users\user>ping www.sina.com -l 1000

正在 Ping newsnj.sina.com.cn [202.102.75.147] 具有 1000 字节的数据:
来自 202.102.75.147 的回复: 字节=1000 时间=445ms TTL=56
来自 202.102.75.147 的回复: 字节=1000 时间=418ms TTL=56
来自 202.102.75.147 的回复: 字节=1000 时间=165ms TTL=56
来自 202.102.75.147 的回复: 字节=1000 时间=300ms TTL=56

202.102.75.147 的 Ping 统计信息:
    数据包: 已发送 = 4, 已接收 = 4, 丢失 = 0 (0% 丢失),
往返行程的估计时间(以毫秒为单位):
    最短 = 165ms, 最长 = 445ms, 平均 = 332ms

C:\Users\user>
```

图 10-8　使用-l 参数测试大数据包传输

此命令，那就形成了洪水攻击。想一想，假如大量的数据涌入某台的主机，主机将来不及应答，最终崩溃掉。

4. ping 127.0.0.1

127.0.0.1 是回送地址，指本地主机，一般用来测试使用。回送地址（127.x.x.x）是本机回送地址（Loopback Address），即主机 IP 堆栈内部的 IP 地址，主要用于网络软件测试以及本地机进程间通信，无论什么程序，一旦使用回送地址发送数据，协议软件立即返回，不进行任何网络传输。

当网络出现故障出现无法连通，一般首先使用命令 ping 127.0.0.1 检验本机 TCP/IP 协议是否正常安装，如图 10-9 所示，说明本机 TCP/IP 协议安装正常，可以正常接入网络。

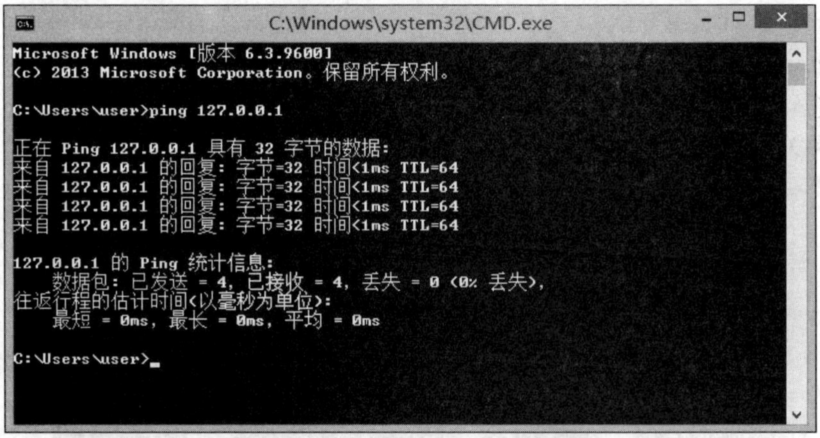

```
C:\Windows\system32\CMD.exe
Microsoft Windows [版本 6.3.9600]
(c) 2013 Microsoft Corporation。保留所有权利。

C:\Users\user>ping 127.0.0.1

正在 Ping 127.0.0.1 具有 32 字节的数据:
来自 127.0.0.1 的回复: 字节=32 时间<1ms TTL=64
来自 127.0.0.1 的回复: 字节=32 时间<1ms TTL=64
来自 127.0.0.1 的回复: 字节=32 时间<1ms TTL=64
来自 127.0.0.1 的回复: 字节=32 时间<1ms TTL=64

127.0.0.1 的 Ping 统计信息:
    数据包: 已发送 = 4, 已接收 = 4, 丢失 = 0 (0% 丢失),
往返行程的估计时间(以毫秒为单位):
    最短 = 0ms, 最长 = 0ms, 平均 = 0ms

C:\Users\user>
```

图 10-9　ping 127.0.0.1

10.1.3　使用 ping 命令解决网络故障

怎样使用 ping 这命令来测试网络连通呢？

网络连通问题是由许多原因引起的，如本地配置错误、远程主机协议失效等，当然还包括设备等造成的故障。

首先讲一下使用 ping 命令的步骤。

使用 ping 检查连通性有六个步骤：

(1) 使用 ipconfig/all 观察本地网络设置是否正确。

(2) ping127.0.0.1,127.0.0.1 回送地址,ping 回送地址是为了检查本地的 TCP/IP 协议有没有设置好。

(3) ping 本机 IP 地址,这样是为了检查本机的 IP 地址是否设置有误。

(4) ping 本网网关或本网 IP 地址,这样是为了检查硬件设备是否有问题,也可以检查本机与本地网络连接是否正常(在非局域网中这一步骤可以忽略)。

(5) ping 本地 DNS 地址,这样做是为了检查本地 DNS 服务器是否工作正常。

(6) ping 远程 IP 地址,这主要是检查本网或本机与外部的连接是否正常。

小提示：为了有效地找出网络故障原因,在使用 ping 命令进行测试检查时,尽量确保局域网中只配置了一个网关且要 ping 的主机保持正常的使用状态,同时确保本地工作站没有启用 IP 安全设置策略,这样可以保证 ping 命令能够获得正确的测试结果。

10.2 ipconfig 命令的使用

10.2.1 ipconfig 命令解释

ipconfig——当使用 ipconfig 时不带任何参数选项,那么执行该命令显示接口的 IP 地址、子网掩码和默认网关值。如图 10-10 所示,该主机有三块网卡,其中一块无线网卡的网络地址参数如下：

IP 地址：192.1108.1.104

子网掩码：255.255.255.0

默认网关：192.1108.1.1

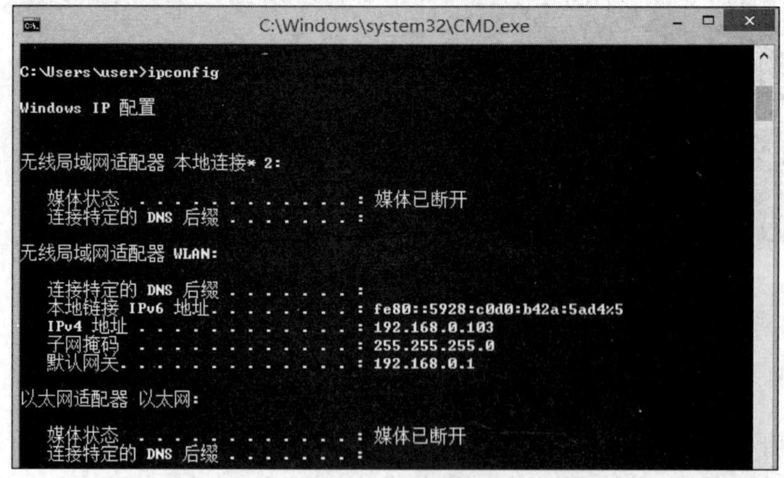

图 10-10 使用 ipconfig 查看网络基本信息

10.2.2　ipconfig 常用选项

在命令模式下输入：ipconfig/?，即可获得 ipconfig 命令的详细使用方式，全部命令使用参数如图 10-11 所示。

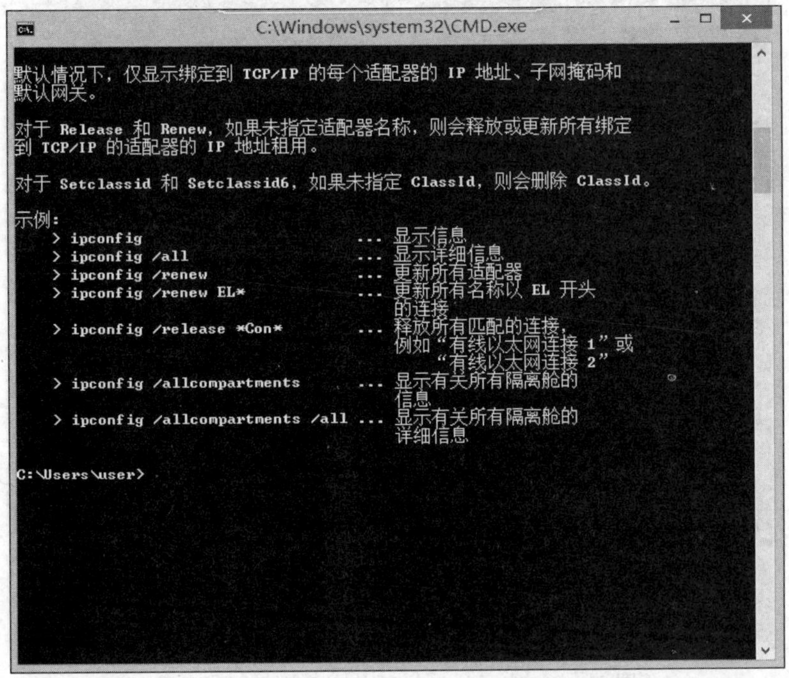

图 10-11　ipconfig 命令使用帮助

10.2.3　ipconfig 命令使用说明

1. ipconfig/all

当使用 all 选项时，ipconfig 能为 DNS 和 WINS 服务器显示它已配置且所要使用的附加信息（如 IP 地址等），并且显示内置于本地网卡中的物理地址（MAC）。如果 IP 地址是从 DHCP 服务器租用的，ipconfig 将显示 DHCP 服务器的 IP 地址和租用地址预计失效的日期。如图 10-12 所示，该主机无线网卡的 IP 地址由 IP 地址为 192.1108.1.1 的 DHCP 服务器分配，并且显示该 IP 地址的租约时间和过期时间。同时，还显示 DNS 服务器的 IP 地址。ipconfig/all 命令在日常的网络管理中使用非常频繁，尤其是在使用 DHCP 服务动态分配 IP 地址的网络中。

2. ipconfig/release 与 ipconfig/renew

ipconfig/release 和 ipconfig/renew——这是两个附加选项，只能在向 DHCP 服务器租用其 IP 地址的计算机上起作用。如果输入 ipconfig/release，那么所有接口的租用 IP 地址便重新交付给 DHCP 服务器（归还 IP 地址）。如果输入 ipconfig/renew，那么本地计算机便设法与 DHCP 服务器取得联系，并租用一个 IP 地址。

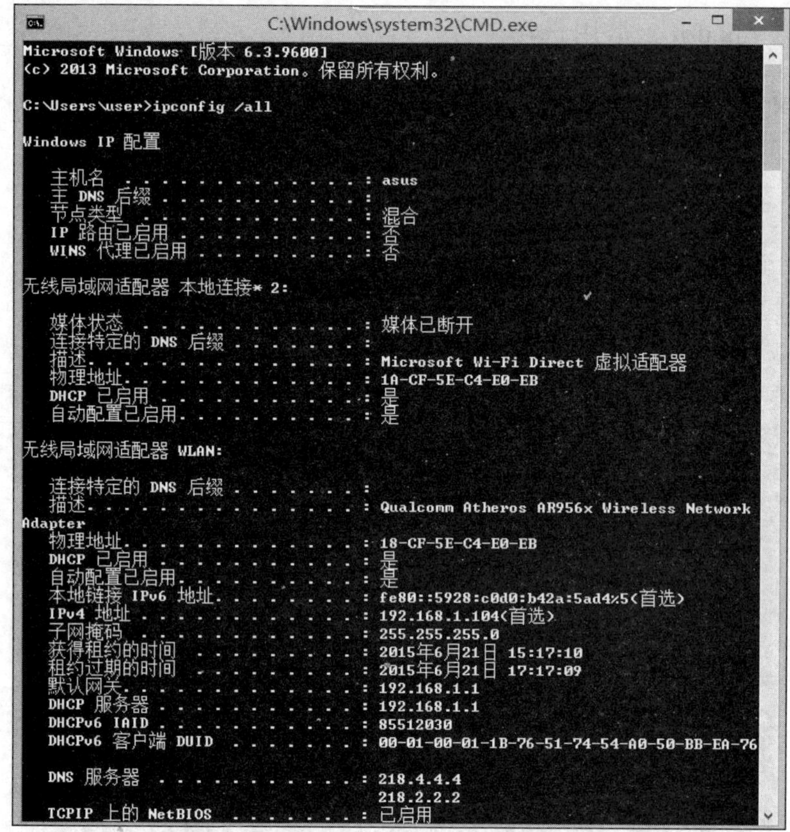

图 10-12 使用 ipconfig/all 查看详细网络参数

如图 10-13 所示，输入 ipcpnfig/release 命令后，该主机无线网卡的原 IP 地址 192.1108.1.104 归还给 DHCP 服务器，无线网卡 IP 地址则显示空白。

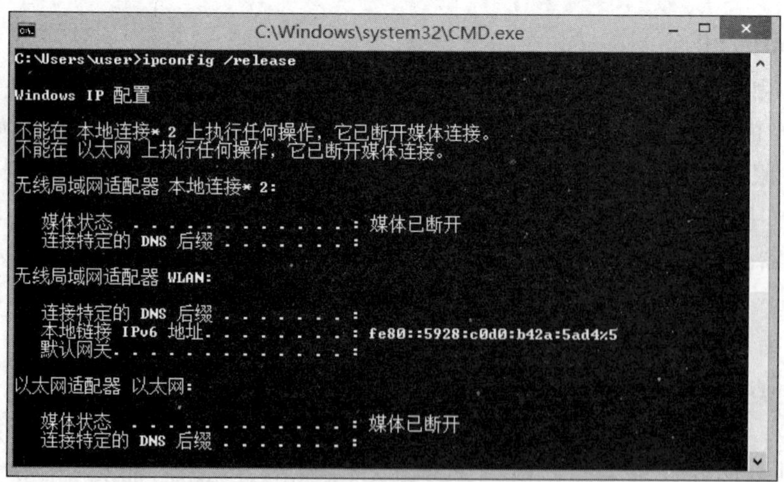

图 10-13 使用 ipconfig/release 释放 IP 地址

继续输入命令 ipconfig/renew，则重新向 DHCP 服务器申请 IP 地址，如图 10-14 所示，无线网卡重新向路由器申请并获得 IP 地址 192.1108.1.103。

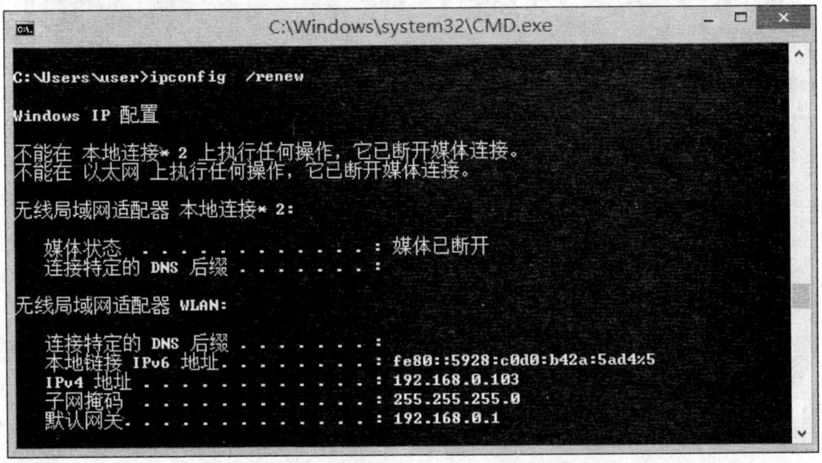

```
C:\Windows\system32\CMD.exe

C:\Users\user>ipconfig  /renew

Windows IP 配置

不能在 本地连接* 2 上执行任何操作，它已断开媒体连接。
不能在 以太网 上执行任何操作，它已断开媒体连接。

无线局域网适配器 本地连接* 2:

   媒体状态  . . . . . . . . . . . . : 媒体已断开
   连接特定的 DNS 后缀 . . . . . . . :

无线局域网适配器 WLAN:

   连接特定的 DNS 后缀 . . . . . . . :
   本地链接 IPv6 地址. . . . . . . . : fe80::5928:c0d0:b42a:5ad4%5
   IPv4 地址 . . . . . . . . . . . . : 192.168.0.103
   子网掩码  . . . . . . . . . . . . : 255.255.255.0
   默认网关. . . . . . . . . . . . . : 192.168.0.1
```

图 10-14　使用 ipconfig/renew 命令重新申请 IP 地址

3. ipconfig/displaydns

我们可以使用 ipconfig/displaydns 命令查看本地缓存中的 DNS 内容，如图 10-15 所示，即为执行该命令后显示的部分 DNS 内容。

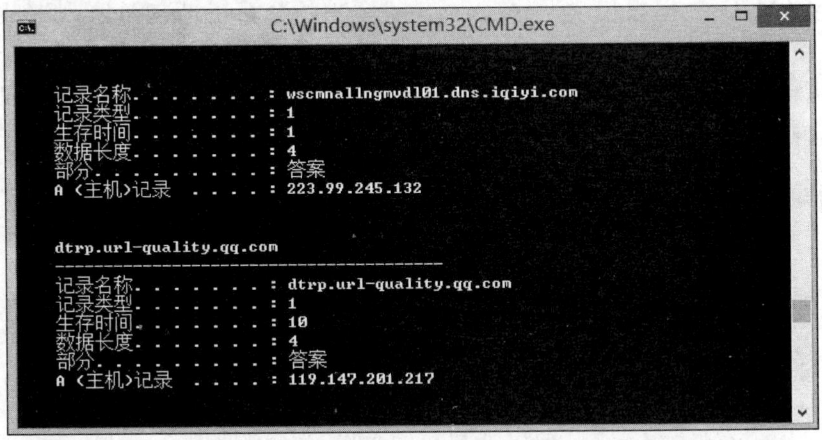

```
C:\Windows\system32\CMD.exe

    记录名称. . . . . . . : wscmnallngmvdl01.dns.iqiyi.com
    记录类型. . . . . . . : 1
    生存时间. . . . . . . : 1
    数据长度. . . . . . . : 4
    部分. . . . . . . . . : 答案
    A (主机)记录  . . . . : 223.99.245.132


    dtrp.url-quality.qq.com
    ----------------------------------------
    记录名称. . . . . . . : dtrp.url-quality.qq.com
    记录类型. . . . . . . : 1
    生存时间. . . . . . . : 10
    数据长度. . . . . . . : 4
    部分. . . . . . . . . : 答案
    A (主机)记录  . . . . : 119.147.201.217
```

图 10-15　使用 ipconfig/displaydns 查看 DNS 缓存

4. ipconfig/flushdns

通过执行 ipconfig/flushdns 命令清除本地缓存中的 DNS 内容，如图 10-16 所示，执行 ipconfig/flushdns 命令后清除 DNS 缓存，再执行 ipconfig/displaydns 命令后显示结果“无法显示 DNS 解析缓存”，即 DNS 缓存为空。

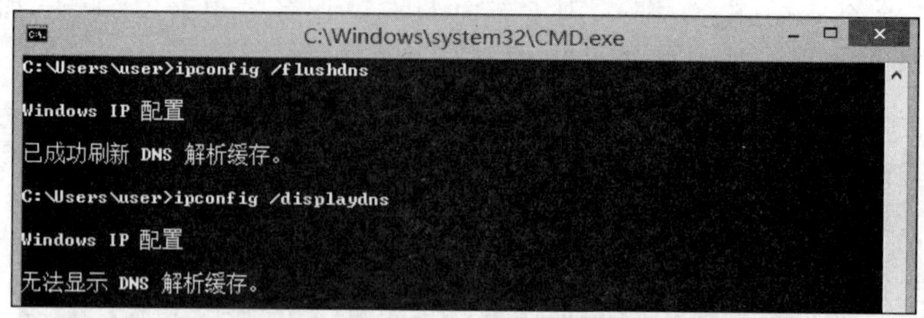

图 10-16 使用 ipconfig/flushdns 清除 DNS 缓存

10.3 netstat 命令的使用

10.3.1 netstat 命令基本介绍

netstat 是控制台命令，是一个监控 TCP/IP 网络的非常有用的工具，它可以显示路由表、实际的网络连接以及每一个网络接口设备的状态信息。netstat 用于显示与 IP、TCP、UDP 和 ICMP 协议相关的统计数据，一般用于检验本机各端口的网络连接情况。

如果你的计算机有时候接收到的数据包导致出错数据或故障，你不必感到奇怪，TCP/IP 可以容许这些类型的错误，并能够自动重发数据包。但如果累计的出错情况数目占到所接收的 IP 数据报相当大的百分比，或者它的数目正迅速增加，那么你就应该使用 netstat 查一查为什么会出现这些情况了。

直接执行 netstat 命令，如图 10-17 所示，是部分以及建立的 TCP 连接的源主机和目的主机的端口号和连接状态。

```
TCP    192.168.1.104:58611    111.221.29.151:443    ESTABLISHED
TCP    192.168.1.104:58645    111.221.29.86:443     ESTABLISHED
TCP    192.168.1.104:58663    180.153.213.190:80    CLOSE_WAIT
TCP    192.168.1.104:58672    180.153.213.190:80    CLOSE_WAIT
TCP    192.168.1.104:58680    180.153.213.190:80    CLOSE_WAIT
TCP    192.168.1.104:58842    101.227.22.157:80     CLOSE_WAIT
TCP    192.168.1.104:59567    58.218.203.134:80     CLOSE_WAIT
TCP    192.168.1.104:59602    180.97.168.240:80     CLOSE_WAIT
TCP    192.168.1.104:59608    58.220.1.120:80       CLOSE_WAIT
TCP    192.168.1.104:60926    180.149.156.67:80     LAST_ACK
TCP    192.168.1.104:61164    220.181.109.244:80    LAST_ACK
TCP    192.168.1.104:61235    180.149.131.130:80    LAST_ACK
```

图 10-17 使用 netstat 命令部分结果

10.3.2 netstat 使用说明

使用命令 netstat/?，查看 netstat 命令参数的主要功能和使用方法，如图 10-18 所示。

1. netstat -r

本选项可以显示关于路由表的信息，类似于后面所讲使用 route print 命令时获得的路由表信息。除了显示有效路由外，还显示当前有效的连接。如图 10-19 所示。

```
C:\Windows\system32\CMD.exe
C:\Users\user>netstat/?

显示协议统计和当前 TCP/IP 网络连接。

NETSTAT [-a] [-b] [-e] [-f] [-n] [-o] [-p proto] [-r] [-s] [-x] [-t] [interval]

  -a            显示所有连接和侦听端口。
  -b            显示在创建每个连接或侦听端口时涉及的
                可执行程序。在某些情况下，已知可执行程序承载
                多个独立的组件，这些情况下，
                显示创建连接或侦听端口时
                涉及的组件序列。在此情况下，可执行程序的
                名称位于底部 [] 中，它调用的组件位于顶部，
                直至达到 TCP/IP。注意，此选项
                可能很耗时，并且在你没有足够
                权限时可能失败。
  -e            显示以太网统计。此选项可以与 -s 选项
                结合使用。
  -f            显示外部地址的完全限定
                域名(FQDN)。
  -n            以数字形式显示地址和端口号。
  -o            显示拥有的与每个连接关联的进程 ID。
```

图 10-18　使用 netstat/? 获得帮助

```
C:\Windows\system32\CMD.exe
Microsoft Windows [版本 6.3.9600]
(c) 2013 Microsoft Corporation。保留所有权利。

C:\Users\user>netstat -r
===========================================================================
接口列表
  6...1a cf 5e c4 e0 eb ......Microsoft Wi-Fi Direct 虚拟适配器
  5...18 cf 5e c4 e0 eb ......Qualcomm Atheros AR956x Wireless Network Adapter
  3...54 a0 50 bb ea 76 ......Realtek PCIe GBE Family Controller
  1...........................Software Loopback Interface 1
  4...00 00 00 00 00 00 00 e0 Microsoft ISATAP Adapter
  9...00 00 00 00 00 00 00 e0 Teredo Tunneling Pseudo-Interface
===========================================================================

IPv4 路由表
===========================================================================
活动路由:
网络目标        网络掩码          网关       接口   跃点数
          0.0.0.0          0.0.0.0      192.168.0.1    192.168.0.103     25
        127.0.0.0        255.0.0.0            在链路上         127.0.0.1    306
        127.0.0.1  255.255.255.255            在链路上         127.0.0.1    306
  127.255.255.255  255.255.255.255            在链路上         127.0.0.1    306
      192.168.0.0    255.255.255.0            在链路上     192.168.0.103    281
    192.168.0.103  255.255.255.255            在链路上     192.168.0.103    281
    192.168.0.255  255.255.255.255            在链路上     192.168.0.103    281
        224.0.0.0        240.0.0.0            在链路上         127.0.0.1    306
        224.0.0.0        240.0.0.0            在链路上     192.168.0.103    281
  255.255.255.255  255.255.255.255            在链路上         127.0.0.1    306
  255.255.255.255  255.255.255.255            在链路上     192.168.0.103    281
===========================================================================
```

图 10-19　使用 netstat -r 查看路由表信息

2. netstat -s

本选项能够按照各个协议分别显示其统计数据。如果应用程序(如 Web 浏览器)运行速度比较慢,或者不能显示 Web 页之类的数据,那么可以用本选项来查看一下所显示的信息。应当仔细查看统计数据的各行,找到出错的关键字,进而确定问题所在。

3. netstat -e

本选项用于显示关于以太网的统计数据,它列出的项目包括传送数据报的总字节数、错误数、删除数,包括发送和接收量(如发送和接收的字节数、数据包数)或有广播的数量。可以用来统计一些基本的网络流量。如图 10-20 所示。

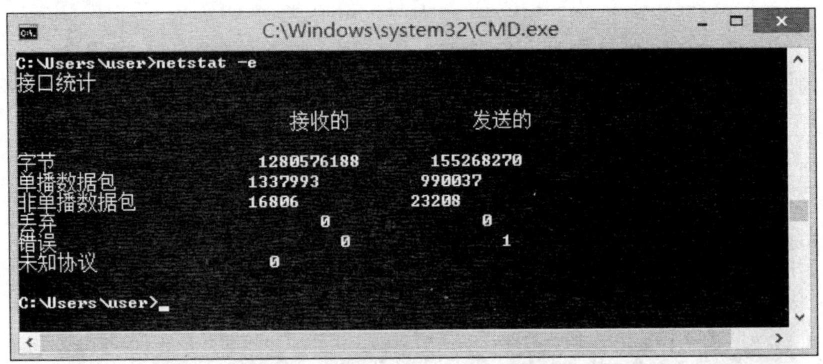

图 10-20 使用 netstat -e 查看统计以太网数据

10.4 其他常用命令介绍

10.4.1 ARP 命令

ARP(Address Resolution Protocol)地址解析协议，是根据 IP 地址获取物理地址的一个 TCP/IP 协议。主机发送信息时将包含目标 IP 地址的 ARP 请求广播到网络上的所有主机，并接收返回消息，以此确定目标的物理地址；收到返回消息后将该 IP 地址和物理地址存入本机 ARP 缓存中并保留一定时间，下次请求时直接查询 ARP 缓存以节约资源。

ARP 原理是某机器 A 要向主机 B 发送报文，会查询本地的 ARP 缓存表，找到 B 的 IP 地址对应的 MAC 地址后就会进行数据传输。如果未找到，则广播 A 一个 ARP 请求报文(携带主机 A 的 IP 地址 Ia——物理地址 Pa)，请求 IP 地址为 Ib 的主机 B 回答物理地址 Pb。网上所有主机包括 B 都收到 ARP 请求，但只有主机 B 识别自己的 IP 地址，于是向 A 主机发回一个 ARP 响应报文。其中就包含有 B 的 MAC 地址，A 接收到 B 的应答后，就会更新本地的 ARP 缓存。接着使用这个 MAC 地址发送数据(由网卡附加 MAC 地址)。因此，本地高速缓存的这个 ARP 表是本地网络流通的基础，而且这个缓存是动态的。

ARP 命令用于显示和修改“地址解析协议(ARP)”缓存中的项目。ARP 缓存中包含一个或多个表，它们用于存储 IP 地址及其经过解析的以太网或令牌环物理地址。计算机上安装的每一个以太网或令牌环网络适配器都有自己单独的表。只有当 TCP/IP 协议在网络连接中安装为网络适配器属性的组件时，该命令才可用。如果在没有参数的情况下使用，则 ARP 命令将显示帮助信息。如图 10-21 所示。

其中，最常用的命令参数是 ARP -a，功能为显示所有接口的当前 ARP 缓存表，如图 10-22 所示，是某台计算机 ARP 地址表(IP 地址与 MAC 对应)的内容。

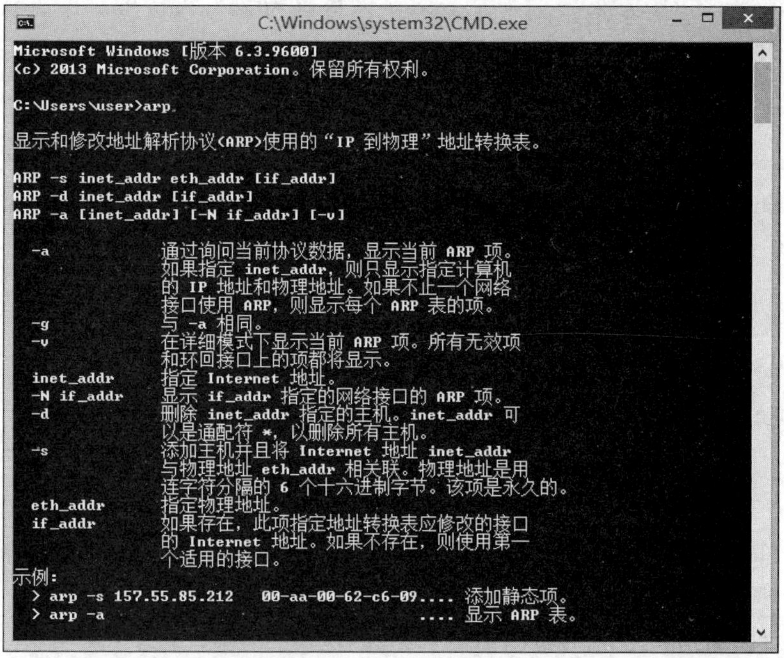

```
C:\Windows\system32\CMD.exe
Microsoft Windows [版本 6.3.9600]
(c) 2013 Microsoft Corporation。保留所有权利。

C:\Users\user>arp

显示和修改地址解析协议(ARP)使用的“IP 到物理”地址转换表。

ARP -s inet_addr eth_addr [if_addr]
ARP -d inet_addr [if_addr]
ARP -a [inet_addr] [-N if_addr] [-v]

  -a            通过询问当前协议数据，显示当前 ARP 项。
                如果指定 inet_addr，则只显示指定计算机
                的 IP 地址和物理地址。如果不止一个网络
                接口使用 ARP，则显示每个 ARP 表的项。
  -g            与 -a 相同。
  -v            在详细模式下显示当前 ARP 项。所有无效项
                和环回接口上的项都将显示。
  inet_addr     指定 Internet 地址。
  -N if_addr    显示 if_addr 指定的网络接口的 ARP 项。
  -d            删除 inet_addr 指定的主机。inet_addr 可
                以是通配符 *，以删除所有主机。
  -s            添加主机并且将 Internet 地址 inet_addr
                与物理地址 eth_addr 相关联。物理地址是用
                连字符分隔的 6 个十六进制字节。该项是永久的。
  eth_addr      指定物理地址。
  if_addr       如果存在，此项指定地址转换表应修改的接口
                的 Internet 地址。如果不存在，则使用第一
                个适用的接口。
示例:
  > arp -s 157.55.85.212   00-aa-00-62-c6-09.... 添加静态项。
  > arp -a                                  .... 显示 ARP 表。
```

图 10-21　ARP 命令使用帮助

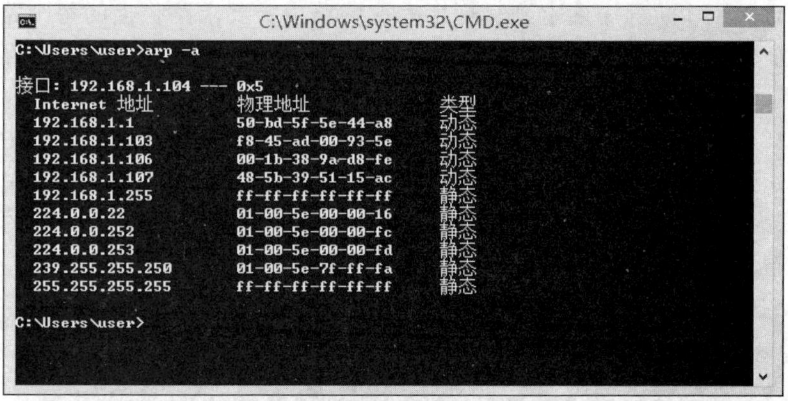

```
C:\Windows\system32\CMD.exe
C:\Users\user>arp -a

接口: 192.168.1.104 --- 0x5
  Internet 地址         物理地址              类型
  192.168.1.1           50-bd-5f-5e-44-a8     动态
  192.168.1.103         f8-45-ad-00-93-5e     动态
  192.168.1.106         00-1b-38-9a-d8-fe     动态
  192.168.1.107         48-5b-39-51-15-ac     动态
  192.168.1.255         ff-ff-ff-ff-ff-ff     静态
  224.0.0.22            01-00-5e-00-00-16     静态
  224.0.0.252           01-00-5e-00-00-fc     静态
  224.0.0.253           01-00-5e-00-00-fd     静态
  239.255.255.250       01-00-5e-7f-ff-fa     静态
  255.255.255.255       ff-ff-ff-ff-ff-ff     静态

C:\Users\user>
```

图 10-22　使用 ipconfig -a 命令查看 ARP 地址表

10.4.2　route 命令

route 命令是用来显示、人工添加和修改路由表项目的。route 命令的主要使用方法如下：

（1）route print：本命令用于显示路由表中的当前项目，由于用 IP 地址配置了网卡，因此所有的这些项目都是自动添加的。该命令执行结果与 netstat -r 一样，参照图 10-19。

（2）route add：使用本命令，可以将新路由项目添加给路由表。例如，如果要设定一个到目的网络 209.98.32.33 的路由，其间要经过 5 个路由器网段，首先要经过本地网络

上的一个路由器，其 IP 为 202.910.123.5，子网掩码为 255.255.255.224，那么应该输入以下命令：

```
route add 209.98.32.33 mask 255.255.255.224 202.910.123.5 metric 5
```

（3）route change：可以使用本命令来修改数据的传输路由，但不能使用本命令来改变数据的目的地。下面这个例子可以将数据的路由改到另一个路由器，它采用一条包含 3 个网段的更直的路径：

```
route change 209.98.32.33 mask 255.255.255.224 202.910.123.250 metric 3
```

（4）route delete：使用本命令可以从路由表中删除路由。例如：

```
route delete 209.98.32.33
```

10.4.3 tracert 命令

tracert（跟踪路由）是路由跟踪实用程序，用于确定 IP 数据报访问目标所采取的路径。tracert 命令用 IP 生存时间（TTL）字段和 ICMP 错误消息来确定从一个主机到网络上其他主机的路由。最简单的用法就是 tracert hostname，其中 hostname 是计算机名或想跟踪其路径的计算机的 IP 地址，tracert 将返回到达目的地的各种 IP 地址，

通过向目标发送不同 IP 生存时间（TTL）值的“Internet 控制消息协议（ICMP）”回应数据包，Tracert 诊断程序确定到目标所采取的路由。要求路径上的每个路由器在转发数据包之前至少将数据包上的 TTL 递减 1。数据包上的 TTL 减为 0 时，路由器应该将“ICMP 已超时”的消息发回源系统。

如图 10-23 所示，使用 tracert 命令查询主机访问新浪网的具体路由，数据包经过 10 次转发最终达到新浪网站服务器。其中第一条记录显示的是本计算机所在局域网的网关，网关地址为 192.1108.0.1，最后一条记录为目标主机新浪网站服务器的 IP 地址，从中可以看出新浪网站的 IP 地址为 111.13.129.38。

```
C:\Windows\system32\CMD.exe

C:\Users\user>tracert www.sina.com

通过最多 30 个跃点跟踪
到 cmnetnews.sina.com.cn [111.13.129.38] 的路由:

  1     2 ms     4 ms     3 ms  promote.cache-dns.local [192.168.0.1]
  2    59 ms    30 ms    12 ms  promote.cache-dns.local [100.75.0.1]
  3     6 ms     4 ms     5 ms  promote.cache-dns.local [211.103.70.45]
  4     5 ms     5 ms     8 ms  promote.cache-dns.local [183.213.2.54]
  5     *        6 ms     4 ms  promote.cache-dns.local [183.213.2.57]
  6    60 ms    11 ms    16 ms  promote.cache-dns.local [221.183.14.21]
  7    32 ms    30 ms    32 ms  promote.cache-dns.local [221.176.19.246]
  8    29 ms    29 ms    31 ms  promote.cache-dns.local [221.183.14.178]
  9    34 ms    29 ms    28 ms  promote.cache-dns.local [111.13.121.34]
 10     *        *        *     请求超时。
 11    30 ms    28 ms    30 ms  promote.cache-dns.local [111.13.129.38]

跟踪完成。

C:\Users\user>
```

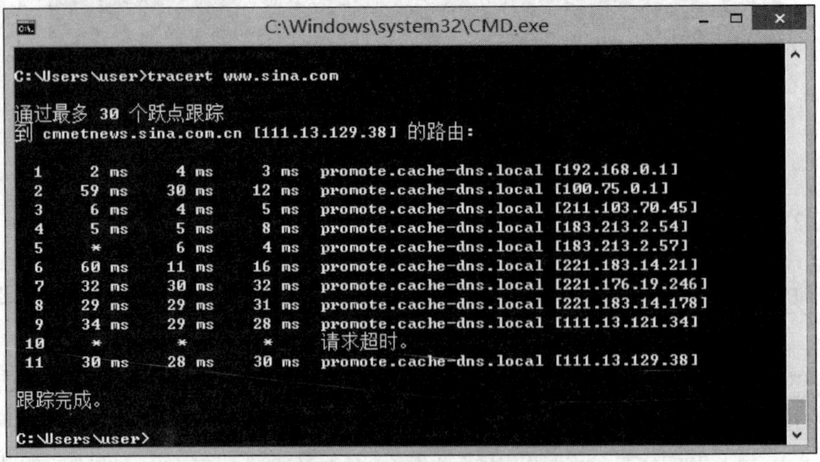

图 10-23 tracert 使用方法

同时,pathping 是 tracert 和 ping 的混合体。命令行下输入 pathping www.sina.com,返回两部分内容,第一部分显示到达目的地经过了哪些路由;第二部分显示了路径中每个路由器上数据包丢失方面的信息。

10.4.4　nslookup 命令

nslookup(name server lookup)(域名查询)是一个用于查询 Internet 域名信息或诊断 DNS 服务器问题的工具。用了域名服务器后,经常要查询域名的解析情况,Nslookup 是常用工具之一,无论是 linux 或者是 Windows 下都有这个工具,用好它对平常的域名解析情况,或者对域名服务器的维护都有帮助。具体使用方法如下:

首先,在命令模式下输入 nslookup 命令,如图 10-24 所示。

```
C:\Windows\system32\CMD.exe - nslookup
Microsoft Windows [版本 6.3.9600]
(c) 2013 Microsoft Corporation。保留所有权利。

C:\Users\user>nslookup
默认服务器:  dns2.ctcdma.com
Address:  218.4.4.4

>
```

图 10-24　启动 nslookup

然后在提示符>后输入需要进行解释的域名,如图 10-25 所示,输入 www.sohu.com,得到关于搜狐网服务器 IP 及其他域名相关信息。

```
C:\Windows\system32\CMD.exe - nslookup
Microsoft Windows [版本 6.3.9600]
(c) 2013 Microsoft Corporation。保留所有权利。

C:\Users\user>nslookup
默认服务器:  dns2.ctcdma.com
Address:  218.4.4.4

> www.sohu.com
服务器:  dns2.ctcdma.com
Address:  218.4.4.4

非权威应答:
名称:    fshgq.a.sohu.com
Address:  101.227.172.11
Aliases:  www.sohu.com
          gs.a.sohu.com

> www.163.com
服务器:  dns2.ctcdma.com
Address:  218.4.4.4

非权威应答:
名称:    163.xdwscache.glb0.lxdns.com
Addresses:  58.221.78.39
          218.92.209.74
Aliases:  www.163.com
          www.163.com.lxdns.com

>
```

图 10-25　使用 nslookup 解析网站地址

10.5 实验操作

10.5.1 实验内容和要求

(1) 利用 ipconfig 命令查看本机的网络配置信息。
(2) 利用 ping 命令检测网络连通性。
(3) 利用 arp 命令检验 MAC 地址解析。
(4) 利用 tracert 命令判断数据包到达目的主机所经过的路径。

10.5.2 实验步骤

1. 记录本机的主机名、MAC 地址、IP 地址、DNS、网关等信息

```
ipconfig -all
```

命令描述：________________

执行结果：________________

2. 利用 ping 工具检测网络连通性

(1) 当一台计算机不能和网络中其他计算机进行通信时，可以按照如下步骤进行检测。在 DOS 窗口下输入 ping 127.0.0.1 命令，此命令用于检查本机的 TCP/IP 协议安装是否正确，注：凡是以 127 开头的 IP 地址都代表本机。

(2) 在 DOS 窗口下输入“ping 本机 IP 地址”命令，此命令用于检查本机的服务和网络适配器的绑定是否正确。注：这里的服务一般是指“Microsoft 网络客户端”和“Microsoft 网络的文件和打印机共享”。

(3) 接下来在 DOS 窗口下输入“ping 网关 IP 地址”命令，此命令用来检查本机和网关的连接是否正常。

(4) 最后在 DOS 窗口下输入“ping 远程主机 IP 地址”命令，此命令用来检查网关能否将数据包转发出去。

(5) 利用 ping 命令还可以来检测其他的一些配置是否正确。在 DOS 窗口下输入“ping 主机名”命令，此命令用来检测 DNS 服务器能否进行主机名称解析。

(6) 在 DOS 窗口下输入“ping 远程主机 IP 地址”命令，如果显示的信息为 Destination host unreachable(目标主机不可达)，说明这台计算机没有配置网关地址。运行 ipconfig/all 命令进行查看，网关地址为空。

(7) 在配置网关地址后再次运行同样命令，信息变为 Request timed out(请求时间超时)。此信息表示网关已经接到请求，只是找不到 IP 地址为远程主机的这台计算机。

命令描述：________________

执行结果：________________

3. 利用 Arp 工具检验 MAC 地址解析

(1) 输入 arp -a 命令，可以查看本机的 arp 缓存内容。

命令描述：________________

执行结果：________________

(2) 如本机的ARP表是空的，则ping本组相邻机的IP地址(要能PING通)，再查看本机的arp缓存内容，此时是否还是空的。

4. tracert

(1) 判断数据包到达目的主机所经过的路径，显示数据包经过的中继节点的清单和到达时间________________

(2) 通过截图的形式记录实验结果。

5. 利用netstat -r命令查看路由表

命令描述：________________

执行结果：________________

相似命令：________________

10.5.3　实验结果和讨论

(1) 写出本章所涉及的常用命令的格式和执行结果。

(2) 试解释ARP缓存表。

(3) 如何测试局域网的最大传输单元MTU?

10.6　习　　题

一、填空题

1. Windows系统下，可以在“运行”下输入________，即可进入DOS命令界面，进行网络命令的使用。

2. 默认情况下，在命令模式下执行ping命令，源主机会向目标主机发送________个ICMP数据包，该ICMP数据包的大小默认为________字节。

3. 要查看本机详细的网络参数，可执行命令________。

4. 查看本机的路由表信息，可执行命令________或________。

5. 某台主机访问新浪网时断时续，很不稳定，初步判断可能网络数据传输有丢包现象，可以通过执行________命令测试网络的丢包率。

二、选择题

1. 以下命令中，可实现路由追踪检测功能的命令是(　　)。

A. ping　　B. tracert　　C. nslookup　　D. ipconfig

2. 如果一台主机能ping通自己的IP地址，网关地址已设置，但无法ping通自己的网关地址，则最有可能的原因是(　　)。

A. 网卡工作不正确　　B. IP地址和网关地址设置错误

C. 用户主机与交换机之间的线路不通　　D. 计算机无网卡

3. 要判断某一个 DNS 服务器能否对某一个域名进行正常解析，应使用的命令是(　　)。

A. ping　　B. nslookup　　C. tracert　　D. netstat -an

4. 以下关于 ARP 的描述，不正确的是(　　)。

A. ARP 是地址解析协议，用于将 IP 地址转换为对应的 MAC 地址
B. ARP 协议工作在网络层
C. ARP 协议工作在数据链路层
D. 为提高 ARP 的工作效率，ARP 协议规定每台主机都应建立起一个 ARP Cache

5. 在用户主机上 ping 网关地址，发现掉包严重，以下引起掉包的原因中，不可能的是(　　)。

A. 连接用户电脑的网线可能有问题，导致掉包
B. 用户主机忘了配置网关地址
C. 网段内有用户主机感染病毒，导致交换机负荷过重
D. 可能存在网络环路，引起广播风暴，交换机负荷过重

6. 以下选项所提供的措施中，不能用于预防 ARP 攻击的是(　　)。

A. 上网用户使用动态获得 IP 地址的分配方案
B. 在接入交换机上，配置端口隔离和广播风暴抑制
C. 在用户主机和交换机上均配置 IP 与 MAC 地址的静态绑定
D. 在交换机上配置防网关 ARP 欺骗功能

7. 以下关于查看 ARP Cache 记录的描述，不正确的是(　　)。

A. 在 Windows 系统中，使用 arp -a 命令查看 ARP Cache 记录
B. 在 Linux 系统中，使用 arp 命令查看 ARP Cache 记录
C. 在 Cisco 交换机中，也可使用 arp 命令来查看交换机的 ARP Cache 记录
D. 在华为交换机中，应使用 display arp 命令来查看交换机的 ARP Cache 记录

8. 以下关于域名解析的描述，正确的是(　　)。

A. 域名解析由用户主机所设置的首选 DNS 服务器进行解析，该服务器能解析所有的域名
B. 域名解析系统采用分布式体系结构，每台服务器都能解析所有的域名，以实现负荷分担
C. 用户设置的首选 DNS 服务器相当于一个缓存 DNS 服务器，对于无法解析的域名，它将向根域名服务器发起域名查询请求，根域名服务器告诉它能解析该域名的权威域名服务器的地址后，首选 DNS 服务器再向权威域名服务器发起域名解析的请求，之后再将查询结果返回给用户主机并在自己的缓存中保存本次的域名查询结果
D. 用户主机的首选 DNS 服务器，必须设置为自己的 ISP 服务商所提供的 DNS 服务器

9. 以下(　　)命令用于显示关于以太网的统计数据，它列出的项目包括传送的数据

报的总字节数、错误数、删除数、数据报的数量和广播的数量。

A. netastat -r　　B. nslookup -a　　C. netastat -e　　D. netstat -n

10. 当计算机无法正常访问网络时，可以首先使用(　　)命令测试 TCP/IP 协议是否正常安装。

A. ping 192.1108.1.1　　B. ping 127.0.0.1

C. ping 255.255.255.0　　D. ping 0.0.0.0

三、问答题

1. 简述 ping 的主要功能和常用参数的使用方法。
2. 简述 netstat 命令的主要功能和常用参数的使用方法。
3. 简述 ipconfig 命令的主要功能和常用参数的使用方法。
4. 简述 ARP 地址欺骗过程及防御措施。
5. 简述使用 ping 命令检查网络连通性的六个步骤。
6. 除正文所提 Windows 常用网络命令外，列举部分 Linux 系统下的常用网络命令。

参考文献

[1] 肖朝晖，罗娅. 计算机网络基础[M]. 北京：清华大学出版社，2011.

[2] 肖庆. 计算机网络基础与应用[M]. 北京：人民邮电出版社，2013.

[3] 谢希仁. 计算机网络（第六版）[M]. 北京：电子工业出版社，2013.

[4] 高立同，王丽娜. 计算机网络基础教程（第3版）[M]. 北京：电子工业出版社，机械工业出版社，2011.

[5] 温江涛，张煜. 物联网智能家居平台DIY[M]. 北京：科学出版社，2014.

[6] 李明亮，刘小龙. 基于ARM11的智能家居设计与实现[M]. 北京：北京航空航天大学，2013.